이유 없는 정성, 이유 없는 기쁨

생명력 대해부

월인越因 지음

HERENOW
히어나우시스템

책머리에

깨어있기-관성 다루기-생명력-창조력으로 이어지는 의식 탐구의 전 과정에서, 이번 책은 생명력을 주제로 합니다. '관성 다루기'까지는 그 강의 내용이 이미 책으로 출판되었습니다. 이제 '대해부 시리즈' 중 세 번째가 이 책《이유 없는 정성, 이유 없는 기쁨 - 생명력 대해부》입니다.

앞으로 나올 '창조력'은 '나'를 위해 쓰이기보다는 전체의 조화를 위해 쓰이게 될 것입니다. '자아로부터 자유로워지기 전'에 창조력에 접근하면 '자아 강화'로 이어지기 쉽고, 균형의 삶보다는 파괴와 허영의 아집을 일으키는 요소가 될 수 있기에 창조력을 가장 나중으로 미루었으며, 2026년부터 '창조력'을 주제로 한 계절수업이 진행될 예정입니다.

현상現狀의 삶에는 방향과 에너지가 필요합니다. 그런데 '자아'란 과거의 경험이 이뤄놓은 방향으로서, 이 '과거의 방향'에서 자유롭게 하는 것이 '깨어있기'와 '관성 다루기'였습니다.

그 후 묶이지 않는 '생명력'을 통해 '어느 방향으로 가도 상관없는 에너지'를 터득하면 얻는 것이 '이유 없는 정성, 이유 없는 기쁨'입니다.

순수한 의식작용 속에 자아 시스템이 만들어진 것은 그것이 삶의 유용한 도구이기 때문입니다. '자아'는 없어져야 할 '문제거리'가 아니라 잘 사용되어야 할 도구라는 것을 파악하는 것이 '깨어있기'였고, 그 후에도 남는 흔적인 무의식적인 습관을 해결하는 것이 '관성을 넘어가기'였습니다. 그런데 잘못 넘어가면 무기력이나 방만한 에너지 패턴이 무질서하게 자리잡을 수 있습니다. 이때 이유 없는 정성을 통해 무기력과 공허를 넘어 '생명력'을 터득하라는 것이 이번 책의 주제입니다. 그 과정에서 이유없는 커다란 기쁨이 경험됩니다. 자아 시스템을 유지하면서도, 다시 한 번 아무런 이유 없이 기뻐하던 어린아이와 같이 되는 것입니다.

그렇게 생명력이 터득되면 이제 나를 위한 일이 전체를 위한 일이며 전체를 위한 일이 나를 위한 일로 변하게 될 것입니다. 에너지는 흐르고 쓰여야 하기에 주어진 것을 그대로 받아 온 정성을 기울이게 되고 거기서 존재가 주는 큰 기쁨을 맛보게 될 것입니다.

어느 누구의 이익을 위해 '내'가 쓰이는 게 아니라, 주변의 전체를 위해서 쓰이게 됩니다. 즉, 전체의 조화와 균형을 위한다는 측면에서 '나'에게 주어지는 무언가가 있다면, 온 정성을 기울여서 다 할 수 있게 되는 것입니다. 또한 일도 지혜롭게 잘 처리해냅니다. 목표를 향해 힘껏 달려가는 사람은 보통 성공합니다. 그러나 개인의 성공만을 잘못 추구하면 그 과정에서 주변을 파괴하고 자신의 몸도 망가뜨리기 쉽습니다.

내가 이기기 위해서 남을 죽이고 올라서며, 그로 인해 원망을 받거나 그 과정에서 몸과 마음을 혹사하기 쉬운 것입니다. 그렇게 중심 없고 균형 없이 자기만을 위하지 않고, 주변을 잘 살피면서 가능하면 가장 지혜롭고 조화롭게 가는 것, 그것은 무아의 정성을 통해 가능합니다.

물론 완전한 조화와 균형을 추구하지는 않습니다. 우리가 생각하는 완전이라는 것은 일종의 개념이기 때문입니다. 사실 진정한 완전은 '불완전을 포함하는 것'이 진짜 완전이지요. 불완전한 일도 그대로 받아들이며, '내'가 할 수 있는 한 온 정성으로 에너지를 지혜롭게 쓰는 것, 이때가 정성과 창조가 일치되는 때입니다. 이 책에서는 바로 그렇게 지혜를 사용하기 전, 이유 없는 정성을 통해 경험하게 되는, 한계 없는 기쁨을 함께 발견해보려 합니다. 먼저 몸의 경계를 없애는 것에서 시작해 마음의 경계를 없애고, 그때 다가오는 존재 자체의 기쁨을 맛보시길 바랍니다.

연운재延雲齋에서

월인 두손

제1장 생명력

제2장 분리 이전

제3장 이유 없는 기쁨

제4장 느낌은 일종의 꿈과 같다

일러두기

이 책은 저자의 다른 책인 《깨어있기-의식의 대해부》에서 상술된 개념을 바탕으로 합니다. 몇가지 핵심 용어는 아래와 같으며, 자세한 것은 상기 도서를 참고해주십시오.

용어 정리

- 감각感覺: 느낌이 사라지고 자극만 있는 상태
- 감지感知: 호오好惡가 없는 분별되는 느낌
- 주의제로注意zero: 대상을 향해 주의가 나가지 않는 상태
- 전체주의全體注意: 전체로 주의가 나가는 상태
- 주의에 주의 기울이기: 주의 자체에 주의가 몰입되는 상태

제 1 장

생명력

생명력_이유 없는 기쁨이 발견되다

내적으로 경험되는 모든 것이, 지나가는 '현상'임이 분명해지고, '나'라는 것도 그와 다르지 않다는 강력한 통찰이 일어난 이후, 한동안 황홀과 기쁨이 일어나고, 삶이 깃털처럼 가벼워졌습니다. 이제 '내 할 일'은 없어졌습니다. 그때 내게 한 단체의 일이 주어졌고, 그것이 어떤 한 개인의 이익과 손해에 관련없었기에 그대로 받아들였습니다. 지나고보니 그 과정에서 많은 일들이 일어났다는 것을 알았습니다. 먼저 '내 할 일'이 아니었기에 더 이상 '두려움 없이' 일을 하게 되었습니다. 즉, 마음 저변에는 늘 '최선을 다해보고 안 되면 그만두지'라는 생각이 자리잡고 있었던 것입니다. 또 다른 해야 할 일이 딱히 없었기에 지금 이 일에 최선을 다할 수 있었고, 내 일이 아니었기에 그 결과에 대해서는 무심히 받아들이는 '대천명待天命'이 가능하게 되었습니다. '내 일'이었다면 여전히 결과에 무심해지기가 쉽지 않았을 것입니다.

그런데 흥미롭게도 그 과정에서 의식적 '나'라는 관성이 서서히 떨어져나갔습니다. 왜냐하면 그런 관성의 가장 큰 측면은 감정인데, 감정은 '나와 내 것'을 지키고 확장하려는 가운데 일어나는 것이기 때문입니다. 즉, 온 정성을 다해도 '내 일이 아닌 것'을 했기에 그 결과가 일으키는 감정에 크게 휘둘리지 않게 된 것입니다.

그리고 치밀한 살펴봄을 통해, 기준이 되는 '나'에 무의식적 에너지가 실리는 과정이 보여졌고 그렇게 관성으로부터 점차 자유로워졌습니다. 그 전 과정을 엮은 책이 《관성을 넘어가기-감정의 대해부》입니다.

이렇게 의식적 관성이 떨어져 나갔지만 그 과정에서 참 짙은 공허감이 있었습니다. 그 공허감은 1년에 걸쳐 깊은 우울과도 같은 어둠을 경험하게 하였습니다. 너무도 짙은 어둠에 삶을 끝내어도 좋겠다는 마음이 들기도 했지만, 다행이었던 것은 여전히 그 어둠에 온전히 동일시되지 않았고, 하나의 어두운 '경험'으로 다가왔다는 점입니다. 그것은 바로 깨어있기의 힘이었습니다. 그래서 그때의 어려움을 '경험되는 어둠'으로 바라보며 넘어갈 수 있었던 것입니다.

그 당시 공허한 느낌을 그대로 느끼며 주어진 일에 온통 몰입했는데, 한가지 더 다가온 것은 그 과정이 무의식적 정화의 시간이 되었다는 점입니다. '내 일'이 아니라 여겼기에 결과적으로 '이유 없는' 정성을 쏟게 되었고, 무한을 터득하고 존재의 기쁨을 발견하는 기초가 되었습니다. 그리고 어느 날 새벽 눈을 떴는데, 불현듯 가슴이 터질 것 같은 기쁨이 찾아왔습니다.

그날 새벽은 좀 더 일찍 눈이 떠졌는데, 잠을 깨자 갑자기 너무 큰 기쁨이 몰려왔습니다. 침대에 가만히 누워 있을 수가 없을 정도였습니다. 명치끝이 뻐근하며 가슴 벅찬 기쁨이 몰려왔는데, 참으로 놀라운 것은 거기에 아무런 이유도 없었다는 점입니다. 마치 부정맥이라도 온 듯이 뛰는 가슴, 이유 없는 강렬한 기쁨, 그것이 내 온 존재를 휘감았습니다.

이 주체하지 못할 기쁨을 어찌 해볼 수 없어서 가만히 있을 수 없었습니다. 그래서 일어나 방을 서성이며, 이 기쁨의 연원이 어디인가 살펴보았지만 알 수 없었고, 그것이 너무도 생소했습니다. 도대체 이 거대한 기쁨이 어디서 오는 것인가? 나는 깊은 의문에 사로잡혀 혼란스러이 방안을 왔다 갔다 했습니다. 그렇게 커다란 기쁨에 휩싸였지만 어떤 합리적 이유를 발견할 수 없었습니다. 그렇게 그날 아침을 온전히 가슴 벅찬 기쁨으로 보냈습니다. 그 기쁨은 서서히 잦아들었고, 그날 이후 일상은 잔잔한 만족과 평안함으로 자리잡기 시작했습니다.

지금은 느낍니다. 이유없는 정성은 호오로 인한 판단의 결과를 남기지 않기에 무의식이 깨끗하게 청소되고, 인생에 어떤 해야 할 일도 없으며, 자신은 안전한 세계에 살고 있다는 느낌, 그리고 아무런 내적인 압력도 느끼지 않는 나날이 계속되면, 그 어린아이와 같은 일상 속에서, 우리 존재는 늘 기쁨 그 자체라는 것을 발견하게 된다고...

우리는 어릴 때 아주 작은 일에도 기뻐하며 웃음을 터트리곤 했습니다. 아이에겐 아무런 걱정도, 해야 할 일도, 옳고 그른 것도 없기 때문입니다. 그런데 성인이 되면 어느새 그런 기쁨은 잊혀지고 맙니다. 그러다가 그 모든 해야 할 일과 걱정들이 사실은 마음이 분별하는 가상의 경계 속 일임을 알아채면, 이제 호오와 판단의 경계선을 내려놓을 수 있게 되고, 그때 생명력의 진정한 발현인 기쁨으로 다시 가득하게 되는 것입니다.

그렇다면 그 저변에는 어떤 원리가 작용하는 것일까요? 이유 없는 정성이 어떻게 무의식을 청소하고, 이유 없는 기쁨을 드러내는 것일까요?

우리는 보통 '내 일'에 집중되고 정성을 기울이게 됩니다. 그 이유는 일이 잘 되면 칭찬을 받거나 자부심을 느끼며, '나'가 높아지고 자신이 훌륭하다고 느끼게 되기 때문입니다. 그러나 동시에 그 일이 잘 되지 않으면 '나'는 낮아지고 남과 비교되어 괴로움을 경험합니다. 그러므로 '나'가 높아짐을 느끼는 과정은 곧 '나'가 낮아짐을 느끼는 과정이기도 한 것입니다. 우리의 일상은 늘 그런 동전의 양면을 경험하는 자아강화의 장場입니다. 이 자아강화의 과정은 무의식에 늘 긴장을 유발하고 희로애락에 좌우되게 합니다. 여기서 칭찬과 비난에 쉽게 흔들리는 '자아'가 자리잡는 것입니다.

그러나 '내가 선택한' '내 일(거기서 일어나는 성과=자존감을 높임)'이라는 프레임에서 벗어나, '주어진 일(내 욕구와 필요에 상관없는 과정=나눔)'을 한다는 프레임으로 옮겨가면, 그것은 '내 일'이 아니기에 무의식에서 그 결과를 평가하는 마음이 약해지고 결과에 무심해지며, 그에 따라 '나'를 주인공으로 하는 마음의 스토리와, 비교의식, 자기통제욕 등이 줄어들게 됩니다. 단순히 말하자면, '내가 주인공'인 마음의 스토리가 줄어들기에, '나'라는 기준이 일으키는 무의식적 감정과 마음의 잡음도 사라지게 되는 것입니다. 이런 상황이 지속되면 마음은 평온을 향하게 됩니다.

또 이렇게 이유를 붙이지 않고 정성을 들이는 행위는 반복적 주의집중을 만들고 몰입이 자주 일어나게 합니다. 이런 상황을 신경언어학적으로는 반추 · 걱정을 생산하는 회로가 약화된다고 표현합니다. 체감상 우리 머릿속 해설자가 조용해지고, 점차 감각적 몰입행위가 더 또렷해지게 되는 것입니다.

'좋은 결과를 통해 칭찬받는 것'을 일의 유일한 보상으로 여기지 않게 되면, '기분좋음을 느끼는' 마음의 회로가 '성과 중심'에서 '과정 중심'으로 변화해갑니다. 우리 마음이 성과 중심일 때는 결과에 따라 일희일비하며 감정의 롤러코스터를 타게 되지만, 과정 중심일 때는 일을 하는 과정 자체에 정성을 들이게 됩니다. 그것이 몰입을 가능하게 하고 동시에 기쁨도 주기 때문에, 따로 결과를 통해 기쁨을 얻으려는 마음이 크게 일어나지 않습니다. 그냥 과정 자체에 기쁨이 포함되며, 그때 일상은 잔잔한 만족감으로 채워질 것입니다.

또한, '이유 없이 몰입하고 정성 기울이기'를 거듭하면, '나/내 것'을 방어하느라 바쁜 마음과 그로 인해 발생하던 감정(분노 · 부끄러움 · 서

운함)의 고리가 약해지고 결국은 끊어지게 됩니다. 그리하여 '나의 가치=내가 낸 성과'라는 무의식적 프로그램이 바뀌고, 무엇을 하지 않아도 '이미 있는 만족'이라는 새로운 프로그램이 형성되는 것입니다.

예를 들어 시험을 잘 봐야 칭찬을 받고 사랑을 받는다는 경험을 한 사람은, 그와 동시에 실수하면 비난을 받고 결과적으로 부끄러움을 느끼며, 그로 인해 성과에 대한 불안이 일어납니다. 이런 경험이 반복되면 우리는 '성과가 나의 존재 가치를 결정한다'는 마음의 회로를 강화시켜 일을 하는 과정 자체를 즐길 수 없게 되는 것입니다.

그에 반해 성과에 대한 집착 없이 주어진 일에만 집중하면, 정성과 몰입의 기쁨을 맛보게 되어, 성과가 기대보다 낮아도 평안함을 유지하게 됩니다. 이런 경험을 자주 하면 우리의 무의식은 "어? 성과가 낮아도 괜찮네?"라는 경험을 하게 되고, 이런 상황이 반복되면 '나의 안전과 가치는 곧 성과'라는 공식이 약화됩니다. 그 결과, 성과가 있고 없음에 감정이 크게 출렁이지 않게 되는 것입니다. 그 이유는 성과가 낮아도 불안과 자책이 자동으로 따라오지 않고, 그로 인해 자존감이 크게 왔다 갔다 하지 않기 때문입니다. 그러면 불필요한 긴장과 압박감이 줄어들고, 따라서 판단력과 창의성이 보존되어 어떤 상황에서도 잘 발휘되며, 성과가 좋든 나쁘든, '나'라는 감각은 안정되게 됩니다.

무엇보다, 그렇게 결과를 최고로 높이려는 압력이 빠지면 신체적으로 과도한 교감-부교감 신경의 불균형이 사라지고, 무의식은 늘 안전을 경험하고 평안에 익숙해지게 됩니다. 생리적으로는 일상의 호흡과 장腸 · 심장 · 뇌 리듬이 고르게 되며, 마음의 배경에는 평온과 기쁨이 자연적으로 발현되는 것입니다. 이것이 마음과 육체의 연결성을 통해 본 관점입니다.

이렇게 이유 없는 정성과 이유 없는 기쁨은 서로 깊이 연관되어 있음을 발견했습니다. 그리고 이후부터 육체의 힘은 한정되지만 곧 회복되기에, 마음이 지치지만 않으면 생명의 힘은 무한히 나온다는 것을 체득했습니다. 이것이 생명력의 원리입니다.

깨어있기를 통해 '해야 할 일이 없음'을 깨닫고, 관성을 넘어가기를 통해 '습관적 삶을 멈추며', '이유 없는 정성'을 통해 무의식이 청소되면, 거기에 '이유 없는 기쁨'이 오는데, 왜냐하면 우리의 존재 자체가 원래 기쁨이고, 무한한 에너지이기 때문입니다. 그렇게 이유 없는 정성을 통해 드디어 존재의 본성인 이유 없는 기쁨이 발견된 것입니다.

생명력은 이유 없는 정성을 통해 회복됩니다. 어릴 때 우리는 아무런 이유가 없어도 에너지를 끊임없이 내어 쓰며 개미 지나가는 것에 몰두되고, 나뭇잎의 문양 하나에 깊은 몰입을 느끼는 데서 기쁨을 맛보았습니다. 거기에는 어떤 이유도 없습니다. 그러나 커가면서 점차 이유와 효율을 생각하며, 합리적인 이유가 있을 때만 에너지가 나오고 점점 이유에 묶이기 시작합니다. 그것이 바로 합리에 기반한 호오의 틀에 갇힌 자아의 모습입니다. 그러므로 이제 아이와 같이 이유 없는 정성을 회복할 때입니다.

그렇다면 왜 아이처럼 막히지 않고 에너지를 조화롭게 몰입해 쓰면 기쁨이 생겨나는 것일까요? 왜 우주는 그러할 때 우리에게 기쁨을 느끼도록 해놓은 것일까요? ..... 그것은 현상계의 에너지가 막힘없이 흐를 때 우주에 존재하는 다채로운 아름다움이 만들어지기 때문입니다.

우리 인간의 무의식에는 깊은 습관이 하나 배어 있는데 바로 '의미와 이유'입니다. 의미가 있고 이유가 있고 효율적이어야 '움직인다'는 것입니다. 이것은 에너지를 효율적으로 사용하기 위한 자연적 요구이지만,

반면 무한한 우리의 생명력을 제한하여 하나의 틀에 가두는 역할도 합니다.

의식에 묶이는 일 없이 깨어있기가 되고, 감정을 일으키는 관성을 벗어나면, 아무것에도 걸림이 없으니 삶은 자유로우나, 원하는 것도 없으므로 나아갈 추진력도 잃어 무의미와 무기력에 빠지기 쉬운 것입니다.

그러나 어릴 때는 의미를 모르고 원하는 것이 없어도 무기력하지 않았듯이, 드디어 우리의 본 모습인 에너지의 흐름 자체를 터득할 때입니다. 그런데 그동안 의미와 이유의 틀 속에서 살아온 자아의식은 거기에서 자유로워지면 도리어 갈 바를 모르고 잠시 방황하게 됩니다. 또, 의식적으로는 삶에 아무런 이유가 있지도 없지도 않지만, 무의식에는 여전히 '의미'를 통해 움직이려는 습성이 남아서 계속 의미를 찾기 때문에 이 의식과 무의식의 괴리로 인해 허망함이 몰려오는 것입니다.

처음에는 심심함으로 다가오다 점차 허망과 허무로 다가오기 시작합니다. 나는 거의 1년여를 이 깊은 허무 속에서 보냈습니다. 아침에 일어나 처음 느껴지는 것은 무의미와 허무였습니다. 그 지독한 허무함을 느끼며 일상을 그냥 해나가는 것입니다. 그러나 그 허무의 강을 건너는 것은 만만찮은 일입니다. 마치 죽음의 강을 건너듯이 어깨는 축 처지고 마음은 늘어지며 눈은 빈 동공이 되어가며 일상을 살아가는 것입니다.

그런데 점차 그 공허와 함께 일상에 에너지를 쓰기 시작하고 동시에 '내 일'에 상관없는 일에도 정성이 기울여지며 심층에 쌓여있던 무의식적 습관의 찌꺼기들이 청소되어갔습니다. '나'로 인해 일어나던 감정적 습이 가벼워지고, 존재의 두려움도 사라지면서 마치 어린아이와 같이 '두려움 없음, 할 일 없음, 그저 에너지를 뿜어내면 됨'과 같은 마음 상태가 되며 커다란 경계없는 기쁨을 맛보게 되는 것입니다.

과거와 미래가 없어진 사람

자신이 가야 할 방향이 없어진 사람은 주어진 것에 온통 몰입하게 되어 있습니다. 어린아이를 보세요. 그는 내적인 부족함도 없고 외적으로 가야 할 방향도 없지만 에너지가 넘쳐나기에 지금 이 순간에 몰입할 수 있습니다. 그런데 나이가 들어 경험이 쌓이고 비교가 일어나면 그 과거로부터 내적인 부족감이 만들어지고, 그것을 채우기 위해 미래의 목표로 달려가게 되는데, 자아는 바로 그 과정에서 강화됩니다. 이렇게 '자아'는 과거와 미래라는 시간의 산물이라 할 수 있습니다. 과거의 경험과 그로 인한 미래의 목표 사이에서 작용하는 마음의 틀이지요. 그런 자아는 늘 '저기'를 향해 움직이고, '저기'에 도달할 방법을 찾아 끊임없이 애쓰는 데만 집중하게 됩니다.

그런데 자아의 허구성이 파악되면, 그것이 만들어내는 '내적인 부족함'도 함께 사라집니다. 그렇게 '부족함이 없어진' 사람은 더이상 그 어디로도 '갈 필요가 없기 때문에', 외부에서 나아갈 방향이 사라지고 마는 것입니다. 그렇게 과거와 미래가 사라진 사람, 또는 내적인 부족감과 욕구, 가야 할 곳으로 인한 두려움이 모두 사라지면, 당연히 존재는 지금 이 순간에 몰입하게 됩니다. 이 순간의 몰입은 즐거움이며 즐김입니다. 마치 어린아이와 같습니다. 어린아이는 이 순간 오직 흙장난에 집중하고 뛰어 놀며, 즐겁게 웃고 날씨를 즐기거나, 신기한 것에 몰입하는, 그것 밖에 할 일이 없는 것입니다. 그의 에너지는 솟아나는데, 솟아나는 그 무한한 에너지가 이 순간으로 쏟아져 들어가, 지금 여기에서 일어나는 일을 즐기는 데 쓰이는 것입니다.

여기에 이유 없는 기쁨이 있습니다. 그래서 인도에서는 인생을 릴라 Lila(놀이, 유희)라고 말합니다. 이 생명의 핵심을 발견한 이들이 표현해놓은 말입니다.

그리고 즐기는 아이를 유심히 보면 거기 '정성'이 있습니다. 몰입과 정성이 동전의 앞면이라면 기쁨은 동전의 뒷면입니다. 그의 마음은 '지금'과 '여기'에 머무르고 있습니다.

이 몰입의 과정에서, 찌꺼기처럼 남아있던 부족감이 청소되고, 이유 없는 정성 기울이기를 통해 감정의 흔적들도 사라지며, 어느날 다시 회복된 존재의 기쁨은 쓰나미처럼 이유 없이 몰려오는 것입니다.

생명력의 대해부

생명이란 무엇인가? 그것은 기본적으로 살아있음을 말하는 것으로, 움직임과 활동성에 기반을 두고 있습니다. 따라서 생명은 안전하게 보관해야 오래 유지되는 고정된 물건과는 다른 성질을 가지고 있습니다. 즉, 생명은 사용하고 움직여야만 더 잘 유지되는 흥미로운 특성이 있는 것입니다.

오늘부터 생명력에 대해 살펴보려 합니다. 그동안은 깨어있기, 의식의 본성, 의식이 일어나는 과정과 작용, 그리고 그것의 근본적인 본성을 주로 다뤘습니다. 그 이후 계절수업에서는 감정을 깊이 들여다보며 관성을 다루고, 감정적인 관성에서 벗어나 조화로운 관계 맺기에 대해 살펴봤습니다.

이렇게 거친 의식적 감정이 다루어지면, 미묘한 무의식적 무드가 '의식'되고, 그 무드는 무의식에 깔려있는 고정된 느낌의 스토리에 의한 것임을 보게 됩니다. 그 무의식이 청소되고 조화로워지면 이제 균형 잡힌 존재는 그의 고유한 진동, 즉 우주적 떨림이 드러납니다. 그것이 바로 기쁨입니다.

여기서 잠시 '무의식적 무드'와 '느낌의 스토리'에 대해 먼저 살펴본 후에 무한한 생명력으로 넘어가겠습니다.

무의식적 무드의 정체

우리가 일상에서 자주 접하는 강하지 않은 감정적인 상태가 무드mood입니다. 어린아이 때는 아침에 일어나면 몸이 힘들고 더 자고 싶거나 하지 마음의 느낌은 크게 없습니다. 그런데 나이가 들고 마음에 스토리가 쌓이면 아침에 일어났을 때 기본적으로 어떤 느낌이 동반됩니다. 그것이 미묘한 '우울'이든 은근한 '짜증'이든 설레는 '흥분'이든, 우리의 무의식에 깔린 스토리가 만들어내는 느낌인 무드를 경험하게 됩니다.

아침에 잠에서 막 깼는데도 어떤 무드가 느껴진다면, 그것은 아직 아무런 의식적 이유가 없는데도 느껴지는 것으로, 바로 무의식에 깔린 스토리에 의해 작용하는 느낌인 것입니다.

스토리가 만드는 세계

모든 느낌은 그 밑에 스토리가 있습니다. 생각이 만든 그 스토리가 경계를 지어 느낌을 고정화시킨 것입니다. 그리고 그 느낌은 세계를 만들어냅니다. 그때 우리는 감정이라는 하나의 세계 속에 들어가 있게 되는 것입니다. 그러므로 하나의 스토리는 느낌을 만들고, 그 느낌은 세계를 만들며, 우리는 그 세계 속에 들어가 있게 됩니다.

예를 들어 '삶은 의미 없어'라는 스토리는 우울한 느낌, 허무한 느낌을 만들어내고, 그 순간 우리는 이미 그것이 만든 세계 속에 들어앉아 있게 됩니다. 그것은 '내'가 경험하는 세계이고, 그 순간 '내가 속한 세계'인 것입니다. 이와 같이 감정은 '내'가 살아가는 세계를 형성합니다. 하나의 스토리, 하나의 문장은 하나의 '세계'인 것입니다.

감정적 세계에서 빠져나오기

매순간 우리가 하나의 생각을 떠올릴 때면 거기에 딸려오는 감정적 느낌을 느끼게 되고, 그 느낌은 그 순간 우리가 그 안에 포섭되어 버리는 하나의 세계인 것입니다. 그런데 흥미롭게도 '내'가 지금 '이러한 스토리에 기반한 감정적 세계에 들어있구나!' 하고 알아채면 순간 거기서 나오게 됩니다. 흥미롭지 않은가요? '내가 그 속에 들어있구나' 하는 것만 알아채면 거기서 빠져나오게 된다는 것이!

평상심의 중요성

평상심, 그것이 가장 좋습니다. 평상심은 항상 자유롭게 사용할 수 있고 평화로우며 현재 상태를 즐길 수 있는 마음의 가장 자연스러운 상태이기 때문입니다.

평상심은, 비유하자면, 자판을 두드릴 준비가 된 손과 같습니다. 이때 두 손은 자판의 중앙에 떠 있습니다. 그러다가 필요에 의해 손가락이 가서 자판을 치게 됩니다. 그리고는 바로 다시 평상 상태로 돌아옵니다. 그런데 그렇지 못하고 보통은 자판에 머물게 됩니다. 왜냐하면, 잘 쳐지면 기분이 좋아 거기에 머물려 하게 되고, 잘못 쳐지면 기분이 나빠 거기서 빠져나오지 못해 머물게 되는 것입니다.

감정의 극과 극을 피하는 법

이렇게 좋거나 나쁜 감정 상태에 머무는 것이 평상심을 그 감정에 물들게 합니다. 그리고 물든 감정은 그 순간, 내가 그 속에 들어있는 '하나의 세계'가 됩니다. 따라서 지금 떠오른 하나의 스토리는 '내'가 그 속에 머물게 되는 하나의 세계입니다.

우리가 기분이 좋지 않은 상태를 만나게 되면, 그 상태를 싫어하고 떠나고 싶어하는 그 마음 때문에 도리어 거기에 머물게 됩니다. 이 마음은 또 기분 좋음을 추구하는 부족감을 일으키게 되고, 따라서 평상심으로 가지 못하고 기분 좋은 상태로 가려고 하게 됩니다. 그것이 도리어 마음을 더큰 부족감에 빠뜨리며, 우리는 극과 극을 오가는 악순환의 쳇바퀴에 걸리게 됩니다.

그러므로 일상적인 마음에서 좋지 않은 감정이나 어렵고 힘든 상황이 되면 '좋은 기분' 쪽으로 가려 하지 말고 '평상심' 쪽으로 가는 것이 좋습니다. 왜냐하면 기분 좋은 쪽이 한쪽 극이라면 기분 나쁜 쪽은 또 다른 극이 되어 우리는 이쪽 극에서 저쪽 극으로 끊임없이 왔다 갔다 하는 무한고리에 빠지게 되기 때문입니다.

그러므로 힘들면 바로 쉬어주는 것이 좋습니다. 만일 그 시기를 놓치면 쉬는 것으로는 평상심이 회복되지 않기에 더 기분 좋은 쪽으로 가려 하게 됩니다. 그래야만 우울로 저조해진 편중된 마음의 균형을 잡기가 더 쉽기 때문입니다.

무한한 기쁨의 발현

일상의 의식적 감정에서 가벼워지고, 이제 이렇게 무의식적인 무드를 구성하는 구조마저 청소되면 어느 순간 마음은 벅찬 기쁨으로 가득 차는 일이 벌어집니다. 마음에 어떤 그림자도 없으면 마음의 본성은 그 고유한 진동 자체로 기쁨을 발산하고, 에너지를 몰입해 쓰기 시작하는 것입니다. 어린 아이는 그래서 무한히 에너지를 쓰고 몰입하며 기뻐하는 삶을 살 수 있는 것이지요. 다만 어린아이는 '자아'의 단계를 거치지 않았기에 '어리석음' 속에 있으나, 자아를 거쳐 다시 어린아이와 같이 된 사람은 무의식의 습관적 패턴이 청소됨으로써, 이제 패턴을 넘어 지혜롭게 무한한 에너지를 쓸 수 있게 되는 것입니다. 왜냐하면 그는 더 이상 자아의 호오에 걸려들지 않아 에너지 사용에 제한이 없고, 필요에 따라 쓸 수 있는 호오의 배경으로 존재의 중심이 옮겨갔기 때문입니다.

생명력 사용의 전환점

'관성을 넘어가기'로 습관적 패턴을 다루게 되면 감정에서 많이 편해지고 이완되며 가라앉는데, 그렇게 되면 자칫 고요한 쪽으로만 가기 쉽습니다. 그래서 중용을 위해 이제는 자신의 생명력을 쓰는 쪽으로 초점을 맞춰서 가야 합니다.

'자아'라는 것이 일종의 임시적인 현상이라는 것을 분명히 발견하게 되면, 그동안 주로 '자기'를 위해 생명력을 썼다면 이제는 전체를 위해 자신이 쓰여지기 시작합니다. 이때 우리는 무엇을 위해 생명력을 쓸 것이고 어떻게 그 힘이 나오는지를 살펴보기 위한 작업이 이 글의 초점입니다.

생명력의 원천 – 의식의 측면

무극, 태극, 음양의 이해

그동안 깨어있기 기초과정에서 주로 얘기했던 것이 에너지 차원의 무극과 태극, 음양이며, 그것을 의식의 측면에서도 살펴보았습니다.

의식이란 기본적으로 '나눠짐'입니다. 분열이자 분별입니다. 마음이 나눠지고, 그렇게 나눠진 둘 사이에 차이가 생기면 거기서 에너지 흐름이 생깁니다. 그것이 바로 '나와 대상'이 생겨나난 과정이고, 나와 대상이 생겨났기 때문에 그 이후 대상에 '다양한 분별'이 생기며, 그 분별 하에 '좋고 나쁨'이 벌어지면서 '내가 보는 세계'가 다양하게 펼쳐지는 것입니다.

신비한 '모름'의 중요성

그렇게 의식을 주로 살피다보니 그 의식의 원천인 신비한 '모름'에 대해서는 잠시 접어두게 된 것 같습니다. 그러나 그 '모름'을 잊고 있으면 이 모름에서 에너지가 솟아오른다는 것을 발견할 수 없게 됩니다.

태극太極은 '신비한 모름'과 '의식적 앎'의 중간 정도 되는 것으로, '앎'이 발현되기 직전의 준비단계라 할 수 있습니다. '모른다'는 느낌, 어떤 텅 빈 느낌이 있는 상태를 말합니다. '신비한 모름'인 무극無極은 그런 느낌마저 없는 상태라면, 태극은 어떤 느낌이 있는 상태입니다.

음양의 분열과 생명의 움직임

그리고 음양陰陽에 이르게 되면, 즉 앎에 이르면, 앎이라는 것은 항상

'누군가가 무엇을 안다'이기 때문에 누군가인 '아는 자'와 무엇을에 해당하는 '알려지는 대상'으로 나뉘게 됩니다. 그래서 음양의 2분열이 일어나게 됩니다. 마음에 둘 이상의 분리分離가 일어나는 것이지요.

분리가 일어났다는 것은 마음이 움직일 수 있게 되었다는 뜻입니다. 움직인다는 것은 이런 것입니다. 예를 들어 마음이 나눠지면, 그 나눠진 사이에 이 둘을 연결하는 '흐름'이 생겨납니다. 그렇게 흐르게 되면 그 흐름의 시작점이 주체가 되고, 흘러서 다다르는 도착점이 대상이 됩니다. 이때 시작점은 주체인 '나'라고 느끼게 되고, 대상은 흘러가 도착하는 '내가 아닌 것'이 됩니다.

움직임과 생명의 관계

이 과정에서 움직임이라는 것이 아주 중요한 역할을 합니다. 이 움직임이 없으면 우리는 생명이 없다고 합니다. 살아있는 생명체라 이름 붙인 것은 모두 움직임이 있습니다. 그러므로 마음이 살아있다는 것도 끊임없는 주객의 작용으로 마음의 흐름이 일어나고 있을 때입니다. 그렇다면 돌이나 바위 같은 무생물은 어떨까요? 무생물도 원자나 소립자 단계까지 깊이 들어가면 다 움직이고 있습니다. 그러므로 깊은 의미에서 존재하는 모든 것은 살아 움직인다고 할 수 있을 것입니다. 만물에 불성이 있다고 말하는 이유가 바로 그렇게 다 움직이고 있기 때문입니다.

두 종류의 '모름'

'움직이지 않음', 의식적으로 따지면 '신비한 모름'이 움직이지 않음입니다. '모름'에는 두 가지가 있으니, 하나는 '신비한 모름'이고 다른 하나는 '안다'에 대비되는, 그래서 항상 앎을 추구하는 답답해 하는 '모름'

이 있습니다. 이 두 번째가 바로 움직임을 일으키는 분리된 '모름'입니다.

그렇게 일단 마음이 움직이면 앎이 생겨납니다. 그리고 이것이 '생명이 있다'라고 느끼게 만들어 주는 것이지요. 표현되고 드러나는 모습이니까요. 그러나 신비한 모름은 전혀 없음이 아니라 미묘한 있음입니다. 그래서 진공묘유眞空妙有라고 하는 것입니다. 진정한 공은 '묘한 있음'이라는 것입니다. 그리고 생명의 원천은 바로 이 신비한 모름이며, 거기에 기반하여 나타난 모습이 생명력의 발현입니다.

모름과 앎

앎이 가져오는 고정화

모름과 앎이라는 상대적인 작용은 생명력의 신비를 현상계로 드러내는 주된 요소입니다. 그런데 보통은 앎에 초점이 맞춰집니다. 앎에 초점이 맞춰지고 일단 안다고 여겨지면, 그때부터 고정되고 마음의 작용은 멈춰서흥미를 잃기 시작합니다.

사람관계도 그렇고 사물이나 물건도 그렇습니다. 물건 하나를 사서 한 달여를 갖고 있다 보면 별로 매력이 없어집니다. 또 사람 역시 사귀고 나서 5년이 지나면 흥미를 잃지요. 의식적인 관계에서는 '아, 저 사람은 이런 사람이야'라고 여기게 되는 순간부터 흥미가 떨어지지기 시작하며 에너지가 흐르지 않습니다. 그러므로 '앎'이라는 것은 에너지를 멈추게 만듭니다.

모름이 만드는 에너지 흐름

우리는 모르는 것에 대해서 두려움을 느끼기도 하지만 신비와 흥미를 느끼기도 합니다. 그것이 에너지를 흐르게 만들어주죠. 그래서 '모르는 사람이 아름답다'라는 시 구절도 있지 않습니까? 알고 나면 아름답거나 멋있음이 줄어듭니다. 이렇게 '안다'고 여기는 것은 에너지를 멈추게 만듭니다. 다르게 말하면 우리가 아름답다 느끼는 것은 '신비한 모름'에 의해 에너지가 흐르고 있는 중이라는 의미이기도 합니다.

우리에게는 안다고 여기는 것, 안다고 믿는 것이 많습니다. 일단 안다고 여기면 그때부터 흐름이 멈추면서 평화스럽긴 하지만 지루함과 재미없음으로 가게 됩니다. 다시 모름 속으로 들어가 그 모름이 원천이 될 때 에너지는 끊임없이 흐르게 됩니다.

앎과 모름의 조화

물론 '모름'만 있다면 에너지 효율이 떨어지며, 어디로 흘러가야 할지 모르기 때문에 혼란과 광풍으로 가 혼돈 속에 빠지기 쉽습니다. 그래서 앎과 모름의 조화가 필요합니다. 여기서 미지未知라는 신비神秘가 등장합니다.

신비란 무한한 고요에 기반을 둔 모름이다

모름과 앎의 역동적 조화

'모른다'는 것은 긴장해서 '에너지를 끓어오르게' 만들고, '안다'는 것은 어떤 '특정 방향으로' 에너지가 쏟아져나갈 수 있도록 합니다. 모름은 힘Energy이 되고, 앎은 방향Information이 되어 역동적 움직임이 됩니다. 이렇게 초기의 실마리를 제공하면서, 이 두 흐름이 삶을 역동적이 되도록 합니다. 그래서 이 둘을 조화롭게 할 필요가 있습니다.

반복되는 일상이라는 것은 '안다'라는 세계 속에 있는 것입니다. 무의식적으로 '아, 오늘도 어제와 똑같아', '그렇고 그런 삶이다' 싶을 때, '모른다'라고 하고 새롭게 한번 보세요. 단순히 생각만 그렇게 해도 느낌이 달라집니다.

모름을 파악하기

그래서 그 모름을 일단 파악하기. 이때 파악한다는 것은 '안다'로 가라는 의미가 아닙니다. 모름을 '알' 수는 없겠죠. 모름이 '되기'입니다. 모름으로 '있기'를 '모름을 파악하기'로 이름 붙였어요. 그래서 '신비로 남기'입니다.

우리의 근본, 내 의식의 뿌리를 '모름과 신비'에 두게 되면, 그 모름을 기반으로 정성을 쏟을 수 있게 됩니다. 즉, '이유 없는 정성'을 쏟을 수 있게 되는 것입니다.

이유 있는 정성과 이유 없는 정성

보통 우리가 쏟는 정성은 이유가 있는 정성입니다. 하지만 이유 없는 정성을 쏟을 수 있을 때 비로소 지치지 않는 에너지를 끌어내서 살아갈 수 있습니다.

우리에게 아무런 이유도 없이 어떤 일에 정성을 들이라 하면 대부분은 일찍 지쳐버립니다. 이유란 일종의 보상인데, 그런 보상 없이는 노력을 잘 쏟지 못하는 것입니다. 그렇지 않으면 자기 스스로 무엇이라도 보상을 만들죠. 어떤 사람은 아무 보상 없이 열심히 하는 것 같은데, 사실 그 안을 들여다보면 무언가 어떤 이유가 있을 수 있습니다.

그래서 《죽음의 수용소에서》를 쓴 빅터 프랭클Viktor Frankl은 수용소 안의 삶에서 어떤 이유를 발견하여 건강하게 살아나왔다고 합니다. 그래서 그는 삶의 의미를 찾는 것이 중요하다고 말하고, 그것을 로고테라피Logo therapy라고 합니다. '의미意味'가 치유의 핵심이라는 것입니다.

물론 훌륭한 기법이지만, 다른 한편으로 그것은 무한한 생명의 힘을 '이유'로 한정지어놓은 것이기도 합니다. 만일 누군가 의미나 이유 없이 정성을 들일 수 있다면 그 사람은 생명력 자체가 된 사람이라 할 수 있습니다. 그래서 무한히 생생한 생동감으로 살아갈 수 있게 됩니다.

신비로운 삶의 시작

앞서 이야기했듯이 '안다'라는 것은 에너지를 막고 머물게 합니다. 그러나 모름은 에너지를 끊임없이 흐르고 굽이치게 만듭니다.

그렇다면 우리는 어떻게 '모름' 속으로 들어갈 것인가? 모름 속으로 들어가면 '삶은 신비'입니다. 신비라는 것은 모른다는 것이고, 신비롭다는 것은 모름의 세계입니다. 그때 역동적인 현상이 일어납니다.

분열과 무위無爲의 위爲

모름과 앎, 분열 이전과 분열

모름이란 '분열 이전'입니다. 거기서는 움직임이 없는 듯하지만 무한한 에너지로 가득한 것이 분열 이전의 텅 빈 충만입니다. 이것을 불교에서는 진공묘유眞空妙有라고 표현합니다. 분열 이전은 아주 캄캄한 암흑이 아닙니다. 아무것도 없는 것 같고 텅 빈 것 같지만 언제든지 에너지를 끌어내 쓸 수 있는 충만, 텅 빈 충만이라는 것입니다. 비유하자면 끊임없이 샘솟는 샘물과 같습니다.

물질세계도 소립자 수준으로 깊이 들어가면 양자진공Quantum Vacuum이라고 합니다. 끊임없이 양자들이 생겨났다 사라졌다 합니다. 우리가 인식할 수 없을 정도로 아주 빠른 속도로 나타났다가 사라지죠. 그래서 양자 스프라고 합니다. 스프가 막 끓잖아요. 그것이 어떤 계기를 만나면 물질세계로 드러나 작용을 하고, 아니면 다시 양자 세계로 돌아갑니다. 이렇게 '모름'이라는 것은 그냥 죽어있는 세계가 아니라 끊임없이 나타났다 사라지는 것, 샘물이 끊임없이 솟아오르는 그런 것이라 할 수 있습니다.

앎이란 무엇인가

그렇다면 앎이라는 것은 무엇일까요? 앎이라는 것은 샘물이 끊임없이 '어딘가'로 흘러가는 것과 같습니다. 어딘가 저 낮은 곳을 향해서 흘러가죠. 샘물이 많은 곳에서 없는 곳으로 흘러갑니다. 즉 거기엔 샘물이 솟아나는 곳과 흘러가는 쪽으로 나눠짐이 있습니다. 드디어 분열된 것입니다.

우리 마음에도 이와 똑같은 분열이 일어납니다. 바로 '나'와 '대상'이라는 마음의 분열입니다. 마음이 움직이고 흐르지 않는다면 나와 대상으로 나뉘지 않은 것입니다. 그 나눠지지 않은 것이 바로 '모름'의 상태라 할 수 있습니다.

주의의 흐름과 마음의 분열

내가 무언가 안다고 할 때, 즉 '아, 이것은 컵이지' 할 때는, 이미 내 안의 주의가 그 컵으로 흘러가고 있는 것입니다. 주의가 거기에 투사되어서 '아, 저건 컵이야' 하고 인식하기 때문입니다.

흘러간다는 것을 한번 실험해볼 수 있습니다. 지금 눈을 감고 자신이 어제 만났던 한 사람을 떠올려봅니다. 이제 그 떠오른 사람을 바라봅니다. 그러면 바라보아지는 저쪽의 '그 사람'과 바라보고 있는 이쪽의 '나'로 마음이 나눠질 것입니다. 그것을 내면에서 확인해봅니다.

바로 그와 같이 마음에 무언가를 떠올리거나, '안다'고 하거나, 어떤 의도意圖가 사용되거나 할 때는 이미 마음이 둘 이상으로 나눠진 상태에서 마음속 대상을 향해 나의 '주의'가 흘러감을 느낄 수 있을 것입니다.

그래서 비유하자면 주의이 샘물이 '솟아나는 곳'과 그것이 흘러가는 '대상'으로 나눠지는 것, 이것이 분열된 의식입니다. 다르게 말해 지금 마음에 인식이 있다면 그곳에는 분열이 있다는 의미입니다. 이렇게 '의식의 흐름'이 있다는 것 자체가 이미 분열分裂이 있음을 의미합니다.

뭔가를 '의식한다'는 것은 나눠졌다는 것입니다. 의식되는 '무언가'와 그것을 의식하는 '나'로 나눠졌다는 것이지요. 거기에서 '내'가 '무언가'를 '의식한다'가 가능하게 됩니다. 이렇게 '무언가'가 없으면 의식이라는 것이 일어나지 않습니다. 의식할 대상이 아무것도 없는데 어떻게 의식이 일어나겠어요? 모든 의식이 일어난 상태는 음양(주객)으로 마음이 나뉜 상태입니다.

순수의식과 태극 상태

물론 그런 나뉨이 없을 때도 있습니다. 그것이 흔히 말하는 '순수의식'이라는 것입니다. 텅 빈, 뭔가 '있음'이라는 존재감만이 있는 상태입니다. 하지만 존재감만 있다는 것 역시 엄밀히 말하면 '존재감'을 '느끼고' 있는 것이므로 존재감을 '의식'하는 무언가가 있는 것입니다. 다만 그때는 아주 미묘한 '대상이 없는 의식'이죠. 그렇게 미묘한 분열을 태극상태라 말했습니다.

그러나 그런 태극을 지나 완전히 '나와 대상'으로 나눠지면 이제 분열이 명백해져서 에너지 중심이 '나'에 초점 잡힙니다. 에너지가 강하게 한쪽으로 몰리게 되는 것입니다.

에너지의 원천과 고갈

그리고 그 에너지 격차가 커지면 주변을 향해서 흘러가게 되는데, 여기서 문제가 하나 생깁니다. 즉, 이 '나'가 텅 빈 충만에 뿌리박지 않았을 경우에는 그 에너지가 곧 고갈되고 만다는 것입니다. 샘물이 계속해서 새로 솟아나지 않으면, 흘러가던 샘물도 그치지 않겠습니까? 그리고 샘물이 무한히 솟아오르는 원천은 바로 미지의 신비神秘라는 것이며, '나'가 이 '모름'에 뿌리를 둘 때 생명의 에너지는 무한히 솟게 됩니다.

그에 반해 '모름'을 간직하지 않고 앎만을 추구하여 그에 기반을 두는 것은, 끊임없이 솟아나는 원천은 없고 흘러가기만 하는 샘물과 같습니다. 조만간 고갈되고 말지요. 그래서 물이 더 이상 흐르지 않습니다. 조만간 움직임이 없고 생동감이 사라집니다.

이 상태가 바로 '나는 안다'라고 하는 상태입니다. 여러분들이 무슨 경험을 하고 나서도 마찬가지입니다. 아무리 훌륭하고 깊은 경험을 했다 하더라도, 그것이 무의식적일지라도, '난 알아' 하고 있으면 조만간 에너지 고갈이 일어나서 지겹고 재미없어집니다. 그러면 이제 '흐름이 없으므로' 생동감도 없어지게 됩니다.

물론 생동감과 함께 조화로운 흐름이 있어야 합니다. 너무 과도한 흐름이나 과소한 흐름은 모두 문제를 만들어내기 때문입니다.

에너지는 불균형에서 균형으로 향한다

기본적으로 모든 흐름은 불균형에서 옵니다. 내면의 불균형에서 에너지 흐름이 생기는 것이지요. 우리는 마음에서 '주체'와 '대상'이 나눠지면 주의는 주체에서 대상을 향해 흘러간다고 했습니다. 주의가 흘러가는 시작점이 바로 '주체'인 '나'라고 느껴집니다.

눈을 감고 한번 느껴보세요. 마음속에 지금 떠나온 자신의 집을 떠올려보세요. 그러면 마음에서 어떤 일이 벌어집니까? 아마도 떠나온 집을 마음속의 이미지로 보고 있을 것입니다. 그 집을 향해 나의 내적인 주의注意가 흘러가고 있죠? 집이라는 그 상相을 '보고 있다'는 것 자체가 '주의가 그리로 향하고 있다'는 의미입니다.

그리고 주의가 그리로 향한다는 것은 주의가 시작되는 시작점이 어딘가 있다는 뜻입니다. 주의의 시작점을 의식해 보려고 하면서, 그러나 대상인 '집'은 지워 없애지 말고 계속 보고 있으면서, 주의가 시작된 그 지점으로 거슬러 올라와 보세요.

주의의 원천으로 거슬러 올라가기

마음의 상인 집은 대상이 되고, 그 대상을 보고 있는 그 무언가, 누군지는 모르겠지만 또는 어디인지는 정확히 모르겠지만 그쪽을 '향해' '주의가 가고 있는 것'이 느껴진다면, 그 주의를 타고 거슬러 거슬러서 주의가 시작되는 시점으로 조금씩 와봅니다. 마음의 상은 지우지 말고 그대로 둬야 합니다. 그래야 보고 있는 흐름이 유지되니까요.

지금 마음속에서, 저 앞에 마음의 상인 집을 하나 그려놓고 그 집을 보고 있지요? '보고 있다'는 것은 내 '주의'가 '그리로 향해' 가고 있다는 것입니다. 그렇다면 그 가고 있는 흐름을 거슬러 올라와서 원천으로 돌아와 보는 것입니다. 집은 그대로 보면서 주의의 샘물의 원천으로 거슬러 올라오는 것입니다. 그렇게 계속 원천으로 돌아오면 어떻습니까?

계속해서 뭔가 찾고 있다면 아직도 뭔가를 보고 있다는 것입니다. 만약 '원천을 못 찾겠는데...' 하고 있다면, 마음의 '주체가' 못 찾겠다며 두리번거리는 '자기'로 바뀐 것입니다. 찾고 있는 자가 하나 새로 만들어져 주의의 초점이 그리로 옮겨진 것입니다. 이때 그 찾고 있는 소스source로 주의를 옮기라는 것입니다.

주체와 대상이 하나가 되는 순간

주의의 샘물을 자꾸 거슬러 올라가는 거예요. '옹달샘에서 물이 흘러 내려오는 영상'을 보며, 필름을 거꾸로 돌렸다고 생각해 보세요. 그러면 물이 거꾸로 올라가서 옹달샘 쪽으로 올라가겠지요. 그처럼 나의 주의가, 내 마음의 시작됨이 어딘지, 그 원천으로 거슬러 올라가 봅니다. 그래서 '보는 내'가 '보여지는 내'가 되도록 해보는 것입니다. 그래서 그 둘이 합쳐지면 이상하게 마음은 멍해지거나 텅 비게 되어버립니다. 그것은 '주체'와 '대상'이 하나가 되기 때문입니다. 어쨌든, 이렇게 주체와 대상은 흘러가서

'움직일 때만' 생겨납니다.

균형 잡힌 불균형

이렇게 몸과 마음이 나눠진 상태에서 흐름이 생겨날 때 즉, 움직임이 생겨날 때 '의식'이라는 것이 일어납니다. 흐름이 생겨났다는 것은 내 마음이 '나눠지고' 그 안에 에너지 불균형이 일어났다는 뜻입니다.

물이 왜 흐를까요? 위치에너지에 차이가 생기니까 흐릅니다. 높은 곳과 낮은 곳이 있기에 이 높은 데서 저 낮은 데로 흐릅니다. 전기도 전압이 높은 데서 낮은 데로 흐르고, 대기도 고기압에서 저기압으로 흐릅니다. 이렇게 에너지 불균형이 일어났을 때만 흐름이 생기는 것입니다. 차이 없이 다 똑같으면 흐르지 않습니다. 물을 보아도, 아주 평평한 평야에 물이 있으면 움직이지 않지요, 흐르지 않습니다. 레벨에 차이가 나야 흐르기 시작합니다.

의식 형성과 마음의 불균형

여러분 내면에서 의식이 형성되는 것도 이와 마찬가지입니다. 이것저것 분별하고 구별이 일어나고 있다는 것은, 어떤 마음이 나눠지고 어떤 에너지 흐름이 생겨나고 있다는 뜻입니다. 즉 마음에 불균형이 생겨났다는 것입니다.

그래서 《혼돈으로부터의 질서》를 쓴 일리야 프리고진Ilya Prigogine은 '자연계의 운동은 균형이 깨져있는 비평형 상태로부터 기인한다'라고 말했습니다.

우리도 자연의 일부이기 때문에 자연의 법칙에 따르며, 그래서 우리의 '의식현상' 역시 내 마음의 '불균형'이 만들어낸다고 볼 수 있습니다.

부족한 마음과 의식의 움직임

뭔가를 '이루려는 마음'이 있으니까 열심히 '노력'하고 의식을 쓰게 됩니다. 뭔가를 찾고자 하는 마음, 얻고자 하는 마음, 되고자 하는 마음, 이것이 의식의 움직임을 불러일으킵니다. 아직 '얻지 못한 나'가 그것을 '얻은 나'를 향해 움직여 가려는 것입니다.

바로 그 움직이는 마음은 '찾아야' 하고, '얻어야' 하는 '부족한 마음'을 기반으로 합니다. 그래서 '찾을 것이 없다'에 도착하면 의식이 즉시 멈추는 것입니다.

사회에서 원하는 것을 다 이루면 보통은 또 다른 원하는 것이 생깁니다. 그리고 그 새로운 목표를 향해 또다시 분투하고 달려가게 됩니다. 그러나 의식의 현상을 터득하는 마음의 현장에서는 마음의 본질을 터득하고 나면 '갈 곳이 없는' 상태가 됩니다. 그는 이제 아무런 할 일이 없어진 것입니다. 그러면 그 다음에는 무엇을 하게 될까요? 그냥 사라져버리게 될까요?

나에서 자유로워진 후의 의식

의식을 써야 되겠죠. 이제는 의식이 주변에서 불균형을 발견합니다. 그러나 '나'를 위해 사용되지 않아요. '나'에게서 자유로워지면 즉, '나'라는 불균형이 사라지게 되면, 이제 주변으로 주의가 나가게 됩니다.

주변을 바라보면 불균형은 항상 일어나고 있습니다. 이 세상 자체가, 현상 자체가 불균형의 세계이기 때문입니다. 불균형하기 때문에 '존재'

하고 '살아있다'는 것입니다. 살아있음 자체가 불균형을 뜻합니다. 완전히 균형 잡힌 것은 고요와 평화이기도 하지만 죽음이기도 합니다.

새로운 삶의 방식_균형잡힌 불균형

그래서 우리가 발견하려는 새로운 삶은, 아주 역동적으로 불균형 상태에 있지만, 그 핵심은 '모름' 즉 '절대적인 균형' 속에 뿌리박고 있는 삶인 것입니다. 현상을 균형으로만 가게 한다면, 고요와 평화와 함께 조만간 죽음으로 가게 됩니다. 지루함과 의미 없음으로 가는 것입니다. 의미 없음은 죽음이죠.

그래서 심오한 자연의 핵심을 관찰한 사람들은 항상, 현상이 유지되고 있는 것은 '균형 잡힌 불균형' 속에 있기 때문임을 통찰해 냅니다. 무척 아이러니하지요.

이제 우리는 자연이 어떻게 이런 균형 잡힌 불균형의 모습을 띠는가를 한번 깊이 살펴보고, 그것을 우리의 의식적인 삶에 적용해보려고 합니다. 깊이 들여다보면 우리가 물리적인 세계라 부르는 세계와 의식적인 세계는 크게 다르지 않습니다.

주체가 '모름'으로 남을 때 무한한 생명이 흐른다

우리의 주체, '나'라고 여겨지는 이것이 '모름' 상태로 남을 때만 무한한 생명이 흐를 수 있습니다. 우리가 지금까지 살펴본 것처럼 '나'라는 것은 일종의 '앎'입니다. '나는 알아', '이것이 나야'라고 하는 '앎의 상태'

가, 그 아는 것이 '자기'라고 여겨지기에 그것에 강하게 주의를 집중하게 만듭니다. 자기에 주의가 집중되어 있는 것입니다(그림1-1).

자기의 본질 발견과 해방

그러다가 이제 '나'라는 것을 깊숙이 들여다보니 '나'라는 것은 주의 덩어리이며, 특별한 개체가 있는 것이 아니라 항상 대상과 함께 나타나는 임시적인 현상이라는 것을 발견하게 됩니다. 그러면 이제 자기는 이렇게 비워질 수 있습니다(그림1-2). 자기가 비워지면 주의는 이제 사방으로 향합니다. 주의가 나에게 머물러 있지 않습니다. 주의가 상대에게 가 있고 주변으로 가며, 주변에서 돌아가는 것이 더 잘 보이게 됩니다(그림1-3).

그림 1-1 주의가 자신에게 머문다

그림 1-2 자기가 비워진다

그림 1-3 주의가 주변 전체로 향한다

주의의 변화와 삶의 전환

내가 젊었을 때는 주로 주의가 자기에게 머무는 상태였습니다. 나밖에 몰랐습니다. 밖이 어떻게 돌아가는지, 사람이 아파서 어떻게 되든, 내 동생이 결혼하는 데도 가서 얼굴만 비치고 나오는 식으로 살았는데, 이제 그런 '나'가 임시적인 현상임을 안 후 집으로 돌아오니 주변이 보이고 가족이 보이더군요.

그렇게 보이니까 거기서 부족한 부분, 불균형 상태가 보이고, 가족들이 아파하는 것이 보이고 힘들어하는 것이 보이니까, 그것을 채우는 데 내 에너지가 쓰이기 시작했습니다.

주의가 '나'에게 가 있으면 모든 것이 자기중심적으로 보이고 느껴질 수밖에 없습니다. 자기를 기분 좋게 하고 자기를 즐겁게 하며, 자기를 지키는 데 초점이 맞춰지게 됩니다. 그런데 그 자기라는 것이 매우 '임시적이고 가변적'이라는 것을 발견하게 되면 그러한 습관적인 흐름에서 벗어나게 됩니다. 그러면서 '나'가 희미해지게 됩니다. 그러게 되면 주의가 이렇게 주변으로 쏟아져 나가게 되는 것입니다.

함이 없이 하다[無爲의 爲]

무위의 위란 무엇인가

그다음에 일어나는 일은 무위의 위爲입니다. 위爲는 '하다'라는 뜻입니다. 그래서 '무위의 위'는 '함이 없이 한다'는 의미입니다. '함이 없다'는 것은 움직임이 없다는 뜻입니다. 죽음의 세계입니다. 그런데 다시 '한다'라는 것은 움직임이 있다는 뜻입니다. 그래서 무위의 위, '함이 없이 한다'라는 것은 매우 모순적이고 아이러니한 말인데, 노자의 도덕경道德經, 또는 도가道家에서 나오는 말입니다. 불경이나 인도의 수행법에서도 나옵니다.

분열과 움직임

'한다'는 것은 움직임이 있다는 것이고, 그것은 나와 대상이 분열되어 있으며 '내가 무엇을 한다'는 뜻입니다. '함이 없다'는 것은 나와 대상이 나뉘어져 있지 않으니까 움직임이 없습니다.

그런데 '무위의 위'는 움직임이 없으면서 모든 것을 하는 것이니 이런 아이러니하고 모순된 말이 없습니다. 그러나 경험적으로는 깊은 의미를 담고 있습니다. 즉 무위의 위는 '내가 한다'라는 생각이나 느낌 '없이' '하는' 것이기 때문입니다.

일단 '한다'라는 것을 먼저 보면, '내'가 '무엇'을 한다는 것이기에 마음이 '나'와 대상으로 나뉘어져 있습니다. 모든 움직임이 그렇습니다. 움직이려면 움직여야 할 주체인 '내'가 여기 있어서, 대상인 '저쪽'으로 움직여야 하는 것 아닙니까?

그와 같이 움직이려면 움직일 '무언가'인 주체와 '나아갈 방향', 즉 도착점이 필요합니다. 예를 들어 '내'가 여기 있는데 갈 방향이 없다면, 움직일 수 있을까요? 방향 없이 움직일 수 있을까요? 그래서 모든 '움직임'에는 '방향'이 있습니다. '어느 방향'으로 움직여 간다는 것입니다. 그리고 어느 방향으로 움직여 가게 되면 즉각 '시작점'과 '도착점'이 생겨납니다.

내면의 추구와 움직임

그런 일이, 밖에서 일어난 일이든 우리의 내면에서 일어난 일이든 똑같이 적용됩니다. 내 안에서도 마음의 상相들을 만들어 놓고 '저것을 이루어야지'라고 할 때는, 아직 '이뤄지지 않은 나'가 있고 그것을 이뤘을 때의 '도착 목표'가 있다는 의미입니다. 이렇게 나뉘어져 있어야 움직임이 일어납니다.

무언가를 추구하는 것, 심지어는 나의 '본질을 찾아 나서는 것' 자체도 일종의 움직임입니다. 그렇기 때문에 찾고 있는 동안은 본질을 발견할 수 없는 것입니다. 왜냐하면 마음이 움직이고 있기 때문입니다. 그런데 본질은 움직임이 없습니다. 아무런 변화도 없습니다. 만일 움직이고 변한다면 그것은 본질이 아니라 임시적인 현상現象일 것입니다.

진정한 발견

그렇게 추구하여 마지막에 도착하게 되는 것이 무엇입니까? '내가 무엇을 깨달았다, 성취했다, 발견했다'가 아닙니다. '내가' 어딘가에 도달한 것이 아니라 찾고 있는 '나'라는 것이 허상임을 발견하는 것입니다.

그러면서 움직임이 멈추게 됩니다. 바로 그 한순간에, 절대적인 멈춤이 일어납니다. 더 이상 찾는 마음이 사라지는 것입니다. 마음의 움직임이 끝나는 것입니다. 그것이 1단계이고, 그것이 된다면 그다음 이제 생명력을 쓰는 단계로 넘어가게 됩니다. 그것이 바로 무위의 위입니다.

그 이전은 분열입니다. 무위 즉, '분열없음'이 '발견'되면 이제 다시 분열을 드러내서 현상 속으로 들어가는 것입니다.

일상에서의 무위의 위

무위의 위는 '함이 없이 한다'는 것입니다. 함이 없이 한다는 것을, 사실은 여러분들 역시 늘 하고 있습니다. 뭔가에 몰입해서 할 때는 '내가 한다'는 생각이 없습니다.

그림을 그릴 때 어떻습니까? '내'가 '그리고 있다'고 생각하면서 그립니까? 그냥 합니다. 춤을 출 때 내가 춘다는 생각을 하면서 춥니까? 물론 처음에는 그러하겠지만 점차 춤 속으로 '나'는 사라지고 말 것입니다.

그런 일이 유명한 세계적인 무용수인 바슬라프 니진스키Vaslav Nijinsky에게서 일어납니다. 그는 무의식적으로 얻은 기술과 느낌들이 명료하고, 그 느낌들이 주고받아지면서 그냥 공중으로 도약하여 인간으로서는 불가능하다는 높이에서 춤을 추는 것으로 명성이 있었습니다. 그는 자신이 그렇게 했다고 여기지 않았습니다. 하다 보면 어떤 의식의 존zone에 들어가게 되는데 그때 그런 일들이 일어난다는 것입니다.

그런데 보통 우리는 어떤 일이나 행위가 끝나고 나면 거기에 이름을 붙입니다. '이것은 내 그림이야', '이건 내가 했어.' 다시 말해서 정성이 쏟아져 들어가고 있는 그 순간에는 정성을 들이고 있는 '자'라는 것이 없습니다. 정성 자체만 있습니다. 그러나 끝나고 나면 이름을 붙입니다. '내가 정성을 기울였으니까 이건 내 것이야'라고 하는 것입니다.

모름과 앎의 관계

무위의 위라는 것은 함이 없이 한다는 것입니다. 이것은 '모름'을 간직한 채 '앎'을 쓰는 것입니다. 모름을 간직한다는 것은 '하는 자'가 없다는 것입니다. 하는 자가 없이 앎을 쓰는 것입니다.

앎이라는 것은 '분열된 세계'입니다. 드러난 현상의 세계입니다. 드러나지 않는, '하는 자 없이', 분리되어 드러난 '앎'을 쓸 때, 우리는 무한한 에너지를 쓸 수 있다는 것입니다.

수행의 3단계

지난 대승기신론 강의에서 우리는 세 가지 단계를 말했습니다. 처음에 수행을 시작할 때는 상대적 모름에서 시작합니다. 모르긴 하지만 믿음을 갖고 시작합니다. 모든 중생은 부처와 같다는 믿음을 갖고 시작합니다. 이것을 일원론一元論이라고 합니다.

그다음, 이제 모든 중생은 부처가 될 수 있다고 믿으니까 수행을 열심히 하게 됩니다. 그 믿음이 없으면 수행을 하지 못할 것입니다. 아, 하면 되는구나, 나도 다르지 않구나, 중생이 곧 부처니까, 하고 믿음이 생기면, 두 번째 이제 드디어 수행을 시작합니다.

그렇게 되면 어떻습니까? 아직 '이뤄지지 않은 나'와 '이뤄져야 될 대상'으로 나뉩니다. 부처와 중생으로 나뉘는 것입니다. '나는 아직 중생이야' 이러고 있는 것입니다. 둘로 나뉩니다. 이것이 이원론二元論입니다.

그래서 움직임이 생겨납니다. 여기서 움직임이란 열심히 노력하는 것, 애쓰는 것입니다. 그러다가 결국 '진정한 모름'에 도착합니다. 원래 중생과 부처라는 것이 따로 있는 것이 아님을 '발견'하는 것입니다. 중생이 부처가 된다는 것이 아니라, 중생과 부처라는 것은 나의 '개념 속의 일'이라는 것을 발견하면서 그 개념으로부터의 속박에서 떠나는 것입니다. 그래서 불이론不二論이라고 합니다. 둘이 아니라는 것입니다. 중생과 부처가 둘이 아니다, 둘이라는 것이 있지도 않았다는 말입니다.

수행은 이런 과정입니다. 모름(일원론一元論, 모른다고 생각)에서 앎(이원론二元論, 나누어져 있다는 앎)으로 갔다가 결국 진정한 모름(불이론不二論, 모름 자체로 존재)에 이르게 되는 것입니다. 그러나 '진정한 모름'은 안다/모른다의 모름이 아니라 그 둘을 뛰어넘는 신비神秘로서의 모름입니다.

생명력

생명력의 드러남

'신비한 모름' 속에 있을 때는 생명의 원천이 표현되지 않습니다. 그것이 표면적으로 분리되고, 그 분리된 차이가 드러날 때 모습을 갖추게 되는 것입니다. 생명력은 드러나는 모습입니다. 현상화된 것입니다. 이 우주만상이 나타나 있는 모습은 생명력의 표현입니다. 그리고 그 표현은 원천인 '모름' 속에 뿌리를 내리고 있을 때 끊임없이 움직일 수 있습니다.

나타나 있는 것 중에 움직이지 않는 것은 없습니다. 모습을 가지고 있는 것은 움직이지 않는 것이 없어요. 그래서 그리스의 철학자 헤라클레이토스는 "만물은 유전한다. 만물은 움직인다. 흐른다"라고 말했습니다. 움직임이 없는 것은 결코 현상계에 존재하지 않습니다. 다시 근원으로 돌아가 버리고 맙니다.

욕망과 에너지

그래서 사회에서는 목표가 분명한 사람, 강한 욕망을 가지고 있는 사람이 생생한 에너지를 쓰면서 살아갑니다. 자기 에너지를 강력하게 끌어내어 쓰면서 살아가고, 그런 사람이 에너지가 있는 것처럼 보입니다. 왜냐하면 목표가 저기 있으니 움직여 가야 하기 때문입니다.

그래서 '저기' 목표가 분명할수록 '여기' 강한 에너지가 드러나 잘 쓰이게 됩니다. 목표가 있지만 '해도 되고 안 해도 돼' 이런 사람은 에너지가 나와 쓰이지 않겠지요.

생생한 생동감이란 이렇게 강하게 분열된 상태에서 목표지점을 향해 내달릴 때 나오는 것입니다. 도로에서 자동차들이 달리는 것과 같습니다. 급하게 목적지에 도착해야 할 차는 마구 추월하면서 열심히 달려갑니다. 가도 되고 안 가도 되는 차는 가다가 쉬기도 하고 꽃구경도 하면서 천천히 여유 있게 갑니다. 기름이 떨어지고 타이어 펑크가 나면 그냥 거기서 쉬기도 하고 '오늘 안 가도 되잖아' 하면서 움직임이 별로 없어집니다.

그래서 목표를 향한 욕구가 강하거나 그 목표를 향해 달려가고 있을 때는 생생하게 느껴지고 생명력이 강하게 표현되는 것입니다. 이렇게 생명력의 표현은 갈등관계에 있을 때나 양극화가 됐을 때, 아주 강한 분열이 생겼을 때, 어떤 커다란 차이가 생겼을 때 일어납니다. 그런데 거기서는 문제도 많이 발생합니다. 괴로움과 고통이 생겨납니다.

분열과 에너지의 원리

분열과 양극화에 있어서 기본은 아직 이루어지지 않은 목표와 그를 향한 움직임입니다. 에너지가 생성되기 위해서는 이렇게 가장 먼저 둘 이상으로 나뉘어져야 합니다. 그것은 물리세계도 마찬가지입니다.

예를 들어 컵에 물을 가득 담고 뚜껑을 덮은 후 컵을 아무리 강하게 돌려도 그 안에 담긴 물은 회오리의 움직임을 일으키지 않습니다. 왜일까요? 그 안의 물이 두줄기로 나뉠 '공간'이 없기 때문입니다. 물은 그저 한 덩어리로 남아있습니다. 둘 이상으로 나뉘어, 그 사이에 차이가 생겨야 어떤 움직임이든 일어날 텐데, 컵에 공간이 없이 물로 꽉 차 있으니 분리될 가능성이 없는 것입니다.

그런데 3분의 1쯤 비운 상태로 뚜껑을 닫고 컵을 돌리면 거기에는 즉시 소용돌이가 생깁니다. 컵안의 빈 공간이 물을 두 갈래로 나눠서 서로 밀치고 끌어당기며 돌게 만드는 것입니다. 드디어 움직임이 생겨납니다. 즉 움직임이 생겨나려면 이것과 저것, 둘로 나뉘어져야 하고, 이 두 줄기 물이 서로를 밀고 끌며 작용이 일어나야 하는 것입니다. 또는, 여기서 저기로 움직여갈 수 있도록 둘 사이에 공간이 있어야 하는 것입니다. 심리적으로는 '아직 이루어지지 않았다'는 생각이 현재의 나와 목표 사이에 '공간'을 만들어 열심히 노력하게 합니다.

관계와 공간

어떤 사람과 오래도록 같이 잘 지내려면 심리적으로 어느 정도의 공간이 필요합니다. 딱 붙어있으면서 '저 사람은 내 사람이야'라고 생각하면 오래도록 편하게 같이 지내지 못하게 됩니다. 싸움이 곧 일어납니다. 둘 사이에 공간이 있어야 에너지가 주고받아지고 흐릅니다. 멀어지는 것 같으면 함께 하려는 마음이 생기고, 너무 가까워서 서로를 구속하는 것 같으면 다시 멀어지며 주고받음이 일어납니다. 그래서 조화로운 관계에는 적당한 거리감이 필요합니다.

건강한 생명과 소통

세포도 그렇습니다. 세포도 자세히 보면 적당한 간격이 있고, 세포들 사이를 연결시켜주는 통로가 있습니다. 간격은 있는데 그들 사이에 통로가 없어도 더 이상 소통은 없을 것입니다. 관계가 맺어지지 않을 테니까요. 그런데 암세포는 이 간격과 통로라는 두 가지를 모두 잃어버리고 있습니다.

2000년대 초에 독일의 바이오포톤Biophoton 연구소에 다녀온 적이 있습니다. 생체에서 발하는 빛을 연구하는 곳이었는데 거기서 바이오포톤 디텍터로 연구하던 연구원이 생체의 빛을 우리에게 보여주며 이런 말을 했습니다. "암세포의 경우에는 서로 간에 간격이 없이 자기들끼리는 딱 붙어있고, 주변과는 소통이 끊겨 있습니다. 그래서 몸 전체와 의사소통이 안 되는 세포들의 집단이 암세포입니다."

과연 연구 모니터를 보니 암세포 부분은 시커멓고 다른 부분은 푸른빛을 방사하고 있었습니다. 암세포는 오직 자신에게만 관심이 있기에 밖으로 빛을 발하지 않습니다. 이 빛이 외부에 정보를 보내고 또 받기도 하는 도구가 되는데 그들은 자기가 크는 데에만 초점이 맞춰져 있기에 소통이 없어 검은색으로 보였던 것입니다.

그래서 간에 생긴 암세포라면, 간이 망가지면 자기도 망가진다는 것을 모른 채, 간을 다 망가트려버립니다. 왜냐하면 몸과의 소통채널이 없어 현재 몸이 어떤 상태이고, 어떻게 변화할 것이라는 정보를 받지 못하기 때문에 몸의 상태에 대해 귀머거리, 장님이 되어 있는 것입니다. 그래서 자신이 무한히 커져서 주변 장기가 눌려 고통받고 있는 것을 알아채지 못하고 장기들을 망가트리며, 결국에는 몸전체를 망가트려 스스로도 소멸하게 되는 것입니다.

적절한 거리감의 중요성

그래서 적당한 거리감이 있을 때 도리어 건강한 생명력이 발현되는 것입니다. 거리감이 없으면 움직임이 일어나지 않습니다. 그래서 생명활동에는 나뉨이 필요합니다.

뭔가 추구하는 마음이 있다는 것은 '아직 안 됐어. 노력해서 도달해야 돼'라는 마음이 있다는 것이지요. 그러다가 추구가 끝나버리면 허무감이 오고 에너지가 다운됩니다. '더 이상 얻을 것이 없잖아' 하는 마음 상태로 가면 가라앉아버리는 것입니다.

계속해서 노력하면 뭔가 향상되는 부분이 있고 달라지는 것이 있고 좋아진다고 여길 때 끊임없이 노력하고 애쓰게 되는데, 더 이상 갈 곳이 없게 되면 에너지가 멈추고 마는 것입니다. 마치 알렉산더가 인도를 정복하고 더 이상 정복할 땅이 없다고 여길 때 좌절하였던 것과 같이 말입니다.

그래서 《대승기신론》 같은 경우, 처음 공부를 시작하는 사람들에게는 위험하기도 합니다. 나중에 가면 '별것 없어. 다 똑같아. 중생과 부처가 따로 없어. 네 마음속의 일이야.' 이렇게 말해버리기 때문입니다. '네가 알고 경험한다고 여긴 것도 다 네 마음속 경계일 뿐이야.'라고 하기 때문에, 기초가 되는 경험이 없으면서 이러한 논리만 받아들이면 에너지는 다운되어 버립니다.

한계 없는 생명력

움직임이 일어나고, 나뉘어져야, 생명력이 발현됩니다. 생명력 자체는 나뉨이 없는 세계지만 생명력의 발현은 나뉨 속에서 일어납니다. 그래서 바로 움직임이 활력이고 생명력입니다. 변화이고 에너지죠. 그래서 작은 목표라도 필요합니다. 눈앞에 움직여가야 될 뭔가를 만드는 것입니다. 목표와 목적은 마음속의 분리이며, 그 분리는 움직임을 만듭니다.

그러나 또 이렇게 분리 속에만 있을 때는 한계가 있습니다. 아까 옹달샘에서 떨어져 내리는 물과 같습니다. 옹달샘에서 계속 물이 흐르기만 하고 더이상 솟아나지 않으면 조만간 말라버릴 것입니다.

그렇다면 멈추지 않고 끊임없이 샘솟게 하려면 어떻게 해야 할까요?

그것이 바로 '안다'에 사로잡히지 않고 '신비한 모름'에 뿌리박는 것이며, 그것은 한계 없는 생명력이고, 특정 이유라는 한계에 기반한 노력이 아니라 아무런 이유 없이 쏟아부을 수 있는 '이유 없는 정성'입니다.

한계 없는 생명력

모름에서 시작되는 진정한 앎

이것은 '모름'을 기반으로 하는 앎입니다. 여러분이 어떤 일을 하고 있든, '지금 내가 하는 이 일은 알지 못할 신비의 일부'라고 생각해보세요. 그러면 거기에는 무한한 미지가 펼쳐집니다. 무한과 접속할 지점이 나타납니다.

반면, 내가 이렇게 하면 한 달 후에 월급을 얼마 받을 테고, 그 돈으로 어떤 식으로 생활을 하고 무엇을 구입하고 등등을 다 안다고 생각해보세요. 그리고 그러한 삶이 매달, 매년 지속된다고 해보세요. 그러면 삶이 뻔해집니다. 하루를 사나, 이틀을 사나, 한 달을 사나 똑같게 느껴집니다. 차이가 없습니다. 이때 우리 삶은 지루하고 의미 없고 지도 같은 삶이 되고 맙니다.

삶의 깊은 층에서 진행되는 신비

그러나 그것은 삶의 표면일 뿐입니다. 깊숙이 느껴보면 거기에는 사실 우리가 알지 못하는 많은 과정이 진행되고 있습니다.

예를 들면 오늘 이 자리에 여러 사람들이 모여 있습니다. 이 모임이 내 삶에 커다란 계기나 변화를 일으킬 중요한 지점일 수도 있고, 내 눈에 들어오고 끌리는 무언가 혹은 누군가를 만난다거나, 그와의 대화를 통해 커다란 도약이 일어날 수도 있을 것입니다.

그러면 그들과의 대화 한마디, 그 눈빛 하나를 귀하게 여기며 온 정성을 다해 그를 대하겠지요. 그렇지 않고 '뭐, 늘 똑같은 말, 똑같은 표정이네' 하며 습관적으로 대한다면 그는 거기에서 아무것도 발견하지 못하고 같은 삶을 살게 될 것입니다. 일어나고 있는 일을 다 '안다'고 여기기 때문이지요.

누군가를 만날 때 늘 '그 사람은 그 사람이야'라는 식으로 보고 있으면 그에게서 우리는 아무것도 발견하지 못합니다. '아는' 사람을 만나는 것이기 때문입니다. 그러니 아무리 잘 아는 사람이라도 늘, 모르는 사람을 만난다고 여기면서 관계를 맺게 되면, 항상 신선하고 그로부터 뭔가를 배울 수 있고, 내 삶에 새로운 도약대가 될 수 있을 것입니다.

소크라테스의 무지의 지

사실 우리가 아는 것이 무엇이 있겠습니까. 소크라테스는 누구보다도 많이 알았지만 '내가 아는 오직 한 가지는 나는 아는 것이 아무것도 없다는 것이다'라고 말했습니다. 소크라테스는 자신을 들여다보니 사실 아는 것이 없었어요. 다 어디서 주워온 것이고 경험의 흔적이지, 진정으로 아는 것이 없더라는 것입니다.

그래서 시민들을 찾아다니면서 '당신이 아는 것이 뭡니까? 나 좀 배웁시다' 하며 묻기 시작해서 꼬치꼬치 파고드니까 안다고 여기며 대답하던 그 사람도 더 이상 답변할 수 없는 지점에 이르게 됩니다.

그래서 '당신, 모르는 것 아닙니까?'라고 하니 '내가 왜 몰라'라며 화를 냅니다. '당신, 결국 모르는 것입니다. 그 점을 잘 보십시오.'라고 아무리 말해도 안다고 우겨보지만 스스로도 모른다는 것이 드러나고 말지요. 그래서 그들의 논리로는 소크라테스를 당할 수 없으니 거기에 화가 난 사람들이 많으니까 소크라테스가 죽임을 당한 것입니다. '안다고 우기는' 사람들에게 스스로의 무지를 백일하에 드러나게 했으니 좋아할 사람이 누가 있겠습니까?

지식의 허상과 가정의 세계

우리가 아는 것은 사실 아무것도 없습니다. 깊숙이 들여다보면 우리의 모든 지식은 가정假定에 기반하고 있습니다. 가장 엄밀한 수학이라고 하는 것 역시 가정에 기반하고 있습니다.

유클리드의 기하학도 몇 가지 가정 위에 성립합니다. 예를 들어 '두 점이 주어졌을 때, 그 두 점을 통과하는 직선을 그을 수 있다'라는 것이 기본적 가정 중의 하나입니다. 그러나 우리가 둥근 지구 위에 존재하니 이 지구 위에서는 아무리 두 점을 찾아보아도 직선을 그을 수 있는 곳은 없습니다. 둥그런 구球 위에는 평평한 곳이 없으니 결국 모든 두 점 사이를 그으면 곡선이 될 수밖에 없기 때문입니다.

유클리드 기하학은 지구를 평지로 여기고 시작된 학문이기에 그 기본 전제 역시 잘못된 가정에서 출발한 것이라고 할 수 있습니다. 그런데 '지구는 평지다'라는 가정이 잘못되음이 드러나면 유클리드 기하학은 그 자체가 성립되지 않게 되는 것입니다.

그렇게 모든 학문 자체가 기반이 없는 것입니다. 그냥 실용적으로 쓰일 뿐입니다. 엄밀하게 보면 맞다고 할 수 없지만 실용적으로 거칠게 사용하기에는 큰 무리가 없기에 수용하고 있는 것일 뿐입니다.

컵은 정말 컵인가

예를 들어 이것을 컵이라 이름 붙였지만, 엄밀히 말하면 컵에 대해 우리가 아는 것이 무엇입니까? 컵의 핵심이 무엇인가요? 물 담아 마시는 것 아닙니까? 그런데 손에다가도 물을 담아 마실 수 있으니 그렇다면 손도 컵이라고 할 수 있을까요? 하지만 손은 컵이라 하지 않습니다. 이런 것을 컵이라 합니다. 그럼 컵이라는 것이 진정 무엇인가요? 이것이 진짜 컵인가요? 우리가 정말 아는 것이 무엇입니까?

그래서 상相이라고 하는 것입니다. 이것이 있음으로 저것이 있다는 것이지요. 컵이라는 것은 무언가에 의존한 개념입니다. 그리고 물, 도자기, 도공, 가마, 손잡이, 둥그렇고, 공간이 있고, 이런 것으로 연결되어 있습니다.

우리는 컵이라는 단어로만 컵을 이해하지 않습니다. 컵이란 말을 떠올리면 그 말과 연관된 수많은 것들을 떠올리게 됩니다. 그래서 서로 상相 자를 씁니다. 우리의 내면에 있는 모든 이미지, 모든 상, 모든 경험들은 다른 것에 의존해서 설명할 때만 그 의미를 발휘합니다.

다른 것에 의존하지 않은 것을 하나 떠올려보세요. 의미가 없을 거예요. '의미'라는 것 자체가 상相이라는 뜻입니다. 다른 것으로만 설명되는 것이지요. 미지수 X는 Y+Z고, Y는 X-Z 이렇게 미지수가 미지수를 설명하는 것, 이것이 상입니다. 그래서 서로 상相 자를 씁니다.

만약 Y와 Z를 빼버리고 X만으로 X를 설명해보라고 하면 "X가 뭐죠? X가 X지." 이렇게밖에 말할 수 없어요. 동어반복同語反覆일 뿐이지요.

무한한 미지 앞에서 겸손해지기

우주의 저 미소한 부분을 우리가 어찌 알겠습니까? 우주의 거대한 부분이 어떻게 작용하고 돌아가는지 우리가 어떻게 알겠습니까? 인간관계의 미묘한 부분이 어떤 결과를 가져올지 그 세세한 흐름을 우리가 어찌 알겠습니까?

우리 두 사람이 만나서 미묘한 관계를 주고받아도 사실 모든 것을 다 알고 있다고 할 수 없습니다. 그런데도 '저 사람은 이런 사람이야'라고 무의식적으로 정의내리기 시작하는 순간부터 나는 그를 '안다'로 대하기 시작합니다. 그러면서 내 맘대로 휘두르려 합니다. 그때부터 우리는 관계를 망치고 서로의 사이는 떨어지기 시작합니다.

'안다'라고 여기면 그때부터 그에게는 배울 수 없게 됩니다. 도리어 관계라는 것도 역시, 미묘하게 '나는 모른다, 이 사람과의 관계를 통해 내 삶에 무슨 일이 벌어질지, 어떻게 내 삶이 전개될지 나는 알 수 없어' 하면서 정성스럽게 만나면 거기서 도약이 일어날 수 있는 것입니다.

그래서 내가 아는 것은 오직 '나는 모른다'는 것뿐입니다. 내가 아는 것은 모두 감지感知(깨어있기 용어-편집자 주)일 뿐 진정으로 진행되고 있는 흐름은 알지 못합니다. 그러한 인因과 연緣의 세계들이 만나서 현상들이 일어나고, 그 앎의 모든 뿌리는 결국 모름이라는 것, 그때 본질의 외침이 꽃피어날 것이라는 점입니다.

지금 이 순간도 내가 알지 못하는 일들이 이 자리에서 일어나고 있어요. 여러분들이 안다고 여기지만 않는다면, 모든 가능성을 열고만 있다면 말이지요. 마음속에서 '나는 다 아는 얘기야' 하고 앉아있으면 더 이상 변화 없는 삶이 되고 맙니다.

그러나 여러분이 '모른다' 하고 있으면 어떤 말 한마디로 도약이 일어날 수 있는 것입니다. 그리고 그 말 한마디에서 전율이 일어날 수 있어요. 그런 신비와 모름에 기반한 무위의 위를 해나갈 때 멈춤 없는 에너지가 샘솟고 생동감을 느끼면서도 한계 지어지지 않을 수 있습니다.

이유 없는 정성과 무아의 기쁨

이유가 있는 정성은 자아를 강화시킵니다. 왜냐하면 그 이유가 바로 자아이기 때문입니다. 내가 나라고 여기는 것, 내 것이라고 여기는 것, '이렇게 하면 무엇을 이룰 거야'라고 여기는 것, 그것이 곧 자기입니다.

자기라는 것은 별다른 것이 아닙니다. 생각의 패턴일 뿐입니다. 마음이 흐르는 패턴이 자기입니다. 그냥 늘 무언가를 위해서 그런 식으로 생각하고 느끼고 감정하고 감정을 갖는 마음의 움직임, 그것이 습관적인 패턴이자 곧 자아입니다. 그래서 이유가 있다면 그것은 항상 자아를 강화시킵니다.

이유가 없이 정성을 들이면 이상하게 재미있고 흥미롭고 기뻐요. 작은 것이라도 정성을 기울여서 해보세요. 정말 관심을 갖고 말이죠. 그럼 이상하게 기쁨이 옵니다. 그때 여러분은 무아의 기쁨을 느끼는 것입니다. 아무 이유 없고 끊임없이 움직이는 것, 그것이 바로 생명력의 원천이기 때문입니다.

지구는 끊임없이 돌고 있습니다. 지구가 물질적이기만 한 것 같지만, 세세히 살펴보면 사실 지구는 전 우주와 함께 아주 유기적으로 움직이고 있다는 것을 발견하게 될 것입니다. 단순히 기계적인 메커니즘으로만 움직이고 있지 않습니다.

그것이 제임스 러브록James Lovelock이라는 대기과학자가 '화성에 생명체가 사는가'라는 테마로 NASA에서 요청한 연구를 하다가 발견한 것입니다. 흥미롭게도 지구의 대기는 그 오랜 세월 동안 생명체가 살기 적절한 구성비율을 유지해오고 있다는 것입니다.

예를 들어 대기권의 대기농도는 질소 78%, 산소 21%, 아르곤 0.9%, 이산화탄소 0.03% 와 수소를 비롯한 희귀성분 들로 되어있습니다. 전체 대기에서 산소가 차지하는 비율이 약 21%로 항상 일정하다는 것입니다. 만일 산소 농도가 더 높아지면 쉽게 불이 붙는 상태가 되어 지구에는 더 많은 산불과 폭발이 일어날 것이지만 지구상의 산소농도는 무슨 일이 일어나도 다시 회복되어 그 항상성恒常性을 유지한다는 것이 그의 발견이었습니다. 그런데 항상성이란 바로 생명체의 기본 기능입니다. 계절의 어떤 변화에도 우리 인체가 늘 36.5℃를 유지하는 것과 마찬가지입니다.

지구가 돌고 있다는 것은 우주의 생명력의 표현입니다. 생명이라는 것은 유기적이라는 것입니다. 손을 움직여보면 어떻습니까? 이 오른손을 움직이면 엑스자로 왼쪽 등과 연결되어 있습니다. 우뇌는 주로 좌반신과, 좌뇌는 우반신과 연결되어 있다고 하고, 꼬리뼈를 움직이면 머리까지 영향을 미치고, 간이 해독을 하면 신장이 좀 편하다고 하지요. 이렇게 다 유기적으로 연결되어 있는 것이 우리 몸입니다.

그처럼 지구가 도는 것도 태엽 시계처럼 그냥 돌아가고 있는 것이 아니라는 것입니다. 지구는 지금 아무 이유 없이, 자기의 '개별적인 이유' 없이 돌고 있습니다. 그러나 사실은 유기적인 우주 전체의 흐름 속에 하나가 되어서 움직이고 있습니다. 그리고 그 아무 이유 없이 돌고 있는 지구의 움직임에 수많은 생명이 의지해서 살아가고 있습니다.

그래서 여러분들이 아무 이유 없이 어떤 것을 해도 거기에 정성을 기울여 보면 거기에 기쁨이 있습니다. 나의 개인적인 이익이나 목적에 맞지 않는다 해도 이상하게 정성을 기울이면 기쁨이 있습니다.

왜일까요? 보통은 어떤 이유가 있어야 정성이 들어가고, 그 정성으로 인해 결과가 생겨 내게 뭔가 도움이 되고 이익이 될 때 기쁨이 온다면 이해하겠지만, 아무런 이유도 없이 정성을 기울이는데 왜 기쁨이 올까요? 그것은 정성 자체가 바로 우주적 생명력의 표현이고 우주 전체의 흐름에 조화를 이루기 때문입니다.

동양의 경전 중 하나인 중용中庸에는 이런 말이 나옵니다. '정성 자체는 하늘의 도이고, 정성을 기울이는 것은 사람의 도이다(誠者天之道也誠之者人之道也)'. 하늘 아래 모든 생명과 무생물은 그 정교하기가 바늘끝보다 더 세밀하고, 그 작용하는 모습은 아름답기 그지없습니다. 어느 것 하나 '정성'이 들어가지 않은 것이 없는 것입니다.

마치 지구는 개별적으로 아무 이유 없이 태양 주위를 돌고 있지만 그 때문에 생명이 만개하듯이. 그리고 그 생명이 만개하는 것이 우주의 뜻인 것입니다. 이유 없는 정성, 거기에 기쁨이 있다면 그것은 전 생명계가 우리에게 발하는 명령일지도 모릅니다.

우주가 마련해준 생명력을 무한히 쓰는 것이 바로 우주가 좋아하는 것이기 때문입니다. 우리는 사실 그때 우주 자체라고 할 수 있어요. 우주라는 것은 이런 저런 현상이기만 한 것은 아닙니다. 그 기쁨의 에너지를 쓰는 것이 존재의 핵심이고, 그것은 또 다른 기쁨을 불러일으킵니다.

벡터와 스칼라

우리는 그동안 벡터vector와 스칼라scalar 얘기를 많이 했습니다. 물리적인 용어입니다. 벡터는 방향과 크기가 있는 에너지를 말합니다. 저쪽을 향해 에너지가 얼마만한 힘으로, 예를 들어 10의 힘으로 움직이는 것, 이것이 벡터입니다.

20의 힘이 있다 해도 갈 방향이 없다면 움직이지 않겠지요. 그것은 벡터가 아닙니다. 방향이 있어야 벡터입니다. 방향이 있으면 그쪽으로 움직여 가고 그래서 벡터는 표현됩니다. 드러나게 됩니다. 이유가 있어요. 그래서 뭔가 드러나려면 벡터처럼 이유 또는 방향과 에너지, 즉 힘이 필요합니다.

개인적 이유와 우주적 이유

우리가 움직이는 것에도 다 이유가 있습니다. 움직임이라는 것 자체에 이유 없는 것은 없어요. 하지만 그 이유라는 것도 우리 마음이 정해놓고 개념화시킨, 어떤 한계 지어진 모습일 뿐이지 우주적으로 보면 한 개인에게는 아무 이유 없는 것이기도 합니다.

사실 진정한 이유란 우주 전체일 뿐입니다. 이 컵이 만들어져서 여기에 오기까지 도공과 도자기와 가마와 흙, 이것만이 그 원인이라 말할 수도 있겠지요. 하지만 도공은 어떻게 생겨났으며 가마는 누가 만들었고, 가마를 이루는 흙은 어디서 왔는지 등등을 따져본다면, 온 우주가 이 컵 하나를 이렇게 만든 원인이자 이유라 할 수 있을 것입니다.

그래서 누군가는 이렇게 말합니다. “여기 이 컵 하나가 이루어지기 위해서 전 우주가 참여하였다”라고. 그래서 특정 이유가 있다고 말하는 것은 사실 한정된 표현입니다. ‘나는 이런 이유로 이것을 하고 있어’ 하고 우리가 내적으로 느끼는 이유는 매우 협소한 의미에서 이유일 뿐입니다.

그 진정한 이유를 깊숙이 파고들면 우주 전체가 원인일 수 있습니다. 내가 이렇게 움직이는 것 자체가, 이렇게 말하고 있는 것 자체가 우주 전체가 그 원인이라는 것입니다.

스칼라: 방향 없는 근원 에너지

그러한 더 근본적인 것을 발견한 후라면 이제 스칼라에 기반한 벡터라고 할 수 있습니다. 그것이 바로 모든 벡터는 스칼라의 표현이라는 것이지요. 스칼라는 방향이 없는, 에너지 자체를 말합니다.

스칼라는 이런 것입니다. +10과 −10이 만나면 제로가 됩니다. 우주는 에너지 보존 법칙인데 그렇다면 그 에너지는 도대체 어디로 갔을까요? 상쇄된 에너지는 어디로 갔냐는 것입니다. 그래서 과학자들이 결론내리기를 드러나지 않았지만 보이지 않는 어떤 '전체'로 돌아갔다고 하여, 그것을 스칼라라고 하였습니다.

예를 들어 파도를 보죠. 올라온 파도와 내려간 파도가 만나면 상쇄되어서 제로가 됩니다. 평평해지죠. 올라온 파도의 힘과 그 반대 힘이 만나서 힘이 없어졌다면 그것은 에너지 보존이 아니겠죠. 따라서 보존된 에너지는 어딘가로 갔겠죠. 그래서 물리학자들이 찾은 것이 바로 스칼라라는 표현입니다. 크기만 있고 방향은 없는 에너지, 움직이지 않는 에너지이죠. 근원에너지로 돌아갔다고 말하는 것입니다.

이유 없음으로 돌아가기

의식적인 면에서 보면 이것이 바로 '이유 없음'으로 돌아온 것입니다. 이유가 있으면 항상 어딘가로 움직이는 것이 됩니다. 뭔가 일어나게 됩니다. 의식이 발생합니다. 행동하고 움직이게 됩니다. 이유가 없으면 우리는 움직이지 않습니다.

그러나 모든 이유 있음, 이유 있는 정성이, '이유 없음'이라는 근본세계의 표현임을 발견할 때 스칼라가 파악되는 것입니다. 즉 스칼라를 기반으로, 아름다운 벡터로 표현되는 것, 그것이 진정 한계 없는 벡터라는 것입니다.

조화와 균형의 벡터

자연현상 속의 벡터

자연현상에서 한번 살펴볼까요? 벡터는 절대 아무렇게나 이루어지지 않습니다. 조화와 균형을 가지고 발생합니다. 그 속에는 아름다운 리듬이 있습니다.

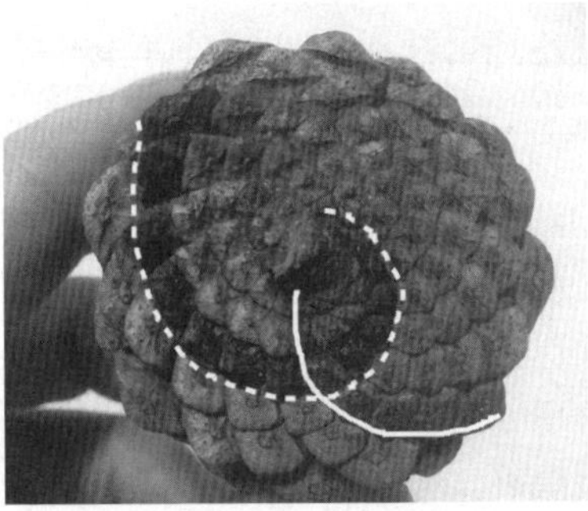

그림 2 솔방울의 내림나선과 오름나선

이것(그림2)은 함양 주변에서 주워온 솔방울입니다. 보시면 점선으로 표시한 우선右旋, 시계방향의 흐름이 하나 있습니다. 그리고 실선으로 표시한 반대방향의 흐름, 시계 반대 방향으로 돕니다. 좌선左旋입니다.

나선의 개수를 세어보면 솔방울은 이 흐름이 대부분 똑같아요. 이것을 솔방울의 내림나선과 오름나선이라 합니다. 검은 표시한 내림나선과 붉게 표시한 오름나선의 감긴 횟수의 비율이 8:13입니다. 이렇게 생긴 솔방울은 그렇고, 좀 길쭉한 솔방울은 5:8입니다. 개체마다 다르지만, 개체마다 다른 그 속에 일정한 비율이 있어요. 즉, 피보나치 수열을 따릅니다.

결코 만물이 자기 멋대로 벡터를 이루지 않습니다. 벡터라는 것은 항상 비율과 율동이 있고 흐름이 있고 조화와 균형이 있어요. 그래야 하나가 되지 않겠어요? 유기적이라는 것입니다.

우리 몸속 장기들이 위胃는 위대로, 장은 장대로, 간은 간대로 기능하면 한몸이 아니겠죠. 이것들은 서로 유기적으로 연결되어 있습니다. 그처럼 솔방울이 생겨난 모습들도 유기적으로 연결돼 있습니다. 항상 이런(그림2) 같은 모습을 띠죠.

벡터의 두 가지 힘

이것(그림3)은 오스트리아의 산림관리자였던 빅터 샤우버거가 발견해낸 내파內破라는 새로운 에너지원입니다.

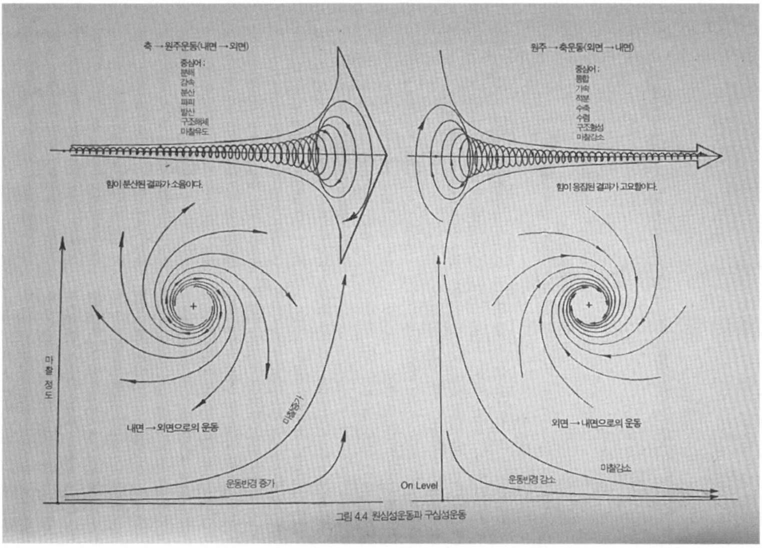

출처: 《살아있는 에너지》(콜럼 코츠 저, 유상구 역, 양문, 1998) 92쪽

그림 3 원심성 운동(좌)과 구심성 운동(우)

현대의 모든 에너지 원천은 서로 부딪쳐 폭발시켜서 외부로 표출시켜 얻어내는 에너지이고, 이런 것을 외파外破라고 합니다. 밖으로 폭발시켜 에너지를 얻는 방식입니다.

예를 들어 자동차 엔진이 그렇습니다. 휘발유가 들어가서 그것을 폭발시켜 그 힘으로 실린더를 밀어 올려서 동력원으로 쓰는 것입니다. 이런 외파는 항상 마찰과 갈등과 파괴를 일으킵니다.

그것이 바로 우선右旋입니다. 오른쪽 방향으로 돌아가는 것입니다. 그것은 밖으로 폭발되어 가는 흐름이고(그림3에서 왼쪽, 확장되는 쪽에서 볼 때 우선) 오름나선입니다.

하지만 이것은 좌선左旋이에요(그림3에서 오른쪽, 수축되는 쪽에서 볼 때 좌선). 안으로 수축해서 한 점을 향해서 수렴됩니다. 내림나선이죠.

머리에 있는 가마도 그렇죠. 머리카락이 오름나선 형식으로 납니다. 그렇다면 그 공간의 에너지 흐름이 그러하다는 뜻입니다. 손가락의 지문도 그렇습니다.

구심성 운동과 원심성 운동

자연 속 두 가지 운동

자연에는 이런 모습이 아주 많습니다. 이걸 구심성 운동과 원심성 운동이라 합니다.

솔방울도 보면 구심성 움직임, 즉 안으로 응집해 들어가는 에너지가 있습니다. 수축하고 모여지는 것으로 음성이라고 합니다. 밖으로 폭발시켜 나가는 것은 양성이라 합니다.

사람에게도 음성과 양성이 있어요. 고요하고 조용하고 차분하고 내성, 반성을 잘하는 사람을 음성적이라 하고, 밝고 명랑하고 쉽게 폭발하고 강하고 밀고 나가고 뭐든지 도전적인 것이 양성입니다. 그런 것이 원심성 운동이지요.

원심성 작용은 우선성右旋性으로서 양성이라 하고, 중심축에서 원주로 즉 밖으로 나가는 운동입니다. 분산과 확산, 분별, 마찰, 소음발생, 구조를 해체시키는 움직임입니다.

구심성 작용력은 좌선左旋이고 음성입니다. 원주, 즉 바깥에서 중심인 안으로 들어옵니다. 안으로 말려들어가는 소용돌이라고 할 수 있습니다.

샤우버거의 자연 관찰과 내파 이론

빅터 샤우버거가 어느 날 연못에 있다가 관찰했어요. 독수리가 하늘을 빙빙 돌다가 물에 내리꽂는 거예요. 그러더니 연어 한 마리를 낚아채 갑니다. 그런데 하늘에서 빙빙 돌던 독수리가 아무리 빨라도 물속에서는 연어가 더 빠를 텐데 왜 도망가지 못하고 잡힐까 궁금해서 관심 갖고 자세히 관찰해봤더니, 독수리가 빙빙 도니까 그 회전하는 움직임에 맞춰서 연어들도 회전하며 모이더라는 것입니다. 그러면서 연어가 거기에 모여 응집될 때를 기다려서 내리꽂으면 그 많은 연어 중에 하나를 잡는 것이었어요. 물 반, 고기 반이죠. 이 사람이 관찰력이 대단했습니다.

또 어느 날은 산꼭대기에 벌목한 나무를 계곡물에 띄워서 아래로 흘려보내는데, 그렇게 계곡물을 타고 아래로 운반된 통나무들이 연못으로 내려오자 소용돌이를 만들어 내는 거예요. 소용돌이가 만들어져서 깊은 연못 속으로 나무들이 다 빨려 들어갔어요. 그래서 나무가 물소용돌이 속으로 다 가라앉았구나 생각했는데 다음 순간에 우르르 쾅쾅 하더니 다시 솟아오르는 것을 보았습니다. 물속으로 에너지가 잠겨 사라진 것이 아니라 그렇게 소용돌이를 만드는 과정에서 또다른 에너지를 응축하고 결집했던 것입니다. 그러한 과정을 거쳐 내부에서 거대한 에너지가 생성되자 이제 더 이상 응축될 수 없을 때 외부로 솟아오른 것입니다. 그것을 보고 샤우버거가 내파內破 이론을 발견합니다. 내파는 내부에서 폭발하는 힘입니다.

외파와 내파의 차이

보통 외파外破라 하면 산소 용접기 같은 것입니다. 뜨거운 불을 쏘이면 그 뜨거움이 밖을 향해 쏟아져 나가기 때문에 산소 용접기에 손을 이렇게 대면 뜨거워서 손을 못 댑니다. 대신 열이 그만큼 외부로 낭비되어 빠져 나가고 있는 것입니다.

그런데 내파이론에 의해 만들어진 토치가 있는데, 그것을 브라운가스brown gas 토치라 합니다. 산소와 수소를 일정한 비율로 섞어서 기체화시킨, 그러니까 물을 전기분해해서 만든 기체입니다.

그 기체를 태워 용접을 하면 불길이 솟아오르는데 주변에 손을 대도 뜨겁지가 않습니다. 차갑지 않지만 뜨겁지도 않습니다. 외부로 낭비되는 열이 없는 것입니다.

그런데도 3천도 이상의 고열을 내어 쇠뿐 아니라 벽돌과 같은 돌도 녹여붙일 정도입니다. 그것을 브라운가스 토치라고 하고 그런 식으로 만들어진 에너지 원천을 내파內破라고 합니다. 그것이 구심성 작용력을 사용하는 에너지입니다.

현대의 모든 에너지원은 대부분 원심성 에너지를 이용한 에너지입니다. 외부적 폭발력을 에너지로 사용하는 것입니다.

반면 구심성 작용력은, 아직 실용화되고 있는 것은 극히 적지만, 이렇게 내파를 쓰는 것이고 내부 지향입니다. 원자에서 중심축으로의 운동이고 내부 지향의 운동이며, 수렴收斂하고 가을과 같습니다. 통합하고 창조하고 적분(쌓는 것)합니다. 그리고 마찰이 줄어듭니다.

이렇게 우주에는 크게 보면 두 가지 운동이 있어요. 이 두 가지가 적절히 조화되고 배분되어서 아까 솔방울에서 본 것과 같은 흐름을 만드는 것입니다.

솔방울 속 두 흐름의 조화

솔방울에서 실선으로 표시한 나선은 양성적인 흐름입니다. 점선으로 표시한 나선은 음성적인 흐름입니다. 그런데 잘 보면 이 두 흐름이 따로 있지 않습니다.

(그림4) A지점 같은 경우 양성과 음성이 같이 있습니다. 두 흐름이 만나는 지점이지요. B지점도 그렇습니다. 모든 점들이 사실은 두 흐름이 만나는 점들인 것입니다. 두 흐름이 따로 따로 있지 않다는 것입니다.

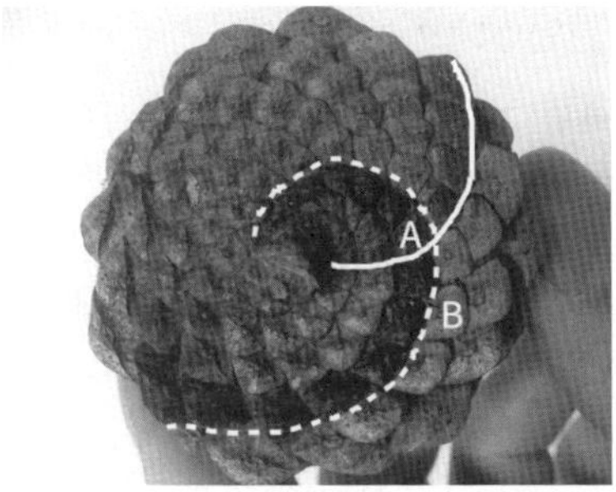

그림 4 모든 점에서 두 흐름이 만나고 있다. 즉, 두 흐름이 따로 있지 않다.

실선 흐름(양성적인 흐름)은 13번 감기고, 점선 흐름(음성적인 흐름)은 8번 감기고 길이도 깁니다. 속도가 느리지요. 실선 흐름은 짧고 속도도 빠릅니다. 그래서 그만큼 감기는 횟수가 더 많은 것입니다.

솔방울 하나가 형성되는 데에도 음성적인 흐름과 양성적인 흐름이 섞여 있습니다. 이렇게 조화와 균형을 이루면서 벡터가 현상화되는 것입니다.

황금률

그 에너지 흐름이 가장 조화로운 것을 일반적으로 황금비율黃金比律 · Golden ratio이라 합니다. 이 황금비율을 사회에 적용한 것을 사회적인 황금률이라 합니다. 의식에 적용하면 의식적인 황금률이 되겠죠.

이것이 명확해지면 우리가 활동하고 생명력을 쓸 때도 가장 생동감이 있으면서 효율적으로 쓸 수 있게 됩니다.

간단하게 설명드리지요. 피보나치 수열이라고 있습니다. 2, 3, 5, 8, 13, 21, 34 이렇게 이어지는데 여기에는 규칙이 있습니다. 5+8=13과 같이 모두 앞의 두 수를 더하여 그 뒤의 수가 된다는 것입니다.

이것은 A, B, (A+B)… 와 같은 수열이 되며 A:B=B:(A+B)라는 식으로 나타낼 수 있습니다. 즉, 연속되는 어떤 두 수의 비율도 거의 1.618(B÷A)로 모두 같습니다. 이렇게 나온 1.618을 황금비율이라고

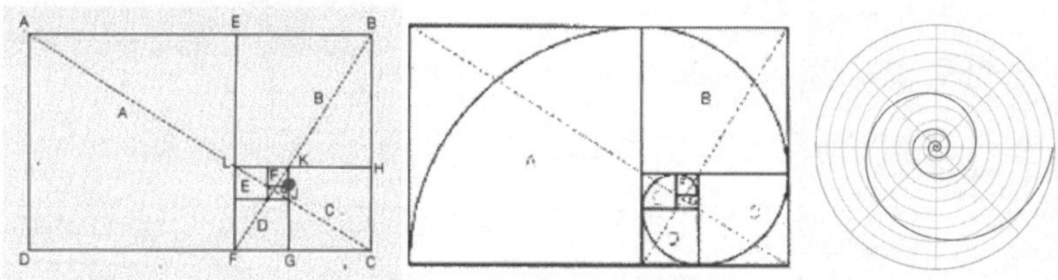

그림 5 황금나선 구조

출처: 그림 5-1 https://studfile.net/preview/6152417/ 그림 5-3 https://ko.wikipedia.org/wiki/로그_나선

합니다. 이는 모든 수들이 자신의 개인적 특성(A와 B)을 보존하면서 더 큰 전체(A+B)에 융화되는 특질을 나타냅니다.

이 비율을 이용해 그린 것이 아래 그림의 황금나선 구조입니다. 이 그림(그림5 중간)을 보면, 큰 사각형 A 나누기 작은 사각형 B(A÷B)는 1.618이 되고, B÷C도 1.618, E÷F도 1.618이 됩니다.

이 면적들의 비율이 다 1.618로 커져 가는데 여기서(그림5 좌측에서 검은 점) 시작해서, 호를 그어 연결하면 이런 나선 모양(그림5 중간)이 생깁니다. 그렇게 그린 것이 이런 소용돌이(그림5 우측)가 됩니다.

이 앵무조개(그림6 중간)의 모습도 황금비율로 이루어져 있습니다. 이런 황금비율의 모습이 앵무조개뿐 아니라 사람 귓바퀴의 모양, 주먹 쥔 모습 등 많은 것에서 나타납니다.

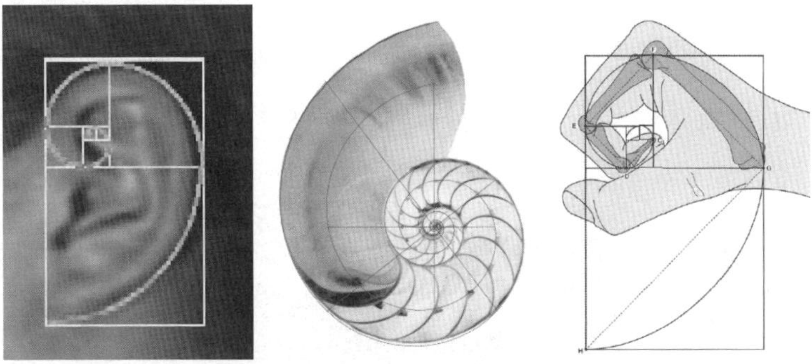

그림 6 나선을 따라 성장하는 귓바퀴(좌), 앵무조개(중), 손의 뼈마디(우)

출처: 그림 6-2 http://philippelopes.free.fr/Sciences.htm 그림 6-3 https://telegra.ph/PARTE-I-Propor%C3%A7%C3%A3o-%C3%A1urea-A-natureza-%C3%A1-uma-obra-prima-e-todo-artista-deixa-sua-assinatura-01-16

미내사 로고

미내사 로고의 상징적 의미

미내사 로고도 이것을 본 따서 그린 것입니다. 보이는 세계를 파란색 나선 7개로 표현하고, 보이지 않는 세계는 보이지 않는다는 의미에서 하얀색 나선 7개로 처리했습니다.

가시의 세계와 불가시의 세계가 있고, 전체를 떠받치고 있는 근원의 세계를 금색으로 표현했습니다. 가시/불가시의 세계를 근원이 떠받치고 있다는 의미입니다.

이 비율은 2, 3, 5, 8 이라는 피보나치 수열을 따르는 황금작도법대로 그린 것입니다. 이 앵무조개의 비율대로 그려진 모습입니다(그림7). 그 의미는 사회적인 황금률입니다.

사회적 황금률: 개인과 전체의 조화

사회적인 황금률이란 이런 것입니다. 즉, A와 B라는 개인 혹은 개별체가 있다면 A와 B를 더한 것이 전체인데, 나 개인과, 나와 남을 다 더한 전체, 이것이 서로 이율배반하지 않고 융화될 때, 그래서 나를 위한

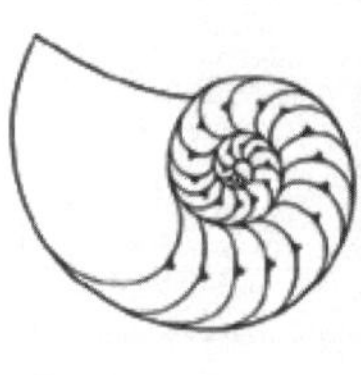

그림 7
자연 속의 암모나이트

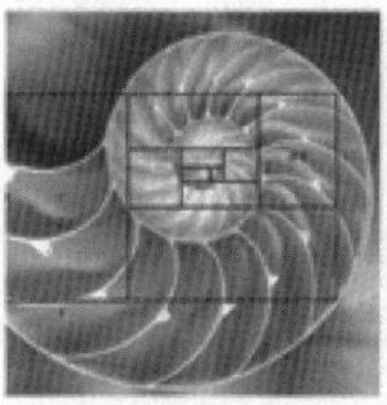

황금나선 작도법과 일치하는 암모나이트 형성

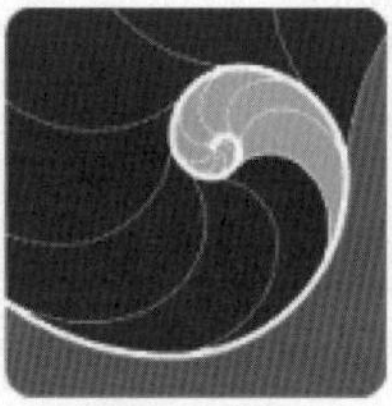

보이지 않는 세계와 보이는 세계를 황금 나선 형태로 그려냄

미내사 로고

행동이 동시에 전체를 위한 활동이 되는 것을 말합니다. 보통은 나 개인을 위하면 전체에는 해가 되고, 전체만을 위하면 개인은 희생되어야 하는 상황이 되기 쉽지만 사회적인 황금률은 이렇게 개인과 전체가 윈윈win win하는 원리를 말합니다.

전체를 위해서만 에너지를 쓰는 것은 전체주의이고 개인을 희생하게 됩니다. 반면에 개인을 위해 전체를 망가트리거나 자기 이익을 위해서만 행동하게 되면 개인주의입니다.

지금 사회는 대부분 공산주의 사회와 같은 전체주의이거나 자유주의 사회와 같이 극도의 개인주의여서 양극화로 가고 있는데, 개인주의로 가든 전체주의로 가든 모두 양극단을 향해 치닫고 있다는 것입니다.

그러나 개인을 무시하지 않으면서 개인을 위한 활동이 전체에 일익이 되도록 하는 것, 그것이 사회적인 황금률입니다. 그 둘 다를 서로 무시하지 않는 것입니다. 전체를 돌보면서, 전체를 돌보는 활동이 개인 자신을 위한 활동이 되는 것, 이것이 사회적인 황금률입니다.

그런 의미에서 이런 심볼을 미내사 로고로 만들었어요.

황금나선으로 나는 잎들

식물의 잎차례와 피보나치 수열

식물에서 잎이 나는 차례도 피보나치 수열을 따릅니다. (그림8 상단 좌측) 식물 줄기에서 잎이 날 때 먼저 1번 잎이 나고, 그 위에 오른쪽으로 2번 잎이 나고, 3번이 이렇게 납니다.

이것이 현재 평면적으로 보니 좌우로 난 것처럼 보이지만 사실은 좌우가 아니라 각 이파리가 나는 각도가 있어요. (그림8 상단 우측) 1번, 그 다음 144도만큼 각도를 주고 2번이 납니다. 다시 144도를 띄우고 3번, 4번, 5번. 다시 6번은 원래대로 돌아가요.

즉, 1번과 2번, 2번과 3번, 3번과 4번 사이가 모두 같은 각도를 지니고 있습니다. 그것을 입체적으로 보면 이런 모습입니다(그림8 하단 우측). 확장하는 나선형의 모습입니다. 식물은 잎을 이렇게 만들면서 성장합니다.

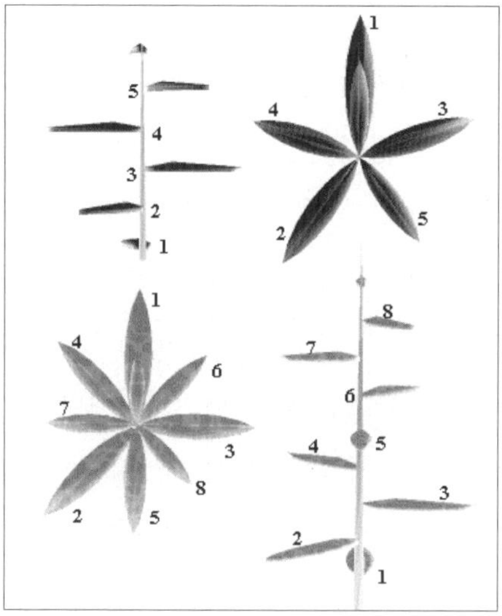
그림8 입체적인 황금나선으로 나는 잎들

출처 http://matrix.skku.ac.kr/sglee/skku-fibo/fibonacci/combi-proj.htm

식물의 잎은 잎차례가 1/2, 1/3, 2/5, 3/8, 5/13,... 순서로 납니다. 이때 분모와 분자가 모두 피보나치 수로 되어 있습니다.

가지도 피보나치 순서대로 납니다. 즉, A:B=B:(A+B) 순서대로 난다는 것입니다(그림9 좌측). 제일 아래에 가지가 하나 있습니다. 그 위 지점에서는 가지가 2개가 됩니다. 그 위 지점에 올라가면 3개지요. 그 다음은 4가 아니고 5입니다.

즉 2+3은 5가 되는 것과 같습니다. 3+5=8, 5+8=13, 이렇게 되는 것입니다. 가지는 이렇게 나고 잎은 이렇게 핍니다(그림9 우측). 잎이 하나, 그 위에 또 하나, 그 위에는 잎이 두 개, 세 개, 다섯, 여덟 개. 역시 1+2=3, 2+3=5, 3+5=8 이런 순서로 잎이 납니다.

황금각을 통한 완벽한 성장 전략

이렇게 되면 이 잎들이 서로 겹치지 않고 골고루 빛을 받으며 빗물도 균형있게 받아서 어느 한 빗물도 버리지 않고 가운데로 모이도록 해 줄기를 타고 내려가 뿌리를 적시게 만들어져 있습니다.

보세요(그림8). 1번 잎은 제일 처음에 생겨난 잎이어서 매우 크죠. 올라갈수록 새로 생긴 잎들은 그보다 작습니다. 그래서 아래에 있는 잎들도 모두 햇빛을 받을 수 있어요. 위의 잎들에 가려지는 부분이 있지만 역시 빛을 받습니다. 겹쳐질 때도 잎의 크기 때문에 둘 다 서로 해치지 않아요.

이 모습은 다섯 번째 잎이 나서 원래 상태대로 도달한, 다섯 번 겹친 상태이고, 이것은 여덟 번째 잎이 나서 원래 상태로 돌아간, 여덟 번 겹친, 여덟 번째 원래 상태로 돌아간 잎의 모습입니다. 이것을 개도開度, divergence angle(잎이 얼마만큼 돌아서 처음에 난 잎과 같은 방향에 나는지를 나타냄)라고 합니다.

이것을 돌아가면서 표현한 것이 이것(그림8)입니다. 한 바퀴 도는 것은 완벽하게 한 회전 한 것입니다. 잎이 하나, 둘, 셋, 넷, 다섯 나고 난 뒤에 여섯 번째에 드디어 겹치죠?(그림8 상단 우측) 이것이 한 바퀴를 돈 것입니다. 잎이 겹치지 않고 난 것이 다섯 개입니다.

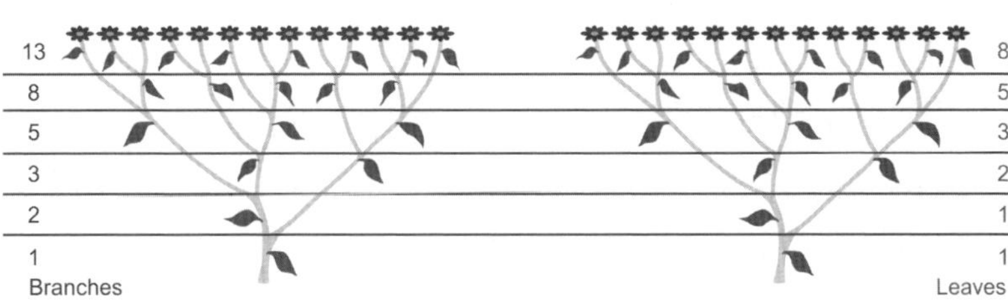

출처 https://divine-genesis.org/

그림9 산톱풀의 가지(좌)와 잎(우)이 나는 순서는 피보나치 수열을 따른다.

좀 더 성장하면, 이 위에는 몇 개일까요? 8개입니다. 이런 식으로 커가면서 성장한다는 것입니다. 아래위 잎사귀들이 겹쳐져도 위의 잎이 아래 잎을 방해하지 않는 만큼 커지는 것입니다.

나무는 전체적으로 역삼각형이 아니라 삼각형 형태로 생겼습니다. 올라갈수록 줄어듭니다. 밑에 있는 잎사귀에도 빛이 가려지지 않고 자기 나름의 빛을 받아요. 아래쪽 잎사귀는 더 커지고 위로 올라갈수록 줄어들죠.

겹쳐지는 부분에 오면 빛이 제한받지 않으면서 또 그 각도도 제한받지 않게 하는 것, 이것이 (그림8 상단 우측에서) 1번과 2번 사이가 137.5도, 이것을 황금각이라 합니다. 이 황금각에 가까울수록 서로 겹치지 않고 상대 잎사귀에 방해를 주지 않습니다.

사회적 황금률

소나무 군락에서도 사회적인 황금률이 발견됩니다. 산에 갔더니 종種이 다른 나무들(그림10-1)은 나뭇가지가 서로를 침범합니다. 그런데 같은 소나무끼리는 다릅니다(그림10-2). 좌측 나무와 우측 나무는 분명히 다른 나무인데도, 잎사귀가 서로 겹치지 않아요. 이렇게 공간을 두고 침범하지 않고 자라납니다. 잎들이 햇빛을 받는데 서로 방해하지 않는 것입니다. 겹치지 않으니까.

이것은(그림10-1) 소나무와 활엽수들이 서로 섞여있는 군락인데 상대를 배려하지 않고 무작위로 섞여 있습니다. 좌측 나무에서 나온 잎과 우측 나무에서 나온 잎이 서로 겹치고 있습니다. 종이 다르니까 그런

그림10-1 종種이 다른 나무들

그림10-2 소나무들
(화살표로 표시한 선이 소나무들 간의 경계)

부분이 있는 것 같습니다.

그러나 같은 종인 소나무끼리는 서로에게 피해를 주지 않으면서 같이 어울려서 살아가고 있습니다. 바로 그것이 사회적인 황금률을 이루는 것입니다.

황금각: 자연이 만드는 완벽한 질서

137.5도의 비밀: 식물이 택한 완벽한 각도

황금각이란 그런 것입니다. 이것(그림11)은 노르웨이 전나무가 어떤 법칙에 따라 싹을 내는지 보여주고 있습니다. 1번, 이것이 싹입니다. 바로 옆에 2번 이렇게 나지 않습니다. 3번, 4번 이런 식으로 자라요.

그러면서 싹들이 나는데 그 사이에 각도가 있다는 것입니다. 가장 최근에 난 싹과 바로 그 전에 난 싹 사이의 각도를 중심에서 재어보면 황금각인 137.5도가 됩니다. 먼저 난 잎 바로 옆에 다음 잎이 피는 것이 아니라 적당한 각도로 거리를 두고 난다는 것입니다. 그것을 개도開度라고 한다고 했죠.

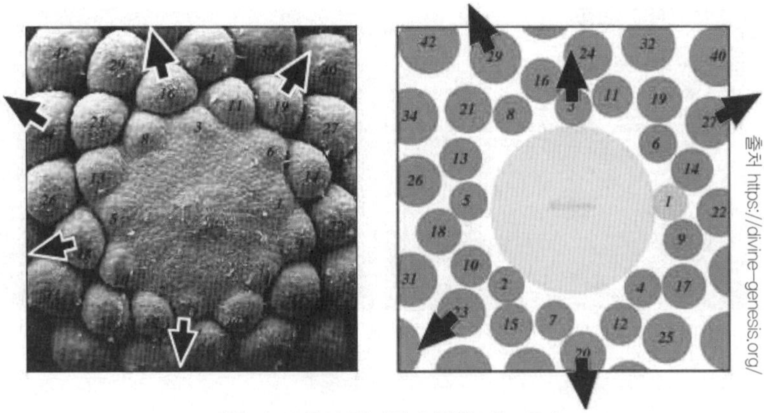

출처 https://divine-genesis.org/

그림11 노르웨이 전나무가 싹을 내는 모습

해바라기 씨앗의 배열도 마찬가지입니다(그림12). 솔방울의 오름나선과 내림나선처럼 해바라기씨도 잘 살펴보면 이 흐름과 저 흐름이 있습니다. 그리고 그 둘 사이에 서로 이렇게 질서가 잡혀 있어요. 물론 하나의 싹이 오름나선과 내림나선에 동시에 속하기도 합니다.

이것도 잘 보세요. 우선의 흐름이 있고 좌선의 흐름이 있어요. 그래서 최근에 난 싹과 바로 그 전에 난 싹 사이의 각도를 중심에서 재보면 황금각인 137.5도가 된다는 것입니다.

출처 https://www.mathsisfun.com/numbers/nature-golden-ratio-fibonacci.html

그림12 해바라기씨

피보나치 수열로 읽는 자연의 패턴

이것(그림13)은 데이지꽃인데, 나선의 수를 세보면 시계방향으로 21번 감으면서 올라가고, 반시계 방향으로 34번 감으면서 내려옵니다. 솔방울은 반시계 방향으로 8번, 시계 방향으로 13번, 파인애플은 시계 방향으로 8번, 반시계 방향으로 5번 또는 13번 감겨 있습니다.

5와 8, 8과 13 다 피보나치 수열입니다. 콜리플라워는 시계방향으로 5번, 반시계방향으로 8번, 로마네스크 브로콜리는 시계방향으로 13번, 반시계방향으로 21번 감겨 있습니다.

8 다음에 13, 13과 8을 더하면 21, 그래서 21번입니다. 이렇게 되어 있습니다. 가지가 뻗는 것(그림9 좌측), 잎이 생겨나는 것(그림9 우측), 귀가 생겨나는 모습(그림6 좌측)도 황금비율에 맞춰보면 유사합니다.

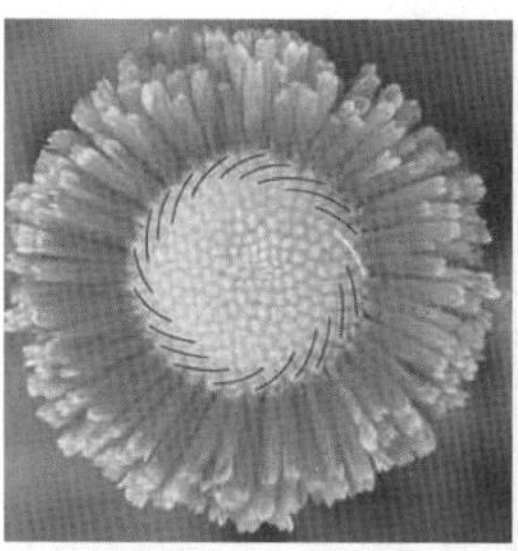

그림13 데이지꽃

솔방울

출처 https://divine-genesis.org/

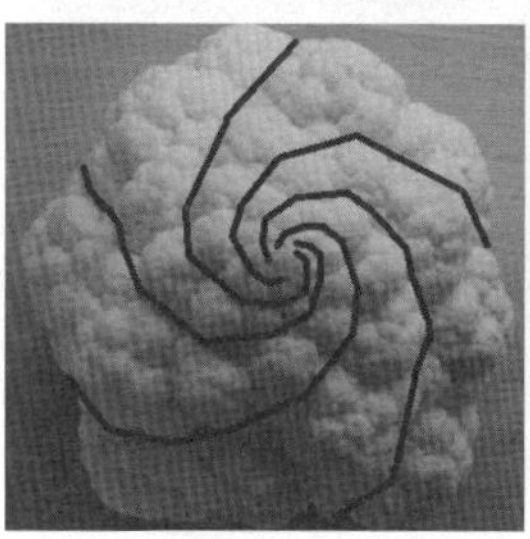

콜리플라워

로마네스크 브로콜리

파인애플

전체를 위한 개체의 지혜

이렇게 식물의 잎사귀들은 결코 아무렇게나 나지 않습니다. 같은 꽃에서 난 싹들이 서로에게 방해를 주지 않으면서 납니다. 왜냐하면 자신이 전체의 부분이며 그리고 모든 전체가 하나라는 걸 무심중에 알고 있는 것입니다. 내가 저 친구를 방해하면 내가 속한 전체가 망가진다는 것, 그래서 전체가 망가지면 나도 망가진다는 것을, 자기도 모르게 알고 있는 것입니다.

그런데 인간은 어떻습니까? 그것을 잊어버리고 자기만을 위할 때가 많습니다. 세포의 경우, 병든 세포들이 그렇습니다. 그러므로 자기만을 위하는 인간은 어떤 면에서 전체와의 연결끈을 잃어버린 병든 세포와 같은 존재라 할 수 있습니다.

동적인 나선 – 보텍스

태양계의 진짜 모습

태양계를 보면, 태양을 중심으로 수성, 금성, 지구, 화성, 목성, 토성, 천왕성, 해왕성이 '원형'으로 태양 주위를 돈다고 생각하지만 실제 지구의 움직임은 '나선형'의 '입체적'인 움직임입니다.

우리 태양계는 시속 70,000km로 달리고 있습니다. 태양계 자체가 움직이고 있지요. 이것이 진짜 모습이라는 것입니다. 그 움직임을 따라서 지구나 행성들이 돌고 있기 때문에 실제 움직임은 나선형입니다. 평면이나 원형이 아니라는 것입니다(그림14).

사실 태양계는 움직이는 나선형이기도 하지만, 더 넓게 보면 우리 은

하 역시 중심은하를 돌고 있기 때문에 태양계는 복합적이고 입체적인 나선 운동을 하고 있습니다. 또 행성들이 서로 겹치거나 부딪치지 않고 태양을 따라 움직이고 있지요.

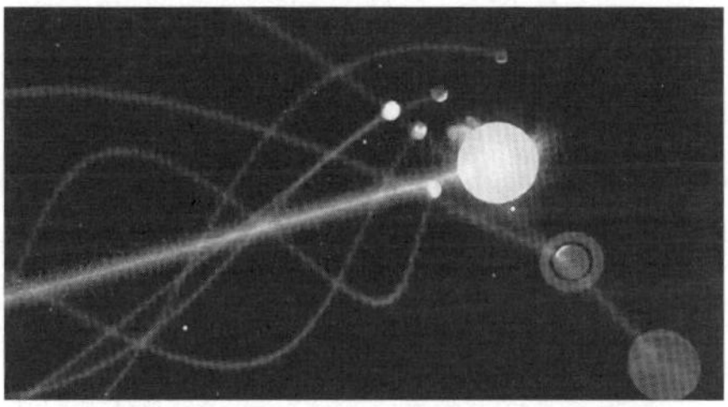
그림14 태양계도 동적인 나선 운동을 한다

행성의 움직임 자체가 식물들의 잎이 생겨나는 모습과 유사합니다. 이것이 중요한 것은 '생명의 나선'이기 때문입니다. 많은 생명체들이 볼텍스vortex, 소용돌이 모양을 띠고 있습니다. 은하도 그렇고, 우리 DNA의 이중 나선도 그렇습니다. 앵무조개도 그렇고 물속의 소용돌이 모양도 그렇습니다. 그것을 보면 크게 태양계도 생명의 한 부분이라고 얘기할 수 있습니다.

행성의 움직임이 무작위로 일어나는 것이 아니라, 생명의 질서에 맞게 움직이고 있다는 것을 보면 그 상징을 이해할 수 있습니다.

의식의 황금나선

이것을 우리의 의식에 적용해보면 어떨까요? 의식 현상 역시 물리 현상과 마찬가지로 우주에서 일어나는 같은 현상의 또 다른 모습입니다.

켄 윌버의 《통합 비전》에 나오는 '스파이럴 다이나믹'은 의식이 발전해나가는 모습을 그려놓은 것입니다(그림15). 제일 위에 있는 의식, 최상위의 터콰이즈를 보면 개인을 희생하지 않고 조직도 살리는 의식에 대해 이야기합니다. 즉, 개인을 위한 움직임이 나만을 위한 것이 아니라 전체를 위한 것이기도 한 것입니다. 그런 움직임, 그런 활동에 자기 에너지를 쓰는 사람이 사회적인 황금률을 달성하고 있다는 것입니다.

그런데 사실 깊이 들여다보면, 개념을 떠난 곳에는 개인과 전체라는 것이 따로 없습니다. 아까 봤듯이 태양계의 움직임만 보았을 때는 지구나 수성이 태양 주위를 원형으로 돈다고 생각했습니다. 하지만 우주 전체를 보니 입체 나선spiral 형식으로 움직이고 있습니다. 지금 개인이나 전체라고 나눠 놓은 것 역시 태양계를 평면으로 보고 행성들이 원형으로 돌고 있다고 믿는 것과 비슷하다는 것입니다. 개념이라는 것입니다.

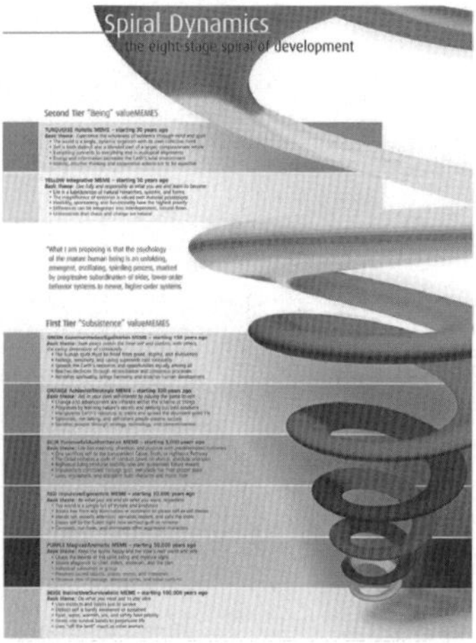

그림15 켄 윌버의 스파이럴 다이나믹

출처 https://brodoland.wordpress.com/2016/07/29/understand-your-vmemes

개인과 전체를 떠난 곳에는 결코 개인을 위하는 것과 사회를 위하는 것이 따로 존재하지 않습니다. 내가 내 개인으로 존재하는 것이 아니라 우주 전체의 한 유기적인 부분으로서 내 몸과 마음이 작용되고 있다는 것만 발견된다면, 그래서 이 몸과 마음이라는 것이 근본적인 것이 아니라 그런 현상의 일부라는 것을 안다면, 더 이상 그 현상에 사로잡히지 않고, '나'라는 느낌을 지키기 위해 그렇게 내 모든 에너지를 쓰면서 살아가지는 않는다는 것입니다.

삶의 본질은 파도치지 않는다

사실 삶의 본질이라는 것은 절대로 파도치지 않습니다. 우리의 본질은 아까 말한 대로 무위無爲에요. 본질은 아무것도 하지 않고 움직이지도 않습니다.

그러나 우리가 삶이라고 부르는 것은 언제나 파도칩니다. 삶이라는 것은 끊임없는 움직임입니다. 그 움직임을 황금률에 따른다면 가장 조화로운 움직임이 될 것입니다. 일반적으로 자신만을 위하는 벡터를 '황금률에 맞는 벡터'로 쓰이게 하라는 말입니다.

이 파도를 보십시오(그림16). 파도를 보면 나타났다 사라지는 파도가 있는 반면, 생겨나서는 일정기간 끊임없이 유지되는 파도가 있습니다. 그것을 해일파라고 합니다.

그림16 파도

출처 https://surfnbeachscenemagazine.com/2015/09/24/tsunami-hits-quiksilver/

흔히 사물을 원자, 입자 수준으로 무한히 나누다 보면 마지막에 입자와 파동으로 나뉘어집니다. 이때 우리는 입자와 파동이 두 가지 서로 다른 거라고 생각합니다. 입자는 두 개가 만나면 부딪혀서 결코 두 개가 섞이지 않아요. 입자 A는 A대로 있고 입자 B는 B대로 존재하는 것이 입자입니다.

그리고 이 자리에 있는 입자는 저곳에 동시에 있을 수 없습니다. 그것을 국지적, 국소적局所的이라고 합니다. 여기에 이 지우개가 있으면 저기에는 이 지우개가 없지요. 그것이 바로 입자입니다.

반면에 파동은 비국소적非局所的입니다. 여기에 생긴 파형은 저 끝에서도 작용하고 있지요. 거미줄을 여기서 흔들면 저쪽 끝도 같이 흔들리는 것과 같습니다. 그래서 파동은 비국소적non-local이라고 합니다.

국소적Local은 지역을 말합니다. 어떤 한 장소에 국한되어 있는 국소성과 달리 비국소적이라는 것은 국한되지 않다는 것입니다. 입자는 로컬, 지역적, 국소적입니다. 그러나 파동은 전체적, 비국소적입니다. 그러니 입자와 파동은 별개의 다른 두 가지 현상이라고 할 수 있을 것입니다.

솔리톤: 입자와 파동의 중간 존재

그런데 입자와 파동의 중간 단계가 있습니다. 입자면 입자고 파동이면 파동이라고 생각하기 쉽지만 중간 단계가 있습니다. 모든 현상은 항상 중간 단계가 있습니다.

왜냐하면 나눌 수 없는 것을 우리 감각기관과 의식적 기관이 분별을 위해 나눠놓았기에 그 중간이라 할 것이 있을 수밖에 없습니다. 우리가 발견 못하고 있을 뿐입니다. 우리가 나눠놓은 그 자체가 가상의 거친 경계를 가진 개념이기 때문입니다.

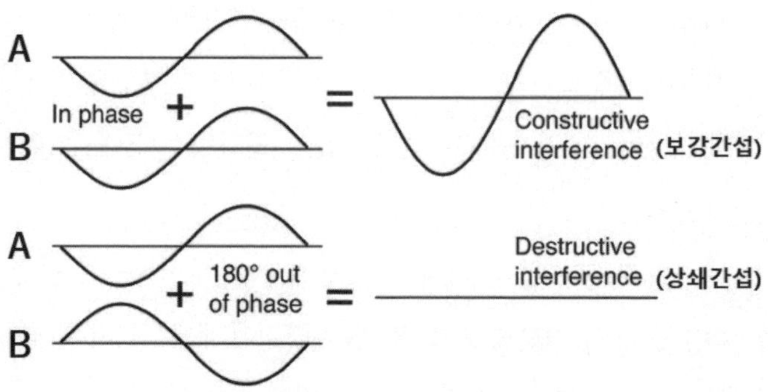

그림17 보강간섭과 상쇄간섭

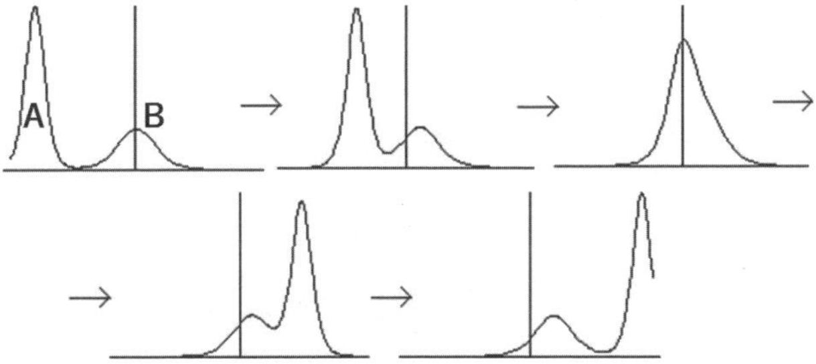

그림18 솔리톤

출처: 《솔리톤이란 무엇인가?》(쯔보이 타이주 저, 류지웅 역, 전파과학사, 1995)

'이것을 입자라고 하자, 이것은 파동이라고 하자'라고 나눠놓고 보면 항상 그 사이에 중간 단계가 있습니다. 바로 해일파 같은 것입니다.

파도는 파동입니다. 생겨났다가 사라집니다. 에너지만 옆으로 전달하고 파동은 사라집니다. 그것이 파도에요. 그런데 솔리톤soliton이라는 것이 있습니다.

예를 들면(그림17) 일반적인 파형은 A 파형과 B 파형이 만나면 더 큰 파형이 되지요(보강간섭). 또 산 파형과 골 파형이 만나면 잔잔해지거나 사라져요(상쇄간섭). 이것이 파도입니다. 이것이 파동이고요.

그런데 솔리톤은, A 파형과 B 파형이 만나면 맨 처음에는 사라졌다가 그 다음 순간에 다시 살아나요(그림18). 만났을 때는 자기 모습이 중화되어 완전히 사라지지만 A와 B의 각각의 특성이 살아남아 있어요. 그것이 지나가면 이것이 살아남아서 또 갑니다. 그래서 솔리톤은 고립파라고 합니다. '-on'이 붙으면 입자를 말해요. 포톤photon은 광자光子를 말합니다. 빛은 입자면서 파동이라고 합니다. 광자. 자('-on')가 붙으면 입자를 말해요. 햇빛의 원 기본소를, 입자라고 볼 때는 광자라고 부르고 파동이라고 볼 때는 광파라고 부릅니다. 빛은 입자이기도 하고 파동이기도 합니다.

그런데 일반적으로 파동이라 할 파도 중에서, 한 번 생겨나면 자기 형태를 그대로 유지하면서 해안까지 밀고 내려오는 현상이 있습니다. 중간에 사라지지 않습니다. 그런 것을 해일파라고 합니다.

이런 해일파를 보면 황금률로서 파도머리 부분이 암몬조개의 소용돌이처럼 형태를 구성하고 있습니다(그림19). 형태가 사라지지 않고 스스로를 유지하고 있는 것입니다. 그렇게 마치 입자와도 같이 사라지지 않고 파동을 형성해 유지하며 해안까지 밀려옵니다.

출처 https://ko.wikipedia.org/wiki/가나가와_해변의_높은_파도_아래

그림19 해일파

그런 삶의 해일파를 타는 것입니다. 파도타기, 삶이라는 것은 늘 파도치는데 황금률에 맞추면 파도를 잘 탈 수 있습니다. 연습이 필요하겠지만요. 황금률에 맞춰 파도치게 한다는 것은 벡터를 잘 쓴다는 것입니다.

여러분이 종종 감동에 빠지고 존재의 충일함에 휩싸이고 존재한다는 것만으로도 황홀해 한다면, 겉보기의 흥미와 재미가 아니라, 내면 깊숙이에서, 존재한다는 자체만으로도 일종의 충만 속에 있다면, 여러분은 황금률 벡터 속에 있는 것입니다. 무엇을 해서가 아니라 아무것도 하지 않더라도 그렇다는 것입니다.

그렇게 존재의 충일함에 기반을 둔 마음은 이제 모든 벡터가 황금률에 따르게 됩니다. 그는 문제를 만나도 파도타기의 달인과 같이 문제라는 파도를 탑니다.

적절한 문제가 주는 생생한 힘

마음은 기본적으로 문제를 만나야 생생한 힘을 냅니다. 문제가 없는 마음은 바위를 만나지 않은 파도처럼 그냥 가라앉아 버립니다.

그런데 한편으로는 그 문제가 너무 커버리면 좌절하게 되고, 너무 작으면 시시해 하며 에너지가 빠집니다. 그 파도가 적당히 현재 자신의 능력보다 10~30% 정도 세면 생생하게 힘을 내게 되지요.

그래서 아이가 자신감을 얻게 하고 싶으면 아이의 능력보다 조금 어려운 문제를 주면 됩니다. 너무 크고 어려운 문제를 주면 좌절하고 말테니까요. 또 너무 작고 시시한 문제에 대해서는 에너지가 나오지 않습니다.

그렇게 마음은 언제나 적절한 문제를 만나야 생생한 힘을 냅니다. 문제란 것은 무엇입니까? 목표입니다. '나'와, 내가 도달해야 할 '대상' 간의 적절한 '간격'이죠 거리감이고 이루어야 될 무엇입니다. 지금 당장은 아니지만 힘을 쓰면 이루어질 무엇입니다.

그런 것이 에너지를 불러일으키는 일종의 문제입니다. 그럴 때 생생한 힘이 나옵니다. 일거리를 만나야 살아있게 되는 것입니다.

황금률의 벡터로 살아가기

'일과 문제'라는 파도를 만나서 그 파도를 타고 개인과 전체를 위한(개인과 전체라는 것은 개념으로 따지는 것입니다. 결국 생각은 개념으로 하는 거니까요) 파도타기를 하는 것, 이것이 황금률의 벡터로 살아가는 것입니다.

나만을 위하는 마음은 제한되고 결국 허무에 이르게 됩니다. 자기를 위해서 아무리 잘 살아보아도, 이상하게 나중에는 허무하게 됩니다. 왜냐하면 '나'라는 것은 존재의 핵심이 아니며 알맹이가 없는 것이기 때문입니다.

존재의 핵심은 텅 비어 있는 충만이며 생명력입니다. 아무것도 없어도 느껴지는 충만이며 몰입되어 쓰이는 생명의 힘이지요.

또, 전체만을 위하는 마음은 나중에 희생과 억압을 일으켜요. 사실 '나'라는 것과 전체라는 것은 분리된 개념으로 실존하는 것이 아니라 우리 마음속의 개념이고, 그 개념을 넘어갈 때 우리는 드디어 나도 전체도 아닌 가장 조화로운 벡터로 살아갈 수 있게 되는 것입니다.

일단 본질을 꿰뚫는 텅 빈 충만이 터득되지 않았다 하더라도 개인과 전체를 위하는 움직임, 그것을 실천할 때 그것을 사회적인 황금률을 이룬다고 하고, 가장 생생하면서도 지치지 않으며 허무하지 않은 에너지 쓰임이 일어난다는 것입니다.

조화로운 황금률인 벡터로 살아가기 위해서는 무한의 에너지가 터득되어야 하는데, 그것을 위해 우리는 생명력 자체를 발견해야 합니다. '무언가를 위한' 에너지가 아니라 그냥 에너지 그 자체, 에너지 자체의 소스source가 되는 것을 말합니다.

그 후에 이제 정말 에너지를 조화롭게 쓰는 것입니다. 조화롭게 쓰기 전에 에너지 자체의 소스source가 발견되어야 됩니다. 그것을 발견하지 못한 채 조화로운 벡터로 살겠다는 것도 괜찮지만, 최우선은 생명력 자체를 발견하는 것이어야 합니다.

여기서 말하는 생명력이란, 어떤 에너지나 힘이라기보다는 근원적인 것을 말합니다. 앞에서 말한 스칼라는 에너지로 느껴지지 않습니다. 현상계에 나타나 있지 않으니까요. 벡터만이 힘을 현상계에 드러내 보입니다.

정말 생생하게 살아가는 사람과 힘없이 살아가는 사람이 있다면 그것은 벡터의 모습일 뿐입니다. 그들의 스칼라는 둘 다 똑같습니다. 그런 의미에서의 생명력이지 꼭 드러난 에너지라는 의미는 아닙니다. 그러므로 드러난 모습을 가지고 그가 텅 빈 충만의 생명력으로 가득한지 아닌지를 판단할 수는 없습니다.

생명력 자체는 그 어떤 것에서도 제한받지 않습니다. 그래서 생명력 자체, 근원 자체는 귀함도 천함도 없고, 높고 낮음도 없으며, 많고 적음도 없고, 작고 큰 것도 없습니다. 노자의 《도덕경》에서 말한 대로, 이것은 바늘귀 안으로 들어갈 만큼 작기도 하고 우주보다 크기도 합니다.

그래서 우선 그에 대한 의식적인 알아챔이 필요하므로 의식적인 측면을 먼저 보기 위해서 주의 연습을 통해 가볍게 맛보겠습니다.

【 연습 1 】 주의 연습

주의 0에서 주의 10을 왔다 갔다 하면서 생명력의 의식적 표현인 주의가 강하게 갈 때 감지가 생생하게 느껴짐을 확인하라(깨어있기 책 참조).

지금부터 여기 보이는 스크린 덮개(그림20)를 느껴보세요. 나무로 만들어진 어떤 느낌이 있습니다. 화이트보드를 보다가 이걸 보면 더 살아있는 듯한 느낌이 나죠? 나무로 된 그 느낌을 한 번 느껴보세요.

그것이 느껴지면 그 느낌에 대해 주의제로 합니다.

주의 제로라는 것은 그 느낌이 사라지는 것입니다. '느낌'은 '상相'으로 이루어지는 내 마음을, 거기에 주의를 투사하여 발생하는 것이기 때문에 주의를 보내지 않으면 느낌은 사라집니다.

그림20 스크린 덮개

주의제로를 하면 어때요? 눈은

여전히 이 사물을 보고 있지만 내 주의를 다른 데로 돌리는 것이 아니라 주의를 약하게 하여 최종적으로 주의가 사라지면 어찌될까요? 주의 제로가 되면 그 느낌이 사라지거나 희미해집니다. 마음의 투사가 사라졌기 때문이고, 상을 만드는 마음의 작용이 멈추었기 때문입니다. 그것이 되면 손을 들어 표시합니다. (참가자들이 손을 든다)

다시 이번에는 주의를 강렬하게 줘서 주의 10을 보냅니다. 아까 평상시처럼 주의를 줬을 때보다 강렬하게 느끼도록 세심하게 관심을 주면서, 내가 줄 수 있는 절대적인 관심, 모든 관심을 쏟아보세요. 진하게 느껴보는 것입니다. 또 섬세하게 느껴봅니다. 나뭇결 하나하나, 옹이들, 가로로 댄 나무와 세로로 길어진 나무의 느낌들을 느껴봅니다. 면, 면의 느낌도 있고, 무게감도 있을 것입니다. 그 느낌들에 주의를 완전히 쏟아서 생생하게 느껴보세요. 내가 지금 저 나무를 코앞에 두고서 냄새 맡고 만지고 감촉을 느낀다고 여기면서, 모든 관심을 집중합니다. 그것을 맨 처음 봤을 때보다 더 생생하게 느껴지면 손을 들어 표시합니다. (참가자들 손을 들어 표시한다)

생생한 느낌이 있죠? 다시 주의 제로로 갑니다. 눈은 여전히 저 사물을 보고 있지만 저기로 가는 주의를 약화시키는 거예요. 주의를 다른 데로 돌리는 주의전환이 아니라 주의 약화입니다. 주의를 자신에게로 옮기지 말고 그냥 주의를 약화시키는 것입니다. 주의를 자신에게로 옮기면 '나'가 생생하게 느껴지겠지요? 자기 자신의 느낌이. 그런 것이 아니라 주의 자체를 제로화 하는 것입니다. 그러면 그 느낌이 흐려지거나 약해지고 사라지게 됩니다.

그것이 되면 다시 주의를 강하게 보내보세요. 다시 생생하게 느껴봅니다. 주의 0 했을 때와 주의 10, 주의를 강하게 줬을 때 느낌의 차이가 구별되면 손을 들어 표시하세요. 분명히 느낌의 차이가 있습니까?

그러한 느낌의 차이가 어디서 올까요? 느낌의 차이는 바로 내가 주의를 쏟을 때와 쏟지 않을 때의 차이입니다.

사물이 생생하게 보인다는 것은 강력한 생명력의 증거

이제 그것이 되면 사물을 볼 때 생생하게 보는 것은 강력한 생명력의 증거임을 동시에 확인하십시오. 다시 말하면 사물이 생생하게 보인다는 것은 그만큼 사물을 향한 '생명의 힘의 의식적 표현'인 주의가 강렬하게 쏟아지고 있다는 뜻입니다.

내가 천장을 보고, 벽을 보고 아주 하얗게 느껴지면, 칠판을 봤을 때 그 느낌이 강렬하면, 시계를 봤을 때 움직임의 느낌, 색깔의 느낌이 강렬하게 느껴진다면 내 생명의 힘이 강렬하게 사용되고 있다는 뜻이죠. 그러니까 강렬하게 느껴지는 것 아니겠습니까?

이때 주의를 약화시키면 어때요? 흐지부지, 흐리멍텅, 희미하게 느껴집니다. 주의가 제로에 가까워질 때, 즉 내 생명의 힘이 '의식적으로 표현'된 최초의 모습인 '주의'가 사용되지 않을 때 그런 것입니다.

여러분이 누굴 만나서 강렬하게 느껴진다면 그것이 분노든, 기쁨이든 그것이 강하게 느껴진다면 생명의 힘이 강렬하게 작용되고 있는 것입니다. 내 느낌이 강렬한 자극으로 와 닿을 때는, 그 느낌이 강할 때는, 내 생명의 힘이 강렬하게 쓰이고 있는 것입니다. 작용하고 있는 것입니다. 그런 증거라고 인식하라는 것입니다.

【 연습 2 】 생명력

1. 주의를 10으로 보내보고, 5나 1의 강도로 약하게 보내보아 생생함의 변화를 경험한다.
2. 사물이 생생하게 보인다는 것은 그만큼 사물을 향한 생명의 힘이 강하게 작용하고 있다는 증거이다.

여러분이 사물을 볼 때 생생하게 보이는 것은 그 순간 강력한 생명력이 드러난 증거라는 것입니다. 그것이 바로 의식적인 모습으로 발현된 생명력입니다.

여러분이 열심히 마라톤을 하면서 달릴 때는 달리면서 그 촉감으로 표현된 생명력이 있겠지요. 우리가 '사물과 함께 깨어있기' 연습을 하면서 사물이 생생하게 보인다는 것은 그 사물에 대한 '감지'로 순수한 주의가 강하게 가고 있다는 증거임을 얘기했어요.

그것은 사물에 대한 감지가 내 마음을 전부 차지하고 있지 않다는 것을 깨우치게 해줍니다. 무슨 말일까요? 그 생생함이 내 생명의 힘이 강렬하게 가서 느껴지는 느낌임을 안다면 우리가 칠판을 볼 때 '아, 칠판이야' 하고 대상으로 그 원인을 돌리는 것과는 다릅니다.

'칠판이야'라고 할 때는 칠판의 느낌이 전부입니다. 누군가를 봤을 때 '아, 이 사람이야' 하고 알 땐 어때요? 그 사람의 느낌이 내 전부를 차지합니다.

그에 반해, 이 사람이 생생하게 느껴지고 이 사람의 어떤 측면이 느껴지고 이 사람은 어떤 모습을 지녔어, 이 사람은 어떤 느낌의 사람이야, 이것을 느끼면서 그 느낌의 강도만큼 내 생명의 의식적 표현인 주의가 가고 있구나, 이렇게 확인하면 어때요? 그는 생명력의 표현을 느끼고 있기 때문에 그 느낌이 자기의 전부가 아니겠죠.

그 느낌이 자기의 전부일 때는 이것이 생명력의 표현이야, 라고 말하지 못합니다. 그런 생각이 안 듭니다. 그냥 잊어버리고 동일시되어 있겠지요. 오랜만이네, 하고 그 느낌을 잊어버릴 것입니다.

하지만 이 사람이 쓴 모자가, 이 모습이 신선하고 새롭게 느껴진다면 그 느낌, 내 주의력이 강하게 가서 그렇게 느껴지는 거구나, 이것을 의식한다면, 그는 자기 생명력의 표현을 의식한다는 소리입니다.

즉, '의식한다'는 것을 무엇을 의미할까요? 떨어져 있다는 뜻입니다. 생명력이 표현되고 있음을 느낀다는 것이고, '느낀다'는 것은 항상 분리되어 있음을 확인하는 것입니다.

느낀다는 것은 무슨 의미일까요? 내 손이 벽을 '느낀다'는 것은 무언가요? 내 손이 벽이 '아님'을 안다는 뜻입니다. 저기 '저 사람'이 있네, 저 사람을 '느낀다'는 것은 저 사람과 내가 다르다는 것을 의식의 배경에 깔고 하는 이야기입니다. 그것이 무의식적으로 깔려 있는 것입니다.

그렇다면 '생명력이 강렬하구나' 하고 느낀다는 것은 무엇일까요? 그 느낌이 지금 내 마음의 전부가 아니라는 걸 확인한다는 것과 마찬가지입니다. 그러면 그 속에 빠지지 않게 되는 것입니다. 생명력은 생생하게 느끼되 그 속에 빠지지 않는다는 것입니다.

사물들을 쭉 보세요. 어떤 것이 여러분의 눈을 끄는지. 이 강의장 안에서 제일 자신의 눈을 끄는 것이 무엇인지 느껴보세요. 그러면서 가장 강하게 끌리는 것과 가장 적게 끌리는 것을 비교해보세요.

그 느낌의 차이를 비교해보면서, '끌리는 그 느낌'이란 강렬한 생명의 에너지가 더 쓰이고 있음을 의미한다고 의식해봅니다. 단순한 것 같지만, 여러분의 마음에서 일어나는 일을 보는 작업입니다. 마음이 '되는'

게 아니라 마음을 '보는' 작업이지요.

【 연습 2-1 】

- 작은 일에 아무 이유 없이 정성을 기울이며 정성 자체를 느껴보기
- 성냥개비 성 쌓기
  - 참가자과 안내자가 짝이 되어 한다.
  - 성냥개비로 100층까지 성을 쌓기
  - 경험자가 쌓는 과정에 몰입되면 안내자는 아래 두 질문을 한다:
    - "Stop! 지금 '나'라는 느낌이 있습니까?"
    - "지금 당신의 생명력은 어디에 쓰이고 있습니까?"

성냥으로 성을 쌓을 것입니다. 가로로 두 개 놓고 그 위에 세로로 놓고, 아주 반듯하게 쌓으세요. 온 정성을 기울여서 반듯하게 쌓으세요. 50층까지 쌓을 거예요. 옆 사람은 반듯하게 쌓는지 잘 지켜보세요. 반듯하지 않으면 지적하셔도 됩니다. 쌓는 사람은 온 정성을 기울여서 반듯하게 쌓아보세요.

'이유 없이 정성'을 쏟는 것과 함께 한 가지 더 잊지 말아야 할 것은 이유 없이 마음을 숙인다는 것입니다. 백일학교에서 '전적으로 수용하기' 연습을 하고 있는데 전적으로 수용하기니까 밖에서 오는 일에 대해서 '예, 알았습니다' 하는 것이지요. 처음에는 겉으로만 '예' 하고 속으로는 '올라오는 것'이 있습니다. 그것도 그냥 지나가게 합니다. 그렇게 계속 하다보면 진정으로 숙인다는 것이 무엇인지 알게 됩니다.

진짜 전적으로 수용하는 것은 뭡니까? 남에게 숙이는 것이 아니라 ' 내 마음속에서 올라오는 것'을 숙이는 것입니다. 이것의 효과는 내 마음

을 '가볍게 볼 수 있는 힘'을 길러준다는 것입니다.

나한테서 기분 나쁨, 화가 올라왔어요. 올라온 그 느낌을 아무 이유 없이 그냥 턱 내려놓는 것입니다. 그러면 그 사람은 이제 자기 내면에서 올라오는 어떤 마음보다 더 커지게 됩니다.

그런데 올라오는 이 마음에 이유를 대고 설명을 해서 '아, 이러니까 여기서는 숙여야 해' 하고 설득해서 내려놓는 것은 숙이는 것이 아닙니다. 그것은 이유가 숙이도록 만들어 준 것입니다. 그는 '이유'보다 작은 사람이 되는 것이지요.

이유 없이 숙이는 것, 이것이 존재를 내 마음에서 올라오는 것보다 커지게 만드는 훈련입니다. 전적으로 수용한다는 것은 그런 것입니다. 어떤 이유 때문에 숙인다면, 그건 이유가 자기가 되는 거예요.

이유 없이, 그냥 올라오자마자 숙여버리는 것. 올라온 것은 마음의 현상, '느낌'입니다. 그 느낌을 그냥 확 풀어버리는 것, 아무 이유 없이. 간단히 말하면 주의 제로하면 되죠.

느낌이 올라왔다는 것은 우리의 주의가 무심중에 거기로 쏠렸다는 것입니다. 그리고는 거기서 빠져나오지 못해요.

자, 보세요. 화가 올라왔어요. 그런데 그때 옆집에서 폭탄이 터지면 어떻습니까? 그 화가 온데간데없어지죠? 왜일까요, 주의가 폭탄으로 쏠려갔기 때문입니다. 화에 몰려있던 중요도가 사라지는 것입니다. 이제 내 마음에 올라온 화에는 전혀 아무런 중요성이 없어져 버린 것이지요. 중요하다는 것은 주의가 쏠려있다는 뜻입니다.

내 마음 속에서 올라오는 그 어떤 것에 대해서도 아무 이유 없이 고개를 숙일 수 있는지, 한번 스스로 살펴보십시오. 그것이 자신의 존재가 마음의 현상보다 크다는 걸 확인하는 작업이 되고, 한번 그렇게 하고 두 번 그렇게 하면 점차 무의식적으로 존재가 생각보다 크게 되는 것입니다.

모든 감정적 느낌, 미묘한 밀치고 끌리는 느낌의 밑에는 생각으로 이루어진 스토리가 있기 때문입니다. 우리는 생각에 갇혀 살다가 이렇게 이유 없는 숙임을 연습하면 자신이 그 어떤 생각보다 큰 존재라는 것을 깨닫고 생각에 더 이상 끌려다니지 않게 됩니다.

만약 어떤 이유로 숙인다면 그건 이유가 자기가 되어있는 것입니다. 자기라는 것은 교묘해서 자꾸 옮겨가거든요. 옮겨가서 자기를 만드는 거예요. 그래서 이유 없이 그냥 숙이는 것입니다. 생각으로 없애면 안 돼요, 그러면 생각이 자기가 되어 있는 것입니다.

이유 없이 숙이기와 이유 없는 정성, 이 두 가지를 연습하는 것이 생명력을 발현시키는 중요한 도구가 됩니다. 아시겠죠?

【 연습 2-2 】

- 주의를 거둬들이든 끊든 그냥 느낌을 내려놓는다
- 화난 일을 떠올리며: 내 마음에서 올라오는 어떤 것에 대해서 아무 이유 없이 숙이기. 숙인다는 뜻을 가지고 숙인다면, 어떤 이유를 가지고 숙인다면 그것은 숙이는 것이 아니고 이유에 내준 것이다. 아무 이유 없이, 이것저것 생각하지 않고, 1초 안에 그냥 숙여버리기.

어떤 마음이 올라왔을 때, 특히 마음에 걸리는 일이 생기거나 불편, 분노, 두려움 등이 올라왔을 때 이유 없이 숙여버리는 것입니다. 그러면 내 마음에서 올라오는 것들에 대해 내 존재는 그것보다 커지게 된다고 말할 수 있습니다.

무엇이 커지는 것이 아니라 마음의 현상들, '마음의 현상'을 '현상'으로 볼 수 있는 힘이 생겨나게 됩니다. 그러면서 마음에서 올라오는 그 어떤 것들에 대해서도 마음의 에너지가 머물지 않게 되고, 그것이 되면 바로 마음 속 어떤 것에도 머물지 않게 된다는 것입니다. 마음을 숙인다는 것은 그런 것입니다. 지금 올라온 마음에 머무는 에너지를 그냥 움직여보는 것이지요.

《금강경》에 '머묾 없이 마음을 내어 쓰라'고 한 것이 그런 의미입니다. 내 마음에 '하기 싫어', '짜증'과 같은 어떤 현상이 올라오면 그냥 탁 내려놓고 할 일을 해보는 것입니다.

'하기 싫어'가 올라왔을 때 그곳에 '에너지가 머물면' 그것이 힘을 발휘하고 그것이 '내'가 되는 것입니다. 그 순간에 숙일 수 있다면, '내가 없다'라는 것은 바로 그런 것입니다. 내 마음에서 올라오는 그 어떤 것들에 대해서도 '주인삼지 않는 것'입니다.

잘 생각해보면 여러분의 마음은 수시로 바뀝니다. 매번 바뀌죠. 어떤 때 이런 생각이 내 주인이 되어 있다가 다음 순간 누가 설득을 하면 '그래, 그럴 것 같아' 하고 다른 생각이 내 주인이 됩니다. 매 순간 자기 주인은 바뀌고 있어요. 마음의 내용이 바뀐다는 말입니다.

그런데 어떻게 나라고 느껴지게 되느냐 하면, '저 사람은 내가 아니고 이쪽이 나야'라는 어떤 '주체감' 때문입니다. 마음의 내용은 끊임없이 바뀝니다. 그러나 이 몸과 주체감은 '그대로 있다'고 느껴지니까, '이것이 나야' 이러고 있는 것입니다.

그래서 마음에서 올라오는 그 어떤 것에 대해서도 이유 없이 숙여보기를 한다면 내 마음의 내용이 만들어내는 현상으로부터 자유로워지게 됩니다. 그런데 집에서 혼자 할 때는 그것이 좀 힘듭니다. 왜냐하면 다른 사람이 연습을 시켜주는 게 아니므로 내 마음에서 올라오는 생각을 이유 없이 내려놓기가 쉽지 않습니다. 무슨 행동을 하려고 의자에서 앉아 있다가 일어나려고 할 때 '아, 숙여야지' 하고 그 생각을 없애버리면 그 행동이 안 일어날 것 아니에요? 그럼 해야 하는 행동을 하지 못하겠지요. 그러므로 이 연습은 주로 부정적인 감정이 올라올 때 연습해보세요. 두려움, 화, 짜증이 올라올 때 이유 없이 숙여보는 것입니다. 짜증이 나면 그것을 풀려고 하지 말고 그냥 이유 없이 숙여보는 것입니다.

【 연습 2-3 】 나는 모른다

최근에 만난 한 사람을 떠올리며: "나는 지금 그와 왜 만났는지 그 이유를 모른다. 그리고 이 만남이 어떻게 전개되어 나갈지 모른다"라고 해보라. 그리고 그 속으로 깊이 느껴 들어가보라.

그 모름 속에 신비가 있고 힘이 나오고 에너지가 생겨날 것이다. 모름 속에서 움직여가기, 이것이 에너지의 원천이다. 이 다음 순간 무슨 일이 벌어질지 나는 전혀 알 수가 없다.

모른다는 느낌이 있고 신비라는 것이 있어요. 심원한 미지의 상태 속에 가 있는 것입니다. '안다'와 반대되는 상대적인 '모른다'에 가 있을 때는 답답함이 있지만, 신비함의 절대적 '모른다' 속에 있을 때는 아주 광대함이 있습니다.

옆에 있는 사람과 짝이 되어서 마주보세요. 마주보고 눈을 감고 두 손을 잡으세요. 두 사람이 손을 마주 잡고 눈을 감고 이렇게 제가 하는 말을 속으로 되뇌어 봅니다.

'오늘 이 사람과의 만남이 앞으로 나의 삶에 어떤 놀라운 일을 불러일

으킬지 나는 알지 못한다.'

손잡은 느낌 속에서, 알지 못할 미지의 깊은 느낌 속으로 깊숙이 들어가 봅니다. 여러분 삶에서 지금 앞에 있는 사람이 어떤 놀라운 역할을 하게 될지는 아무도 알 수 없어요. 지금 단순히 만나고 헤어질 그런 관계가 아니라, 언젠가 또다시 만나서 무슨 일이 벌어질지 알 수 없어요. 그가 내 삶에 어떤 귀한 역할을 할 수 있는 거고 놀라운 도약을, 계기를 심어줄 수 있을지도 모르죠. 그렇게 생각하면서 모름 속으로 깊숙이 들어가 봅니다.

눈을 감고 편안하게 떠올려보세요. 여러분 주위의 사람들, 여기 말고 여러분이 관계 맺고 있는 사람들, 친한 사람 한 사람을 떠올려 봅니다. 떠오르면 손을 들어 표시하세요.

그 사람을 만난 것이 앞으로 내 인생에서, 내 삶에서 지금 현재의 느낌과 상관없이 어떤 귀한 일을 일어나게 할지 모른다, 라고 생각해보세요. 그리고 그 모름의 무한 속으로 깊이 들어가 느껴봅니다.

그들을 만난 것이 내 삶을 어떻게 꽃피울지 또 내가 그들을 어떻게 꽃피울지 알 수 없습니다. 그것이 점차 점차 더 깊은, 물 밑에서 알지 못할 작업이 일어나고 있다, 그리고 나는 그것을 모른다, 라고 해보세요. 그때 마음에 어떤 느낌이 드는지 살펴봅니다.

가까이 있는 내 친한 그 사람이, 나는 그저 친하고 좋다고만 여겼는데 그것보다 더 깊은 흐름 속에서는 내가 알지 못하는 작업이 일어나고 있습니다. 그리고 나는 그것을 모른다, 라고 해보세요.

그 무한한 깊이에서 일어나고 있는 일들, 그 무한한 심해의 일렁임을 나는 모른다, 라고 해봅니다.

지금 무슨 일이 일어나고 있는지, 저 시간과 공간을 포괄한 위치에서 조감하지 않는 한, 우리는 알 수 없습니다. 나는 표면의 출렁거림만 알 뿐입니다.

전체는 나에게 어떤 귀한 일이 일어나게 하려고 그들을 내 인생으로 들어오게 했을까요? 그런 생각을 하며 '나는 그것을 모른다'라고 해보세요.

'무슨 깨우침과 어떤 사랑을 내게 보여주려고 그들을 내게 보내주었을까'라고 생각해보는 것입니다. 그리고 '나는 그것을 모른다'라고 해보세요.

'내가 그를 만난 것이 또는 그를 통해서 무슨 일이 벌어지려고 하는지 나는 알 수 없다. 내 삶을 어떻게 바꾸고 영향을 미칠지 나는 알 수 없다. 내 삶이 어떻게 전개되어 갈지 나는 알 수 없다. 그러나 저 깊은 심층에서는 어떤 알지 못할 우주적인 흐름이, 작업이 진행되고 있다. 그러나 나는 알 수 없다.'라고 해보세요.

우리의 삶이 너무 느리게 진행되다 보니까 가까이 있는 그 사람을 다 아는 것 같고 그와 나 사이에 변화가 없는 것 같지만 사실 조금만 삶의 필름을 빨리 돌린다면 아마 커다란 변화, 지금은 알지 못할 미지의 일이 진행되고 있다는 걸 알 수도 있을 것입니다.

그러나 삶이 너무도 천천히 진행되니까 그것을 알아채지 못하는 것입니다. 가까이 있는 그 사람, 나는 그를 통해 내 삶이 어떻게 진행될지 알 수 없다, 라고 해보는 것입니다.

그렇게 바로 그 모름 속에, 모르는 일들 한가운데 내가 서 있음을 느껴보세요. 이렇게 우리의 일상은 그 깊은 모름에 뿌리를 두고 표면의 출렁거림이 일어나고 있을 뿐입니다.

그 표면에 너무 초점을 맞추지 말고 깊은 신비, 그 무한의 모름에 뿌리를 박고 살아가도록 해보세요. 어떤 느낌이나 통찰이 있으면 잘 기억해놓거나 기록해두세요. 와 닿는 게 있으면 언제든지 그 느낌을 기록해두세요.

【 연습 2-4 】 모름의 신비

- 눈을 감고 '지금 이 자리에서 무슨 일이 일어날지 나는 모른다. 무슨 큰 일이 벌어질지, 내 앞으로의 인생에 어떤 큰 계기가 될 일이 벌어질지 모른다'라고 해본다.
- "나는 오늘 이 자리, 이순간, 이 많은 사람들과 함께한 만남이 내게 무슨 일이 일어나게 할지 모른다. 앞으로 이것이 어떻게 전개되어갈지 모른다"라고 해본다.
- 그리고 한번 느껴보라. 그 모름 속으로 깊이 들어가보라. 모름 속으로 젖어들어가라. 모름이 자기 전 존재의 핵심이 되게 하라. 모름을 회복하라!

이번에는 다시 눈을 감고 여러분이 최근에 만나서 관계를 맺기 시작한 한 사람을 떠올려보세요. 인상 깊은 사람도 좋고, 가볍게 새로운 사람이어도 좋습니다.

그 사람을 만난 것이 내 삶에, 그와 내가 관계 맺는 삶에 어떤 귀한 일이 벌어질지 나는 모른다, 라고 해봅니다. 그와 나 사이에 어떤 놀라운 일들이 벌어질지 그리고 지금 현재 벌어지고 있는지, 그 일이 이미 시작되었고 그것이 어떻게 흘러갈지 나는 모른다, 라고 해봅니다.

그때 마음에서 어떤 변화가 일어나는지 지켜보면서 최근에 관계 맺은 그 사람을 만난 것이 내 삶에 어떤 귀한 일이 일어나게 하려고 그를 내 인생 안으로 들어오게 했을까, 그것을 나는 모른다, 라고 해봅니다.

어떤 깨우침과 사랑을 내게 보여주려고 그를 내게 보내주었을까, 라고 해봅니다. 내가 그를 만난 것이 그 속에서 무슨 일이 벌어질지 나는 알지 못합니다. 어떻게 내 삶에 영향을 미치고 방향을 바꿀지 알 수 없다고 되뇌어 봅니다.

그를 통해 내 삶이 어떻게 전개되어갈지 나는 진정으로 알 수 없습니다. 그러나 그 삶은 이미 시작되어 흐르고 있습니다. 그 흐름은 알지 못할 깊은 신비를 느껴봅니다.

【 연습 2-5 】

여러분 주변을 둘러싸고 있는 사람들을 생각해본다.

- 친한 사람,
- 최근에 만나 관계를 맺기 시작한 사람,
- 오래도록 관계를 맺어온 사람
- 그들 하나하나를 떠올려보고, '그들을 만난 것이 앞으로 내 인생에서, 내 삶에서 어떤 귀한 일을 벌어지게 할지 모른다'라고 해보라.
- 그리고 그 모름 속으로 깊이 들어가 느껴보라. '그들을 만난 것이 어떻게 꽃피어날지 알 수 없다. 점차 점차 물밑에서 작업이 일어나고 있다. 그것을 나는 모른다.'라고 해보라. 그때 마음에는 무슨 일이 일어나는가?

눈을 감고 오랫동안 관계를 맺어온 한 사람을 떠올려봅니다. 오랫동안 관계를 맺어온 사람이 한 명이라도 떠오르면 손을 들어 표시합니다. 여러 사람이라도 좋습니다.

한 사람 한 사람씩 떠올려 볼 거예요. 먼저 한 사람을 떠올리고 되뇌어 봅니다.

그 사람을 만난 것이 내 삶에서 어떤 귀한 일이 벌어지게 할지 모른다, 그리고 그 모름 속으로 깊이 들어가 느껴보고 그들을 만난 것이 어떻게 꽃피어날지 알 수 없다고 해봅니다.

그것은 점차 더 깊은 물밑에서 작업이 일어나고 있다, 그것을 나는 모른다, 라고 해봅니다. 기회를 주어 감사합니다, 라고 해봅니다. 그리고 깊은 감사로 들어가봅니다.

여러분들이 지금까지 살아오면서 경험한 '가장 깊은 감사'의 느낌을 불러내어 바로 그 사람에게 그 감사의 느낌을 사용해서 깊이 들어가 봅니다.

【 연습 2–6 】

- 이들을 내게 보내주어서 감사합니다.
- 이들을 통해 내 속의 어떤 꽃이 피어날지 모르지만 아름다운 꽃을 예비해주어서 감사합니다.
- 그리고 깊은 감사로 들어간다.

그리고 그 알지 못할 내 속의 씨앗이 그들을 통해 꽃피워질 것임에 대해 감사해봅니다.

생명력

마음은 미묘한 생각에 영향을 받습니다. 할 일도 없고, 문제도 없는 삶에 무의식의 미묘한 생각은 하루의 느낌을 일으킵니다. 그 미묘한 생각들에 관심을 기울이며 관찰하던 어느날, 매일 아침에 눈을 뜨면 '아무것도 필요없어, 늘 그렇고 그래' 라는 생각이 끼어들고 있다는 것이 발견되었습니다. 그리고 그것을 '의식'하자, 그동안 아침마다 밀려오던 허무함이 가라앉았습니다. 의식 저변에서 활동하던 미묘한 생각들이 표면의식에 허무함을 일으키고 있었던 것입니다.

그러자 마음에는 균형을 잡으려는 흐름이 일어나며, 자연스레 일련의 사건들이 스쳐지나갔습니다. 첫번째는 사랑하는 사람들에게 깊은 정성을 기울이고 진정하게 관심을 기울이고 있는 모습, 거기서 오는 기쁨과 떨림들입니다. 두 번째는 목공 일이나 어떤 일에 몰입할 때 그 후에 일어나는 투명함과 상쾌함이 떠올랐습니다.

【 연습 2-7 】 한 사람을 떠올리며:

사람들을 만난 것은 내가 알지 못할 신비 과정의 일부이다.

- 내가 아는 것이 무엇이겠는가?
- 우주의 저 미소한 부분을 내가 어찌 알겠는가?
- 우주의 거대한 부분이 어떻게 작용하고 돌아가는지 내가 어떻게 알겠는가?
- 인간관계의 미묘한 부분이 어떤 만남과 결과를 가져올지 내 어찌 알겠는가?

- 내가 아는 것은 오직 내가 모른다는 것뿐이다.
- 내가 아는 것은 모두 감지일 뿐 진정으로 돌아가는 것은 알지 못한다.
- 그러한 인과 연의 세계가 만나 내가 알지 못할 뿌리 속에서 솟아나는 본질의 외침이 꽃피어날 것이다.
    - 지금 이 순간 그 모름이 꽃피어나고 있다. 그 신비가! 놀랍고 전율이 일어나지 않는가?

【 연습 2-8 】 즐기되 늘 멈출 줄 알라: 기분좋은 일을 떠올리며

- 기분좋음을 즐기되 항상 그 후유증이 있음을 잊지 말고 너무 추구하지 말라. 기분좋음 뒤에는 항상 아쉬움, 허전함, 갈망과 같은 것이 뒤따른다. 그것이 우주적 법칙이다.
- 물웅덩이가 생기면 물이 그곳을 채우려한다.
- 기분좋음을 느낀 후 그 기분좋음이 떠나간 뒤의 마음은 늘 그 비어버린 물웅덩이와 같아서 마음은 관성적으로 그것을 채우려하게 되고 안채워지면 불만족과 허전함이 찾아오게되는 것이다.
- 일상의 마음이, 기분좋음이 있기 전, 그 처음으로 돌아갈 수 있다면 그에게 허전함과 지루함은 없다.
- 그래서 중용이 필요하다. 즐기되 늘 멈출 줄 알라. 그러면 함정에 빠지지 않으리.

【 연습 2-9 】 사소한 일에 정성을 기울이며:

- 정성과 관심, 그것이 생명력의 원천이다.
- 이유없이 정성을 기울이는 과정에서,
    - 힘이 완전히 빠졌을 때 그때 한발 더 나아가라. 그것이 생명력을 발

견하고 터득하는 길이다.

• 어떻게 한발 더 나아갈 것인가?

【 연습 2-10 】 암벽등반의 어려운 코스를 넘어가기

어려운 고비, 항상 넘어지는 지점에서 잠시 마음을 쉬어가며 안전하게 느끼는 방식을 취해 '어려움'이라는 흔적을 지우라 – 암벽등반의 사례

● 실내 암장에서 항상 떨어지는 지점이 오면 무의식적으로 몸에 힘이 빠진다. 그때는 어려운 홀더를 잡지말고 그 부분은 그냥 몇번 잡지 않고 쉽게 지나가라. 그후 그 앞에 서도 힘이 빠지지 않게 되면 다시 그 홀더를 시도하라.

우리가 무언가를 앞에 두고 어려워하다가 마침내 힘이 완전히 빠진다는 것은 못하겠다는 것입니다. 그때 못하겠다는 마음을 잠깐 내려놓고 거기서 한 발만 더 갈 수 있으면 나의 한계를 넘어가게 됩니다. 내 안에 내가 한계지어 놓은 것이 분명히 있거든요. '더 이상 안 되겠어' 그럴 때 한 발 더 가면 한계를 넘어가게 됩니다.

실내 암벽등반 훈련을 예로 들면, 15미터 높이의 암장을 올라가다가 손이 덜덜 떨리고 더 이상 잡을 수가 없는 때가 옵니다. 그런데 코치가 계속 올라가라고 합니다. 그때 어떤 사람은 두려워서 거기서 그만두고 내려옵니다. 그러나 마음이 포기하지 않는 사람은 그때 한 발 더 나아갑니다. 그렇게 한 발 더 가면, 한 손 더 내밀면, 힘이 없기 때문에 못 잡고 밑으로 떨어질 수도 있습니다.

그렇게 떨어지는 것, 그것이 진정 한계에 봉착한 때입니다. 그때는 마음에서 포기하여 떨어지는 것이 아니라 몸에 정말 힘이 없어 떨어지

는 것입니다.

이렇게 포기에는 두 가지가 있습니다. 마음의 포기와 몸의 포기입니다. 손에 힘이 없어 저절로 떨어질 때는 마음이 포기하지 않았을 때입니다. 그가 떨어지기는 했지만 마음이 포기하지 않는 상태, 그럴 때 우리는 '나'라는 한계를 넘어가게 됩니다.

물론 실내 암벽장에서는 밑에 안전판이 있어서 떨어져도 괜찮아요. 그래도 실내 암벽 훈련을 할 때 보면 두렵습니다. 30초 정도만 잡고 있으면 힘이 다 빠져요. 물론 손을 털고 잠시 쉬면 힘이 생기지만 가파른 암벽에서 한 손으로 지속적으로 바위를 잡고 머무르면 즉시 한계에 다다르게 됩니다. 우리 손의 악력握力이 30초 이상은 잡고 있을 수가 없어요. 손의 힘이 아무리 세도 말이지요. 이렇게 암벽홀드를 잡고서 손에 체중을 싣고 30초만 있다 보면 힘이 다 빠지고 맙니다. 그때 한 번 더 손을 내밀어 붙잡으려는 뜻을 가지면, '할 수 없다'고 내 스스로 한계지은 것으로부터 넘어갈 수 있다는 말입니다.

그것이 자기라는 한계를 넘어가는 방법입니다. 이렇게 자기라는 한계를 한 번만 넘어가보면, 의식적으로 한 번 넘어가 보면, 점차 한계 없는 생명력이 터득됩니다. 자기라는 한계는 생명력을 틀지어 놓은 울타리에요. '난 안 돼'라는 그 말은 마음이 힘드니까 안 된다고 하는 것입니다. 마음이 거기에 '안 돼'라고 틀지어 놨어요. 이 틀지어 놓은 '안 돼'를 한 번만 깨트리고 나오면 생명력이 뭔지, 한계지어지지 않음이 뭔지 언뜻 잠시나마 맛볼 수 있습니다. 힘들고 어려울 때 한 발 더 나아가는 것, 그것이 바로 생명력을 터득하는 일상에서의 일입니다.

두번째, 처음 실내 암장에를 갔는데 좌우 20미터 정도를 왕복할 줄 알게 되면 이제 좀 어려운 코스를 시킵니다. 이 코스에서 중간쯤 갔을 때 내 실력으로는 어려운 홀더를 잡아야 하는 때가 있었습니다. 이 홀더 앞에서 매번 떨어지니 이제는 잡기도 전에 그 앞에 서면 몸과 팔에 힘이 빠지고 잡는 것이 두려워졌습니다. 잡을 때마다 떨어졌기 때문입니다. 그래서 방법을 찾다가 다음번 그 앞에 섰을 때는 그냥 쉬운 홀더를 잡고 지나갔습니다. 그렇게 몇번 쉽게 지나가니 이제 그 앞에 서도 몸에 힘이 빠지지 않았습니다. 그래서 다시 원래의 그 어려운 홀더를 시도하니 잡을 수 있었습니다. 이때 쉽게 잡을 수 있었던 것은 연습하는 과정에서 손에 악력이 생기기도 했고, 그 앞에서 쉽게 몇번 지나갔기에 두려움이 없어져 몸에 힘이 빠지지 않게 되었기 때문입니다. 이렇게 두려움이 느껴지는 어려운 상황에서는 쉽게 할 수 있는 것을 통해 그냥 지나갈 필요가 있습니다. 그래서 무의식적 두려움이 없어지면 자신의 최대의 능력을 다시 발휘할 수 있게 될 것입니다. 이것이 어려운 코스를 넘어가는 한 방법입니다.

일상에서도 이 방법을 사용해보십시오. 그러나 포기하지는 마십시오.

【 연습 2-11 】

- 미래를 생각할 때 암울하거나 지루하다?
- 미래란 마음속 허구이다. 그것을 철저히 인식하라. 생명력의 원천은 시간에 구애받지 않는다.
- 오늘도 그저 그런 하루라는 생각에 기반한 느낌은 지루하다. 그 생각이 끼어들지 않고 지금여기를 사는 것.
  - 지금여기 정성을 기울이기, 이것이 생명력의 열쇠
  - '결론에 이르려고 하는 마음', 그것이 정성을 막는다.
    마음은 늘 '완결'지으려는 속성이 있다. 그리고는 다시 움직여가려는 것이다.

- 마음속 저 밑의 작은 움직임마저도 방해 없이 표면까지 이어지면 강력한 힘이 된다.
- 하나의 흐트러짐도 없이 표면으로 나오기.

【 연습 2-12 】 '나'를 확인하기!

- 두려움이 느껴진다면 그것은 '나'를 인정하는 마음이 그 밑바닥에 있기 때문이다. 그것과 연관시켜 느껴보라.
- 그것을 차근차근 되짚어보자. 두렵다는 것은 내가 상처 받을까봐 또는 무언가를 상실할까봐 두려운 것이다. 그런데 그 '나'는 주의 제로하거나 주의에 주의 기울이기 하면 희미해지는 임시적인 존재이다. 그것을 의식해보라.
- 그렇게 되면 이제 온전히 일 자체에만 정성을 기울일 수 있게 되리.

【 연습 2-13 】

- 스칼라를 잊은 벡터는 자기강화로, 벡터를 잊은 수도스칼라pseudo-scalar는 무기공으로 빠진다.
- 모든 벡터들은 더 작은 벡터들로 이루어진다. 그래서 달리다가 멈추면, 거친 벡터는 사라졌지만 우리 몸에는 달리기의 여운이 남는 것처럼 미세한 벡터들이 남아있다. 그것이 업이요, 무의식적인 벡터이다.
- 감사와 사랑에서 에너지량은 벡터의 시작점인 스칼라에 더 많이 가 있으니, 감사와 사랑은 주체가 신이 되어버린 묘한 관계에서 온다. 더 이상 '내'가 주체가 아닌 것이다.

제2장

분리 이전

분리의 세계와 분리 이전의 세계

우리의 현상계는 플러스와 마이너스, 원심력과 구심력, 그리고 빛과 어둠, 기쁨과 슬픔으로 나뉘어 있습니다. 우리가 보는 세계란 그런 모습입니다. 우리가 아닌 다른 생물이나 다른 존재들은 또 다르게 볼 수 있는데, 어쨌든 인간이 보는 세계는 거의 다 둘로 나뉘어 있습니다.

그래서 물리학자들이 기본적으로 말하는 것이 대칭의 세계라는 것입니다. 그런데 대칭의 세계 이전이 있습니다. 동양적인 개념으로 말해보자면, 이 분리의 세계는 음양陰陽의 세계이고, 분리 이전은 음양 이전의 태극太極의 세계라고 할 수 있습니다.

태극에 기반한 분리의 힘을 사용하기, 이것이 오늘의 주제입니다.

분리에서 나오는 힘과 그 한계

우리의 힘이 나오는 것은 대부분 분리되었을 때 나옵니다. 갈등이 있을 때, '너'와 '나'가 있을 때, '내'가 '목표'가 있을 때입니다. 목표가 없을 때는 갈 곳이 없기 때문에 가고자 하는 에너지가 안 나옵니다. 가고 싶은 곳이 없는 사람은 움직일 힘이 안 나겠지요.

그래서 우리가 기본적으로 에너지를 내어 쓰는 양태는 이렇게 분리를 기반으로 합니다.

그런데 일반적인 현상을 넘어, 목표가 없어도 에너지가 나오는 것을 우리는 해보려고 합니다. 목표라는 것은 대부분 자기 이익, 개인적인 욕망, 욕구 이런 것들입니다. 그런데 그 개인적인 욕구라는 것이, 자기는 개인적이라고 생각하지만 사실 그것이 언제부터 자기 개인적인 욕구였겠어요?

내가 언제부터 내가 원하는 것을 원했겠습니까? 나도 모르게 내가 원하는 것을 원하게 되었잖아요. 서너 살 때는 지금 원하는 게 없었습니다. 그런데 지금은 생겨났습니다. 그렇다면 내 목표라는 것은 서너 살부터 가지고 태어난 것이 아니라는 것입니다. 자라오면서 주입되거나 환경 속에서 경험 속에서 '이것이 좋다'라고 수용되고 부모님으로부터 신념이 주입되어서 그렇게 내 안에 장착된, 나조차도 뽑지 못할 말뚝과 같은 것이 바로 그 무의식적인 목표입니다.

말뚝에 묶인 코끼리의 비유

그 말뚝에 묶여서 그 반경 안에서 돌고 있었던 것입니다. 그래서 그 반경에 묶여있는 이 말뚝을 뽑고 또 묶여있는 이 끈을 끊어버리게 되면 이제 자유로운데도 이상하게 힘이 없어요.

예를 들면, 코끼리 이야기를 아실 거예요. 20년 동안 말뚝에 코끼리를 묶어놓고 반경 10m 안에서 돌게 만들면 20년 지나서 말뚝을 뽑아버리고 끈을 끊어도 이 코끼리는 그 안에서만 맴돈다고 합니다. 이것이 습관이라는 관성의 힘입니다.

우리가 '알아챔'이나 '관성을 넘어가기'를 통해서 그 말뚝을 뽑고 끈이 끊어지면 자유롭게 무엇이든 할 수 있어야 되는데, 오히려 힘이 안 난다는 데 문제가 있습니다. 자기가 원하는 것이 없으니까 그렇게 됩니다.

그런데 스스로 원하는 것이 없어도 할 일은 많습니다. 정말로 그때부터 에너지가 나올 때거든요. 이제 주변의 불균형이 보이기 시작하기 때문입니다.

분리 이전에 기반한 힘

그래서 제일 처음에 분리에서 생겨나는 힘에 대해서 살펴볼 것이고,

그 다음에 분리를 벗어나 에너지를 쓰는 것이 아니라 분리의 힘을 사용하게 되는 것입니다. 분리에 묶여서 사용하게 되는 것이 아니라, 거기서 자유로워져서 분리의 힘을 사용하게 된다는 거지요.

그래서 분리 이전에 기반한 힘을 발견해야 한다는 것입니다. 우리가 하고 있는 작업이 기본적으로 분리 이전으로 돌아가는 것입니다. 다만 분리 이전의 어린애가 되자는 것이 아니라, 분리이전의 본성을 간직하면서도 '분리에 속박받지 않는' 분리 이후로 가자는 것입니다.

어쨌든 분리 이전이 어떤 세계라는 것, 거기에 기반한 분리의 힘, 이것이 바로 분리 이전에 기반하여 분리의 힘을 쓰는 것으로, 분리로부터 자유로워져서 분리의 힘을 쓸 수 있다는 것입니다.

그래서 먼저 눈에 잘 띄는 물질세계부터 살펴보겠습니다.

원자의 구조와 분리의 원리

원자를 보세요. 이것이 명확한 그림은 아니지만 대충 살펴보면(그림 21), 안에 핵이 있고 주변에 전자가 돌면서 하나의 원자를 구성합니다. 원자는 물질세계를 구성하는 가장 기본적 요소입니다. 그것은 양성자와 중성자로 이루어진 핵과 주변을 도는 전자로 되어있습니다.

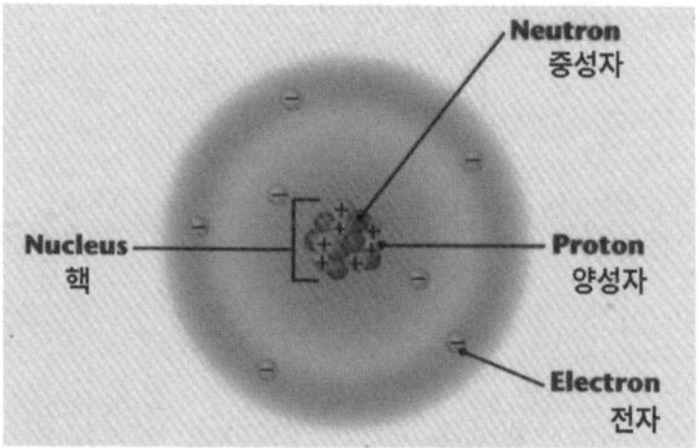

그림21 원자

출처 https://www.sas.upenn.edu/~joyellen/finalchemproject.html

⊕라고 쓰여 있는 것이 프로톤proton, 양성자입니다. 플러스 전하를 띠고 있어요. 뉴트론neutron은 중성자입니다. 예전에는 이 의미를 몰랐는데 소립자가 발견되면서 이 의미를 알게 되었습니다. ⊖는 전자입니다.

이것이 하나의 원자 구성인데, 양성자와 중성자, 양성자는 ⊕, 양성자 사이에 중성자가 있습니다. 옛날에는 이 중성자가 전기를 띠지 않는데 왜 여기에 있을까 생각했어요.

그런데 자세히 보면, 자석도 N극과 N극, S극과 S극은 서로 밀어내죠. N극과 S극, 다른 극이어야만 만나게 됩니다. 이상하게도 핵은, 이 강력한 핵은 ⊕가 여러 개 붙어 있는데 서로 밀치지 않아요. 그걸 사람들이 이상하게 생각해서 양성자 속을 들여다보게 된 것입니다.

양성자와 중성자의 쿼크

양성자를 들여다봤더니 쿼크quark라는 소립자가 발견된 거예요.(그림22) U가 업up, D가 다운down, 위를 향하는 힘을 가진 업쿼크 2개와 아래로 향하는 힘을 가진 다운쿼크 1개가 모여서 프로톤proton이라는 양성자를 만듭니다.

반면에 중성자는 위를 향하는 업쿼크 1개와 아래로 향하는 힘을 가진

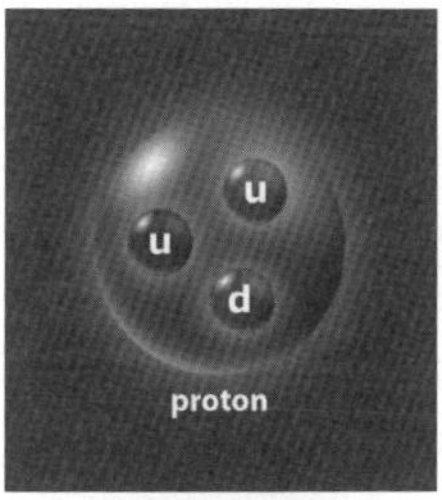

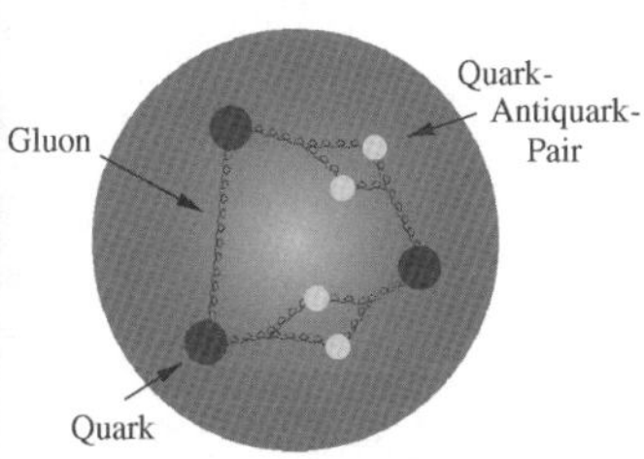

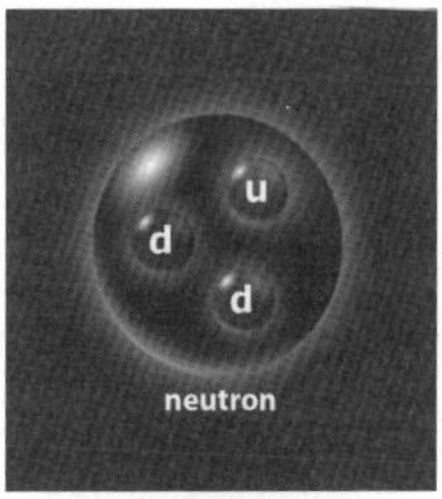

그림22 양성자와 중성자의 쿼크

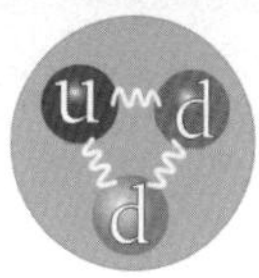

출처 그림22-1 https://vinaire.me/2024/03/24/the-neutron/ 그림22-2 https://bigthink.com/starts-with-a-bang/throwback-thursday-have-we-found-our-last-fundamental-particle/
그림 22-4 https://ko.wikipedia.org/wiki/%ED%8C%8C%EC%9D%BC:Quark_structure_neutron.svg

다운쿼크 2개가 모여서 구성되는데, 중성자와 양성자가 합쳐지면, 업쿼크 3개, 다운쿼크 3개가 되어서 위아래가 서로 짝이 맞죠. 이것도 음양입니다.

그 다음 다운쿼크 하나, 업쿼크 하나 서로 짝이 맞죠. 그래서 서로 꽉 묶여지게 만드는 것입니다. 이렇게 양성자의 ⊕와 ⊕를 서로 못 도망가게 중성자가 가운데서 묶어주고 있었던 것입니다. 이건 내면적인 음양이죠.

음양의 원리와 내면의 변화

주역이나 동양의 음양을 보면 하나의 사물이나 상황이 그저 하나로 존재하지 않는다고 봅니다. 계절을 보면, 봄은 발생의 시기이고, 여름은 다 터져나오니까 모두 양陽인 것 같지만 그 안에 다시 발현될 음陰을 간직하고 커져오는 시기에요. 동양의 태극 원리는 기본적으로 음 안에 양이 있고, 양 안에 음이 있습니다. 그래서 음은 음이 전부가 아니고 양은 양이 전부가 아닌 것입니다.

그에 따르면 남자라고 해서 남자가 전부가 아니라 그 안에 여성성이 있습니다. 여성 안에도 남성성이 있어요. 그래서 40대, 50대가 넘으면 부드러웠던 여자가 강해집니다. 남자를 쥐고 흔들 수 있습니다. 남자는 수다가 많아지죠. 남자는 50대가 넘으면 여자처럼 수다가 많아집니다. 이제 그 이유는 생물학적으로도 밝혀지고 있습니다. 즉, 생리적으로도 남성은 사오십이 넘으면 에스트로겐 같은 여성호르몬이 상대적으로 많아지기 시작하고, 여자들은 테스토스테론 같은 남성 호르몬이 이전보다 상대적으로 많아지게 됩니다. 그래서 투쟁적이 되는 것입니다.

그렇게 우리 안에 남자는 남성만 있는 것이 아니고 여자는 여성만 있는 것이 아니라 서로 섞여 있는데, 물질세계도 그렇게 되어있는 것입니다. 양성자 안에도 중성자 안에도 음양이 다 있다는 말입니다.

소립자의 세계와 힉스 입자

그동안 발견된 모든 소립자들을 정리해 놓은 것을 보겠습니다. 작년에 신의 입자라고 하는 힉스Higgs가 발견되었다고 해서 떠들썩했죠? 그것의 의미를 살펴보겠습니다. 의식적인 측면과 깊은 연관이 있습니다.

이것이(그림23) 발견된 소립자의 전부인데, 제일 아래줄에서 왼쪽부터 6개가 중성미자이고, 그 위 6개가 전자, 그 위 12개가 쿼크입니다. 양성자와 중성자를 연결하는 업쿼크(u), 다운쿼크(d), 참쿼크(c), S쿼크(s), 탑쿼크(t), 바텀쿼크(b), 이렇게 여섯 가지 쿼크가 있는데 이들 쿼크와 전자와 중성미자가 물질적인 세계를 이룹니다.

자, (책상을 만지며) 이렇게 뭔가를 만지면 느낌이 있어요. 느낌이 있다

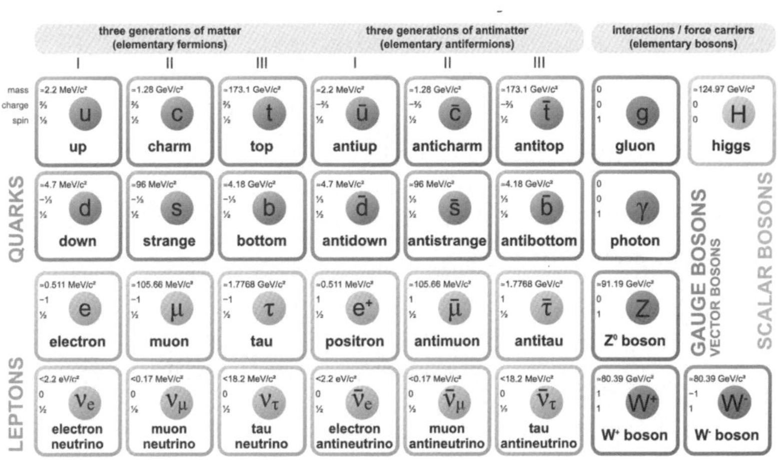

그림23 소립자

출처 https://www.researchgate.net/figure/Families-of-elementary-particles-and-their-field-quanta-The-first-family-includes-the-up_fig6_328102005

는 것은 감각기관이 관계를 맺을 수 있는 어떤 물리적인 실체가 있다는 뜻입니다. 그런 것처럼, 만져서 느낌이 있는 것들은 페르미온fermion이라고 부릅니다.

페르미온 입자인데요, 쿼크와 렙톤lepton 입자 12개와, 또 보손boson 입자가 있습니다. 이 보손은 중성자 속의 업쿼크와 다운쿼크를 서로 이어주는 역할을 합니다.

g가 글루온gluon인데, 글루glue가 본드 같은 것입니다. 글루온은 쿼크와 쿼크를 이어주는 역할을 합니다. 이 페르미온을 서로 이어주고 작용하게 하는 것이 보손이고, 힉스 입자는 놀랍게도 이 모든 것이 질량을 갖게 해주는 역할을 합니다.

힉스 입자의 특별한 성질

이것이 무슨 의미냐 하면 이렇습니다. 이 방 안에 있는 모든 것을 끌어냅니다. 다 끌어낼 수 있습니다. 큰 것에서부터 작은 것까지, 먼지까지 끌어낼 수 있어요. 그러면 텅 빈 공간이 남겠지요.

하지만 절대로 끌어낼 수 없는 게 바로 힉스 입자라는 것입니다. 끌어낼 수 없다는 말은 힉스 입자가 진공 자체를 구성하고 있다는 말입니다. 페르미온이나 보손은 공간에서 끌어낼 수 있어요. 완전 진공이 되면 없앨 수 있어요. 하지만 힉스 입자는 없앨 수 없습니다. 힉스는 진공 자체입니다.

그런데도 입자라고 합니다. 이상하지 않습니까? 입자라는 것이 뭡니까? 여기 있으면 저기에는 없다는 뜻입니다. 이런 입자는 예를 들어 컵과 같아서, 컵이 여기 있으면 저기에는 이 컵이 없습니다. 여기도 있고 여기도 있다면 그것은 입자가 아닙니다. 그것은 파동이라고 합니다. 온

전체에 널리 퍼질 수 있는 것이니까.

하나의 장소에 여러 개가 있을 수 있다면 그것은 입자가 아니라 파동입니다. 모든 장소에 똑같은 입자가 있을 수 있다면 그것은 입자가 아니라 파동인 것입니다. 그러니까 입자라는 것은 일정한 시간대에 일정한 장소에 독립적으로 고립되어 존재하는 것입니다.

그런데도 공간을 이루는 근본을 힉스 입자라고 합니다. 이것은 입자이면서 장field이에요. 힉스 입자에 대해 간단히 설명해보겠습니다.

힉스 입자(신의 입자)

아원자입자라는 것은 원자 이하의 입자입니다. 원자보다 작은 입자는 소립자죠. 조금 전에 말한 것들이 아원자입자에요. 이것이 전부가 아닙니다. 프리온이라고 하는 입자 이전의 것을 얘기하고 있는 사람들도 생겨나고 있는데 힉스 입자에 대해서 살펴보겠습니다.

'안다'는 것의 한계

기본적으로 힉스 이전의 쿼크나 렙톤 같은 아원자 입자의 모든 것을 우리는 알아낼 수 없습니다. '안다'는 것은 이미 그 아원자 입자 외의 것에 대해서는 눈감는 것이기 때문입니다.

'컵을 본다'는 것을 가지고 해보지요. '컵을 본다'는 것은 컵과 컵 아닌 것을 나눠서 컵만을 본다는 뜻입니다. 그러니까 여러분이 컵을 안다거나 컵을 본다는 것은 컵 아닌 것에 대해 눈을 감는다는 뜻입니다. 컵 아닌 것은 모르게 된다는 뜻입니다. '나'를 보는 순간 나 아닌 다른 사람은 안 보이는 것입니다. 이것이 우리가 '안다/본다'라고 하는 것의 의미입니다.

관계 속에서만 존재하는 입자들

그런데 아원자의 세계로 가면 그런 것이 불가능하다는 말입니다. 왜냐하면 안다는 것은 이미 하나의 아원자 입자 외에 대해서는 눈을 감는 것인데, 놀랍게도 아원자 입자들은 개별적으로 존재하지 않기 때문입니다.

잠시 후에 양자 얽힘에 대해서 살펴볼 텐데 그것들은 다른 것과의 관계 속에서만 존재합니다. 예를 들면, 돋보기로 햇볕을 모아 포커스를 만들면 광자들이 멀리 퍼져있다가 모입니다. 모여서 하나의 입자처럼 보입니다. 포커스가 잡힌 강렬한 빛이 됩니다. 우리 눈으로 보기에는 포커스가 하나의 점처럼 보여요.

그런데 돋보기를 치우면 그냥 안 보이고 널리 퍼져버립니다. 광자들로 가득 차버립니다. 돋보기로 포커스를 맞춘 그 점은 우리 눈에는 입자처럼 보이지만 그 포커스로서의 입자는 다른 것과의 관계 속에 있는 입자인 것이지 다른 것과 따로 있는 것이 아니라는 것입니다. 이것은 양자얽힘에 대해 얘기해야 충분히 이해되는데 나중에 이야기하도록 하겠습니다.

네트워크와 같은 입자들

어쨌든 이렇게 다른 것과의 관계 속에서 존재하는 것이기 때문에 햇빛의 포커스를 맞춘 점과 같이 다른 모든 광자들과 얽혀 있다는 것입니다. 즉, 네트워크 같다는 것입니다.

그래서 이것은 파도와 같고, 그물과 같아서 이쪽이 흔들리면 저 끝도 같이 흔들리기 때문에 입자라고 할 수가 없는데, 또 입자의 성격을 갖고 있습니다.

의식과 개인성의 관계

그래서 사람으로 예를 들면 이렇습니다. 나는 개인적인 특성이 있어요, 그런데 우리가 전체주의全體注意(깨어있기 용어. 주의를 사방 전체에 보내는 '깨어있기'의 연습 중 하나)를 하면 개인으로서의 '나'라는 느낌은 사라지고 맙니다. 그것은 그 사람이 개인을 의식하면 개인이지만, 동시에 개인에 대한 주의집중만 풀어버리면 그 개인은 우리의 의식에서 전체의식의 장으로 사라지고 만다는 뜻입니다.

그와 같이 주의집중을 풀어버리면 나라는 개인성이 느껴지지 않고, 개인성이 사라질 때 우리는 장場이 됩니다. 전체와 하나가 됩니다. 그래서 의식수련 중에 이런 일이 발생하면 '나'는 사라지고 전체가 되었다는 경험, 또는 그것이 깊어지면 우주와 하나가 되었다, 우아일체, 범아일여라고 하는 것입니다.

이때는 내 개인적인 이득, 내 개인적인 불편이나 아픈 마음 이런 것들과, 상대방이 정말 잘나 보이고 잔인해 보이는, 이런 개별적인 느낌들은 의식의 장에서 사라지고 맙니다. 그 의식이 잊혀져 버리면, 순수한 의식의 장 속에서 모든 것이 하나가 되어버립니다. 그것이 바로 장場이라는 것입니다.

힉스 입자의 형성 과정

신의 입자라고도 불리는 힉스Higgs 입자를 예를 들어 보겠습니다. 힉

스 입자를 설명하는 물리학자들의 그림입니다.(그림24)

사람들이 모여있는 방에 누군가 와서 루머를 퍼트립니다. "아주 놀라운 누가 온대", 그 루머를 에너지라고 하겠습니다. 그 루머를 믿는 사람들, 귀가 솔깃한 사람들이 생겨납니다. 그리고는 믿는 사람들이 생겨서 말 많은 사람들이 이렇게 모입니다. 말 많은 사람들이 모이면 뭉치죠? 뭉치면서 이 공간에서 하나의 덩어리처럼 작용하기 시작합니다. 이걸 입자화한다고 합니다. 햇빛을 돋보기로 포커스 맞추는 것과 같습니다.

그림24-1. 사람들이 가득한 방(힉스장)에 관심가질 만한 루머(에너지)를 퍼뜨린다.

그림24-2. 루머가 충분히 흥미롭다면 (힉스장이 충분히 들뜰 만한 에너지라면) 사람들은 뭉치게 된다(힉스 입자가 만들어진다).

출처 https://www.nature.com/articles/nature06079

그래서 물리학적으로 에너지를 투입하면 들뜨는 현상이 일어나는데, 아주 강력한 에너지를 투입해야 합니다. 스위스 제네바에 있는 강입자가속기LHC에 아주 강력한 에너지를 쏟아부어 힉스 입자를 발견하려고 했던 실험이 바로 그것입니다.

여기勵起와 들뜸

여기서 에너지를 퍼트린다는 것은 바로 강에너지를 쏟아 붓는 것이고, 그러면 그 에너지를 타고 여기勵起 · excitation되는 것입니다. 즉 들뜬다는 것이지요. 사람들에게 '내일 무슨 일이 있을 거야, 기분 좋은 일이 있어'라고 퍼트리면 '내일 소풍가는 거야?' 하면서 기분이 들뜨게 되는 것과 같습니다.

이렇게 힉스 입자를 들뜨게 하기 위해서 아주 강한 에너지가 필요하다는 것입니다. 그래서 강입자가속기를 쓴 건데, 루머가 흥미로우면, 즉 힉스 장이 충분히 들뜨게 된 에너지라면 사람들이 뭉치는 것처럼 힉스 입자가 만들어진다는 말입니다.

힉스는 원래 장인데 이렇게 에너지가 투입되면 입자화합니다. 이것이 바로 힉스는 입자이면서 동시에 장이라는 말의 의미입니다.

힉스 입자의 특성

힉스는 우리가 생각하는 물질이 아닙니다. 이것은 이론이 아니라 실제로 실험을 해서 발견해낸 것입니다. 특성이 모여져서 하나의 덩어리처럼 쓰이는 것입니다. 양자도 마찬가지입니다. 소립자는 모두 양자量子입니다. 실제 입자들이 아닙니다. 에너지 덩어리라고 보시면 됩니다.

에너지 덩어리는 서로를 묶고 있던 인연의 고리가 끊어져 언제든지 펼쳐져 버리면 그냥 사라지게 됩니다. 양자 세계에서는 끊임없이 빠르게 입자가 생겨났다 사라졌다 하고 있습니다.

특히 양성자 같은 경우는 에너지가 뭉쳐서 특정한 관성, 일정한 패턴대로 그런 움직임을 보이는 것입니다. 일종의 관성慣性이고, 특정한 운동상태를 유지하고 있는 것일 뿐입니다. '존재'라는 것은 에너지적 관성이지, 특별한 물리적인 실체라고 볼 수 없습니다. 에너지 패턴의 관성입니다.

힉스 입자도 마찬가지인데 양자와 달리 더 근본적인 입자라는 이유는, 힉스 입자는 흐트러지지 않는다는 것입니다. 아직 힉스라는 것에 대해서 정확히 아는 사람은 없습니다. 그냥 이론이지만 가장 잘 맞아떨어지는 이론이고 실험을 했을 때 거기에 부합되는 것입니다. 이것을 설명하는 이유는 우리의 내면과 유사한 점이 있기 때문입니다.

부분이 전체와 맺는 관계

아까 우리가 컵을 보려고 하면 컵이 아닌 것은 보지 않게 된다고 했습니다. 이것을(그림 25) 과학자들의 집단이라고 한다면, 여기에 아인슈타인이 들어옵니다. 그러자 사람들이 '아인슈타인이야!' 하면서 몰려듭니다. 그러면서 힉스 입자가 뭉치죠. 뭉치니까 아인슈타인이 움직이기가 힘들어지며 거기에 저항이 생깁니다. 그것이 바로 질량입니다.

물리학에서는 질량을 그렇게 정의합니다. 이 컵의 질량이 이렇게 있는 이유는 힉스 입자가 많이 달라붙어서 그렇다고 설명하는 거지요. 그래서 무게가 나가기 때문에 움직이기가 힘듭니다.

질량이라는 것을 간단히 말하면 저항력입니다. 움직이기 싫어하는 특성, 움직일 수가 없는 것입니다. 그것이 힉스 입자 때문이라는 것입니다. 모든 소립자가 어떤 특성, 질량을 가지는 이유는 힉스 입자가 이런 데 들러붙어 있기 때문이라는 것입니다.

쿼크와 질량

아까 본 업쿼크도 마찬가지입니다. 업쿼크에도 아주 미세한 질량이 있는데, 이 질량만큼 여기에 힉스 입자가 달라붙어 있다고 보면 됩니다.

이것은 설명하기 위해서 하는 말이고 사실은 에너지 덩어리라고 보면 됩니다. 아주 근사近似한 설명, 에너지 덩어리라는 말도 오해가 많은

데 에너지는 사실 실체가 없는 것이기 때문입니다. 그럼 도대체 에너지 덩어리라는 것은 뭐냐는 거죠? 실체가 없는데. 이건 굉장히 미묘한 문제입니다. 여러분들이 한 번 생각해보세요.

소립자의 형성과 질량

그래서 일반적인 쿼크나 렙톤 같은 소립자들은 아인슈타인이 들어왔을 때 거기에 관심이 있는 사람들이 뭉쳐서, 아인슈타인을 움직이지 못하게 하는, 이런 것이 덩어리로 만들어질 때 이것을 소립자라고 합니다. 그리고 이때 질량이 생기는 것입니다. 이것이 현대 최첨단 물리학에서 말하는 질량의 의미입니다.

전체와 연결된 존재

이 입자들을 보면 힉스 입자들이 언제든지 와서 달라붙고 또 여기는 빠져나갈 수도 있고 다른 사람들이 달라붙을 수도 있어요. 이것이 지금 전체의 장에 하나로 연결되어 있는 중입니다. 그래서 보통 일반적인 특성이나 패턴을 유지하고 있는 상태입니다. 똑같은 것이 아닙니다.

빙산의 비유

예를 들면, 여러분이 북극이나 남극에 가면 빙산이 있어요. 빙산의 모습이 늘 그런 것 같죠? 그 빙산이 수억 년 동안 녹지 않고 그대로 있는 것 같지만 사실은 늘 녹았다 얼기를 반복합니다. 다만 비슷한 패턴으로 녹았다 얼기 때문에 우리의 거친 감각 기관에 의하면 늘 그 빙산처럼 보이는 것뿐입니다.

마찬가지로 여기서도(그림25) 우리 눈에는 검은 옷을 입은 사람들이 회색으로 뭉친 사람들과 상관 없는 것 같지만 그렇지 않습니다. 이들이 끊임없이 주고받으면서 이 패턴을 유지하고 있는 것뿐입니다.

그림25-1. 힉스장을 물리학자가 가득 차 있는 방이라고 생각해보자.

출처 https://www.nature.com/articles/nature06079

전체에서 떨어진 부분의 한계

그래서 우리는 이 하나의 입자를 알 수 없다는 것입니다. 하나를 보려고 하면 다른 것들에 대해서 눈감게 되죠? 그렇게 되면 그림 속의 검은 사람들이 회색 사람들과 더 이상 교환이 일어날 수가 없게 되고 그러면서 변동이 생겨 그 자체가 아닌 것이 되어버리는 것입니다.

그림25-2. 아인슈타인(기본입자)이 방에 들어온다. 사람들(힉스장)이 관심을 보인다.

그림25-3. 아인슈타인 주변을 사람들이 둘러싸서 아인슈타인이 이동하기 어렵게 저항을 만든다. 다시 말해, 아인슈타인은 무거운 질량을 갖게 된 것이다.

생물학이나 정통 의학에서 실험할 때 대부분 몸에서 떼어낸 죽은 세포를 가지고 실험합니다. 이것을 보완대체의학자들은 옳지 않다고 보고 있습니다. 왜냐하면, 떼어낸 부분은 더 이상 전체에 붙어 있는 부분이 아니기 때문입니다. 마찬가지입니다. 여기서(그림25-3) 회색 사람들만 떼어내서 고정된 입자로 관찰하고 실험한다면 그것은 원래의 진짜 그 입자가 아니라는 것입니다. 떼어내버리면 검은 사람들과의 교통이 없어져서 원래의 그 입자가 아니라는 것입니다.

독립된 '그것'의 부재

그래서 소립자의 세계는 '그것'이라는 게 없다는 것입니다. 독립되고 고립된 어떤 하나, 우리가 입자라고 여기는 그런 것이 아니라는 거지요. 소립자라는 것은 다른 것과의 연관 관계 속에서만 존재하는 것이며, 하나의 독립된 3인칭으로 '그것'이라고 부르기는 하지만 '그것'의 독립된 전모全貌를 알 수는 없는 것입니다. 즉, 부분이 전체와 연관되어 있다는 것입니다.

다시 말해서 '전체'는 '알 수 없습니다'. 왜냐하면 '안다'는 것은 이미 부분으로 한정하는 활동이기 때문입니다. 바다 한가운데 있다면 파도를 볼 수는 있지만 바다를 볼 수는 없죠. 태평양 한가운데서 태평양을 볼 수는 없습니다.

우리가 우리의 본성을 보려고 하는 것도 그와 유사한 활동입니다. 바다 안에서 바다 전체를 보려고 애쓰고 있는 것입니다. 바다에서 볼 수 있는 것은 바다에서 떨어져 나온 파도뿐입니다. 그래서 전체는 알 수 없다는 거예요. 왜냐하면 안다는 것은 벌써 부분으로 한정하는 활동이기 때문이지요.

생명력과 본질의 현상화

자, 그러면 생명력은 어떻게 드러날까요? 생명력이라고 이름을 붙였지만 사실은 본질이라고 표현하는 것이 더 정확합니다. 본질의 에너지적인 측면을 우리가 생명력이라고 이름붙인 것뿐입니다.

그럼 본질은 어떻게 현상화 할까요? 바로 이 한정된 '부분'이 '전체'와 '관계'를 맺는 과정에서 어떤 모습을 드러내게 됩니다.

존재는 관계다

관계 속에서 존재하는 모든 것들

그것을 물리학자인 헨리 스텝은 '존재는 관계다'라고 말했습니다. 뭔가 존재한다는 것은 관계 맺고 있는 것이라는 겁니다. 이것(한 사물)이 지금 독립적으로 존재하는 것이 아니라 이것을 구성하는 소립자와 입자들이 지금 끊임없이 어떤 특정한 패턴으로 움직이고 있는 것입니다.

원자만 봐도 알죠. 원자는 어떻습니까? 원자는 고정되어 있는 것이 아니에요. 전자가 있다고 그림을 그려놨지만 사실 지금은 전자구름 electron cloud이라고 합니다. 확률로서만 존재하지 전자가 정확히 어디에서 발견되는지는 알 수 없다는 것입니다. 전자가 이 전체 어느 부분에서 발견된 확률이 몇%이다, 이 정도만 얘기할 수 있습니다. 확률적인 공간을 얘기하고 있어요.

그와 같이 우리의 거친 눈에는 이것이 고정 불변의 것처럼 보이지만, 미시세계는 지금 이 순간에도 끊임없는 움직임 속에 있습니다. 끊임없는 움직임 속에 있기 때문에 아이러니하게도 이것이 갱신更新되고 유지되고 있는 것입니다.

우리 눈에는 이 손이 이런 모습으로 보이지만 사실은 이런 모습도 아니지요. 내 손이 이런 진동을 하고 있으니까 이 진동에 반응하고 있는 것뿐입니다.

컵을 이렇게 만지면 매끄럽고 차갑다는 느낌이 나는데 그것은 내 손에만 그렇죠. 36.5℃인 인체한테만 이것이 차갑게 느껴지고, 이 거친 손가락에게만 매끄러운 느낌이 날 뿐입니다. 이 컵은 내 눈에만 이런 모습이지, 절대적인 모습이 이런 것은 아닙니다. 이 컵이 있는지 없는지 사실 나는 몰라요. 다만 내 감각기관에 닿아오는 측면만 파악될 뿐입니다. 그래서 이것의 본질이 뭔지는 아무도 알 수 없어요.

마찬가지로 전자도 원자도 이 본질을 우리는 알 수 없습니다. 단지 관찰하는 측정기기의 한계 안에서 보여진 모습이지요. 그래서 '느낌'이라고 하는 것입니다.

우리가 보는 모든 것은 시각적인 느낌입니다. 내가 손으로 만지는 이 모든 느낌은 촉각적인 느낌입니다. 손으로 만지는 것은 느낌이라고 수긍하면서 눈으로 보는 것은 느낌이라고 인정하지 않습니다. 왜냐하면 눈이 너무 정밀하기 때문입니다.

눈은 다른 감각기관에 비해서 몇 조兆 배 정밀하고, 눈보다 더 정밀한 감각기관이 없기 때문에 눈으로 보는 것은 우리가 사실로 믿는 것입니다. 그래서 'Seeing is believing'(본 대로 믿는다)입니다. 'Believing'(믿는다)이에요. 'Seeing is fact'(본 것이 사실이다)가 아닙니다.

관계를 위해서는 분리되어야 한다

그래서 물질을 끝까지 파고들어간 물리학자인 헨리 스텝은 '존재는 관계다'라고 말한 것입니다. 관계를 맺기 위해서는 분리되어야 합니다. 분리되어 있지 않은 것이 어떻게 관계를 맺겠어요? 내 오른손과 내 오른손이 관계 맺을 수 없죠? 이것들은 그냥 한 손이니까 말입니다. 이 오른손과 저 왼손만이 관계 맺을 수 있겠죠. 이렇게 관계라는 것은 최소한 일시적으로, 임시적으로라도 분리되어 있어야 합니다. 그래서 인간적인 사랑은 분리감이 있어야 되는 것입니다.

너무 딱 붙어서 모든 걸 내 것처럼 여기면 그때부터 그 관계는 깨지기 쉽습니다. 더 이상 관계 맺을 수가 없습니다. 적절한 거리감이 있을 때 두 사람은 관계 맺을 수 있습니다. 인간적인 사랑을 넘어선 사랑은 좀 다르지만, 인간적인 사랑은 항상 적절한 거리가 있어야 되는 것입니다. 여러분이 누군가와 좋은 관계를 맺으려면 그 사람의 모든 것을 알려고 하면 안 됩니다. 그럼 그때 관계가 깨져요.

존재는 관성이고 힘이다

존재는 관성이고 힘입니다. 존재는 특정한 패턴이 관성적으로 그 움직임을 일정시간 지속하는 것입니다. 이 컵은 1000년 지나면 없어지겠죠. 자, 지금부터 1000년 동안 카메라로 찍은 다음, 그 영상을 10초 안에 돌렸다고 생각해보세요. 그러면 컵이 나타나지도 않을 것입니다. 우리의 시간대에, 우리 감각기관의 속도에 이것이 맞으니까 이것이 존재하는 것처럼 보이는 것뿐입니다.

마찬가지로 존재는 어떤 감각 기관에 특정한 공간과 특정한 시간만큼 움직이는 패턴을 유지하고 있는 것을 존재라고 해요. 그래서 존재란 관성이고, 유지되는 힘인 것입니다.

관성이라는 것은 뭡니까? 하던 일을 그대로 하는 힘이지요. 이 컵은 고정된 모습으로 정지된 것이 아니라 소립자 차원에서 똑같은 패턴으로 움직이고 있는 거예요. 10분 전이나 지금이나 이 컵을 구성하는 원자들이 이 모습을 그대로 유지하면서 운동하고 있는 것입니다.

존재는 특정한 패턴이 관성적으로 움직임을 지속하는 것이라고 볼 수 있어요. 그것이 우리에게 와 닿는 존재의 진정한 의미입니다. 따라서 존재란 관성을 가진 것이고 관성은 변화와 움직임에 저항하는 힘입니다. 계속해서 달려가던 힘, 버스가 그 힘으로 달려가다가 브레이크를 밟으면, 그 안에 타고 있던 사람이 앞으로 쏠리는 것이 관성이지요.

내가 막 달려가고 있는데 누군가 앞에서 막으면, 답답함이 느껴집니다. 여러분의 가슴 속에서 답답함이 느껴진다면 마음속에 무엇을 향해 가고 있던 의식의 움직임이 누군가에 의해서, 어떤 생각에 의해서, 어떤 사건에 의해서 막아졌단 뜻입니다. 그러므로 별것 아닙니다. 그냥 거기서 힘을 뺄 수만 있다면 답답함은 즉시 사라지고 맙니다. 관성을 빼버리는 것입니다. 관성이 남아있기 때문에 답답함이 느껴지는 것일 뿐입니다. 관성은 변화와 움직임에 대해서 저항하는 힘입니다.

그래서 관성이 센 사람은 존재가 강력하겠죠? 그런 사람은 변화를 싫어하고 움직임에 더 강하게 저항합니다. 사회적으로 보면 보수, 기득권, 이런 사람들은 자기가 그동안 취득한 이 힘을 깨트리고 싶지 않은 거예요. 관성이 강하게 있는 것입니다. 그래서 신진세력, 정도전, 신진사대부한테 강한 반발을 받는 것입니다. 고려 말, 이인임이 보수적인 관성의 대변자입니다. 움직임에 저항하는 거예요. 그렇게 유지하고자 하는 힘은 또한 다른 움직임을 일으키기도 합니다. 자기를 유지하기 위해서 다른 것들을 움직이죠.

느낌의 세계

'존재는 관계'라고 했습니다. 그리고 느낌은 관계 속에서 오는 것입니다. 손과 컵과의 관계 속에 느낌이 있죠? 그렇게 '느낌'은 '존재'합니다. 손으로 컵을 만지면 매끄럽고 따뜻한 느낌이 있어요. 그 느낌은 이 둘이 만나지 않으면 생겨나지 않습니다.

우리가 보는 것은 다 시각적인 느낌이고, 우리가 만지는 것은 다 촉각적인 느낌이라고 했습니다. 실제로 우리는 사물 자체를 만지고 보는 것이 아니라 감각기관과의 만남의 느낌을 보고 듣는 것입니다. 그 느낌은 내 자신의 세계입니다. 내 감각기관이 받아들인 느낌입니다.

내가 경험한 세계는 다 내 감각기관에 와 닿은 느낌의 세계입니다. 여러분들이 살고 있는 세계는 사실fact의 세계가 아니라 여러분의 감각기관이 받아들인 느낌의 세계라는 것을 철저히 인식하고 통찰해내야 합니다. 그러면 그렇게 울고 웃는 일이 없어집니다. 느낌은 실체가 아니기 때문입니다.

바로 이 점이 대승기신론과 조론에서 말하는 상相의 세계이며, 용수의 중론이 상의 개념을 중시하는 이유입니다. 진정한 지혜인 반야는 상을 넘어선 중도를 깨친다는 것입니다.

모든 관계 속에서 느낌 또는 감각기관의 작용이 일어나는 것입니다. 우리의 의식이라는 것은 기본적으로 이 느낌의 시뮬레이션 세계 속에서 작동하고 있습니다. 그것은 즉, 감각의 세계가 마음의 상으로 자리 잡은 세계입니다.

마음의 상이 뭡니까? 마음의 상相을 왜 이미지 상象으로 쓰지 않고 서로 상相으로 쓸까요? 모든 상은 의타적依他的이어서 그렇습니다. 다른 것에 의존합니다. 이 파란색 마카펜이 여러분에게 느껴지기 위해서는 흰색 화이트보드가 필요합니다. 화이트보드가 만약 파란색 칠판이라면 이 파란색 글씨가 안 보일 것입니다.

여러분의 마음속에 꽉막힌 답답함이 느껴진다면, 그 답답함 밑바닥에는 여러분이 옛날에 경험했던 탁 트인 시원함이 함께 있는 것입니다. 시원함이 없다면 답답함을 답답함으로 느낄 수 없습니다.

그것이 바로 느낌의 세계는 마음의 상相으로 자리 잡았고, 마음의 상은 그래서 서로가 서로에게 의존한다는 말입니다. 이 파란색은 하얀색에 의존한다는 말입니다. 그것이 서로 상相 자를 쓰는 이유예요, 마음의 상. 따라서 상대적인 세계이기도 한 것입니다.

모든 느낌의 세계는 상대적인 세계입니다. 목욕탕에 가면 다 경험할 것입니다. 열탕에 들어가 있다가 온탕에 들어가면 시원합니다. 냉탕에 있다가 온탕에 들어가면 뜨겁거나 따뜻합니다. 똑같은 온탕인데 왜 어떨 때는 시원하고 어떨 때는 뜨겁게 느껴지는 것입니까? 내가 기준삼고 있는 온도가 달라졌기 때문입니다. 열탕에 들어가면 몸이 40℃로 바뀌었어요. 그러다 온탕 20℃에 들어가면 굉장히 시원하게 느껴지죠. 냉탕 5℃에 한참 들어가 있으면 몸은 5℃에 가까워집니다. 그러다가 20℃ 온탕에 들어가면 뜨겁게 느껴지는 것입니다.

이렇게 내가 가지고 있는 내적인 기준이 무엇이냐에 따라서 똑같은 사람도 싫게 느껴지고 좋게 느껴지는 것입니다. 느낌이라는 것은 관계 속에서 일어나는 일입니다. 느낌도 일종의 존재인 것입니다. 느낌은 금방 나타났다 금방 사라지는 임시적인 존재 현상입니다.

그래서 자신이 느낌의 세계에서 살아간다는 것을 실감나게 하기 위해서 우리는 감지(깨어있기 용어) 연습을 합니다. 감지 연습은 아무리 많이 해도 지나치지 않아요. 열심히 하면 내가 살아가는 이 세계가 '느낌의 세계'라는 것이 분명해지고, 분명해지면 느낌의 세계에 울고 웃고 하는 것이 가벼워집니다. 자기가 만들어낸 느낌이니까요. 물론 자기라는 것도 허상이지만 말입니다.

생명력과 에너지의 발현

생명력은 이렇게 관계 속에서 오는데 생명력은 미묘한 덩어리, 즉 부분이 전체와 관계 맺는 과정에서 발현되는 모습입니다. 왜 미묘한 덩어리라고 하느냐면 힉스 입자처럼 장場이기도 하고, 뭉쳐지면 입자이기도 하기 때문입니다.

덩어리가 아닐 수도 있습니다. 미묘한 장이기도 하니까요. 그래서 미묘한 덩어리 또는 미묘한 장, 그것이 입자이든 자아이든, 우리는 일상에서 자아를 고정된 입자처럼 느끼고 '이 사람과 나는 달라' 하고 개별적인 입자처럼 느끼는데, 삼매로 들어가거나 순수주의로 들어가거나 투명한 주의, 전체주의로 들어가면 입자성이 흐려지거나 없어집니다.

그렇기 때문에 의식은 또한 장場이기도 한 것입니다. 의식은 장이면서 동시에 '나'라는 것에 아주 강력하게 주의가 쏠려서 뭉치면 입자화합니다. 개별성이 강해지는 것입니다. 의식은 입자이면서 장field이라고 하는 이유가, 자기한테만 초점이 맞춰지면 그것은 입자화된 의식이고 전체에 주의가 쏟아져 들어간다면 그 사람은 장으로 존재하는, 의식의 장으로 존재하는 사람이 되기 때문입니다.

그래서 잠시 입자화한, 덩어리화한 그것을 말하는데, 그것이 전체와 관계 맺는 과정에서 발현되는 모습이 바로 에너지, 생명력의 발현입니다.

그 관계를 분리된 상태에서만 맺을 수 있을까요? 그렇지 않습니다. 분리 이전과 그것을 바탕으로 하는 분리의 관계맺음도 있을 수 있다는 것입니다. 우리는 기본적으로 분리를 통해서만 관계를 맺어왔는데, 오늘은 분리 이전 바탕의 자리에 기반을 둔 관계맺음을 살펴보려 합니다.

양극성과 에너지의 흐름

강한 생명력은 늘 쌍으로 나타납니다. 너와 나가 강하게 달라야 해요. 내가 한 사람에게 적대적일 때 어떻습니까? 그와 나 사이에 강한 긴장이 생겨납니다. 에너지가 팽팽히 존재해 있다는 뜻입니다.

그러다가 적대감이 없어지고 풀어지면 긴장감이 사라집니다. 동시에 에너지도 별로 없어집니다. 평화스럽다는 것은 에너지가 없는 것이기도 합니다. 에너지가 가라앉고 가벼워지는 것입니다. 그러다 사람이 화가 나면 주먹 쥐고 일어섭니다. 다시 평화로워지면 드러눕습니다.

강한 생명력은 쌍으로 나타난 극성 사이에서 그 양극성이 강해질 때 에너지의 흐름이 강렬해지면서 나타납니다. 우리나라는 현재 경제적으로 양극화가 심해져서 사회적으로 큰 분란이 일어나고 있습니다. 이쪽 극과 저쪽 극 사이의 간격이 멀어질수록, 극성이 강해질수록 그 사이에 강한 긴장과 열감이 일어납니다.

누구는 하루 일하고 천만 원을 버는데 누구는 오천 원을 벌면 오천 원을 버는 사람은 화가 나겠지요. 물론 거기에는 이유가 있습니다. 자기가 들인 노력의 차이도 있을 것이고, 물려받은 재산의 차이도 있을 것이며, 따르는 운의 차이도 있을 것입니다. 그것은 인정할 수 있습니다. 그러나 그 차이는 균형 잡힌 극성이어야 된다는 것입니다. 그 극성이 너무 터무니없이 커질 때, 극성 간에 강한 긴장감이 생겨납니다.

음양의 원리와 우주의 균형

물리세계에서 모든 입자는 쌍으로 나타나고, 또 동시에 각각의 입자는 반입자를 가지고 있습니다. 아까 봤던 전자가 −를 띠고 있다고 생각하지만 +를 띠고 있는 양전자도 있습니다. 모든 입자는 태어날 때 그

쌍을 가지고 태어납니다. 전자는 양전자를, 업쿼크는 다운쿼크를, 양성자는 전자를 함께 동반합니다.

그런 현상을 전반적으로 말해 동양에서는 음과 양이라고 했습니다. 음과 양은 항상 동시에 태어납니다. 양만 따로 존재하거나 음만 따로 존재하는 것은 없습니다. 빛이 있으면 항상 그림자가 있습니다. 기쁨이 있으면 분노와 슬픔이 같이 옵니다.

그래서 그리스 철학자 헤라클레이토스는 '오르막은 곧 내리막이다'라고 했어요. 평지에 사는 사람이 10m 올라갔으면 잠시 있다가 10m 내려와야 합니다. 그래서 오르막 자체가 내리막과 다르지 않다는 얘기를 하는 것입니다.

이렇게 음양으로 나눠진 곳에서 끊임없이 에너지가 생겨나고, 그 음양이 적절히 조화될 때 에너지가 조화롭게 쓰입니다. 지구가 구심력이라는 음과 원심력이라는 양의 균형 속에서 존재하는 것과 같습니다.

지구 중심을 향해 쏟아져 들어가는 것이 구심력求心力입니다. 우리가 서 있을 수 있는, 우리가 무언가를 떨어뜨리면 떨어지는 이유가 지구 중심을 향해서 끌어당기는 만유인력이 있기 때문입니다. 그것이 구심력입니다. 중심을 향해서 끌어당기는 힘, 응축하는 힘, 모든 걸 끌어당겨서 '나'로 삼으려는 힘입니다.

우리의 마음도 똑같습니다. 모든 걸 끌어당겨서 '나'라고 여기려는 힘, '이것은 다 내거야'라고 하는 소유욕, 이런 것이 구심력입니다. 소유욕이 없는 사람은 이 현상계에 뭔가를 만들어내지 못해요. 소유욕이 없는 사람은 현상계에 어떤 것도 만들어내지 못하고 스스로도 유지하지 못합니다.

그러나 소유욕으로만 가득한 사람은 또한 블랙홀처럼 응축되어 사라지고 말지요. 돈 잔뜩 벌어서 자기는 쓰지도 못하고 밭에만 묻어두고 먹는 건 김치 한 쪽 먹고 살다가 병들어 죽는다면, 이것 역시 조화로운 것은 아닙니다.

그런데 구심력만 있다면 지구가 이렇게 돌지 못합니다. 움직이려 하고 밖으로 뻗어나가는 힘인 원심력遠心力이 있기 때문에 지구는 태양 주위를 돌면서 지구상의 모든 생명에게 따뜻한 태양빛으로 살게 해줍니다. 이렇게 구심력과 원심력이 합쳐져서 지구가 온전하게 유지되는 것이고, 이것이 바로 지구가 음과 양의 균형 속에 존재하고 있다는 것입니다.

진정한 균형의 원리

그런데 음과 양이 꼭 같은 것이 균형은 아닙니다. 음성이 어느 정도 더 강해야 존재가 형상화됩니다. 지구의 구심력과 원심력이 50:50이라 해봅시다. 구심력 50%, 원심력 50%로 완전한 균형이라면, 내가 발로 바닥을 치는 순간 구심력이 세지겠죠? 그러면 응축되어서 블랙홀로 사라져버릴 거예요.

하지만 그렇게 똑같은 균형은 잡히지 않습니다. 현재 지구의 구심력과 원심력은 70:30 정도로 잡혀져 있습니다. 그것을 어떻게 아느냐 하면, 우리의 인체 대사량을 보면 알 수 있습니다. 인체는 음식 에너지의 70%를 스스로를 유지하는 데 쓰고 나머지 30%를 활동하는 데 씁니다. 하루 권장 섭취량 2500kcal, 기초대사량 1800kcal, $2500 \times 0.7 = 1750$kcal 정도입니다.

그와 같이 모든 존재는 구심력을 더 갖추도록 자연이 구성해놓았어요. 그래서 모든 존재는 구심력을 통해 늘 뭉쳐져 있는 힘을 간직하고 있습니다. 음성이라고 해서 무조건 응축하려는 쪽으로 행동하지 않습니다. 그런 움직이지 않는 힘이 있고 또 다른 움직이는 힘이 있어서 '현상'으로 존재하게 되는 것입니다.

그러한 적절한 균형이 있을 때 지구는 온전하게 유지되면서 활동을 영위할 수 있는데, 그 균형이 깨져버리면 양극화 현상으로 인해 에너지는 크게 생길지 모르지만, 폭발해버리거나 블랙홀로 빠져들어 현상계에서 사라지게 됩니다. '현상'이라는 것이 사라지게 되는 것입니다.

그러나 이 양극성은 음양 이전에 바탕을 둘 때 아주 흔들리지 않는 절대적인 균형을 이루게 됩니다. 그것은 우리 의식 현상에서도 마찬가지입니다. 우리 의식은 '나'와 '대상'으로 나뉘어 그 양극성의 일부인 '주체'가 중심이 될 때는 크게 흔들리지만, 그 밑바닥에 자리한 태극의식을 바탕 삼을 때는 전혀 '흔들리지 않는' 움직임으로 작용하게 됩니다.

의식현상 자체는 '흔들림'입니다. 그러나 그 배경에 있는 '흔들리지 않는' 본성에 뿌리를 둘 때 조화로운 균형이 늘 자리 잡게 되는 것입니다.

에너지 생성

이제 나타나 있는 고정적인 것 말고 움직이는 유동적인 것을 살펴보겠습니다. 두 개의 확장하는 나선형 흐름의 상호 연결성입니다.

지금 현상계를 잘 살펴보면 이런 나선형의 흐름들이 굉장히 많습니다. 머리에 가마가 나선으로 움직이고 있습니다. 손가락의 지문도 나선형이고 앵무조개, 은하가 나선형이고 태양계도 사실 타원의 나선형입니다. 나선형의 회전이 하나의 완결된 세계를 만듭니다.

물방울을 보세요. 물방울이 바다의 평평한 물로 있을 때는 자기가 없어요. 하지만 하나로 떨어져나와 있을 때는 동그랗게 됩니다. 구球, 원형을 만들어요. 이것이 개별성을 이루는 모습입니다. 이렇게 회전을 통해 하나의 완결된 개별성의 모습을 띠게 됩니다.

물론 더 큰 입장에서 보면 그 개별성이 독립적인 것은 아닙니다. 태양계 자체로 보면 독립적으로 존재하는 것 같지만, 태양계는 또 다른 은하의 일부로서 돌아가고 있기 때문에 완전히 독립적인 것은 아닙니다. 그러나 태양계가 독립성을 지니고 있다는 것은 그것이 원형을 이루고 있다는 측면에서 보입니다. 완결된 한 측면을 가져야만 개별성을 이룰 수 있습니다.

우리의 뇌는 끊임없이 완결을 지으려고 합니다. 그것의 가장 큰 특성이 뭘까요? 바로 '알고 싶다'는 것입니다. 모르면 두려움이 일어납니다. 왜 그럴까요? '나'는 개별적으로 알고 싶어 하며 그러면 안정감을 느낍니다. 알게 되면 더 이상 에너지를 쏟아부어 생각을 하지 않아도 되기 때문입니다. 에너지가 더 이상 쓰이지 않습니다. 그러나 모르면, 끊임없이 알려고 하고 두려워하게 됩니다. 보통 캄캄하면 두려움이 생깁니다. 그것은 앞에 무엇이 있는지 모르기 때문입니다. 불이 켜져 있으면 두려움이 없습니다. 그것은 무슨 일이 일어날지 알기 때문입니다. 앎이 일어나면 우리는 편안함을 느낍니다. 움직임의 세계에서 회전이 일어나는 것은 그와같이 완결지으려는 특성 중의 하나입니다.

그런데 소립자의 세계 역시 끊임없는 움직임의 세계라고 했습니다. 그 미세한 세계로 가면 갈수록 원형의, 나선형의 흐름을 띠고 있습니다. 우주가 그렇고 은하가 그렇고, 지구가 그런 움직임을 하고 있고, 우리 자신도 아침에 일어나서 하루 세끼 밥 먹고 활동하고 밤에 자는 리듬을 반복하고 있다는 측면에서 그렇습니다. 리듬의 반복, 이것이 하나의 원형圓形입니다. 하나의 완결성인 것입니다.

이런 반복 없이 매일 매일 새로운 생활이라고 해보세요. 그러면 에너지가 너무 들고 지쳐서 못 살게 될 것입니다. 완결되어 있는 앎의 세계 속에 있기 때문에 최소한의 에너지로 살아갈 수 있는 것입니다.

음과 양의 흐름

소립자도 마찬가지입니다. 소립자에는 스핀 양자수라는 것이 있습니다. 물론 그 스핀이 정확히 물리적인 회전을 의미하는 것은 아닙니다. 소립자는 부피를 가지지 않는 점點으로 여겨지기 때문입니다. 회전 방향의 차이가 가지는 구별성으로 인해 그렇게 이름 붙여진 것인데, 어쨌든 그렇게 소립자에도 회전의 측면이 있고, 그 회전의 모습은 거시적인 우주 만물에도 가득합니다.

그래서 그것을 동양의 현인들은 확장하는 나선형, 폭발하고 커져가고 넓어지는 양적인 회전과, 축소하고 작아지고 응축하고 끌어들이는 수축하는 음적인 회전으로 나눠서 음양이라고 이름 붙였습니다. 음은 수축하고 모이고 응축하는 흐름이고, 양은 치솟아오르며 폭발하고 커지고 확대하며 분주하게 움직이는 흐름입니다.

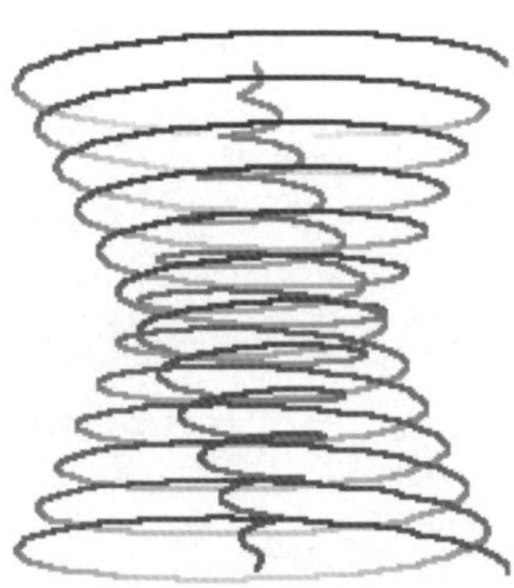

그림26

출처 https://mytok.blog/2023/08/18/platos-divided-line-and-the-golden-mean/

우주는 탄생할 때 음양이라는 두가지 특성으로 탄생된 것입니다. 이 두 가지 특성이 서로 밀고 당기고 긴장감을 가지고 끌어안고 섞이면서 에너지를 발생시키는 것입니다. 이것이 음양과 태극의 의미입니다.

음양의 순환

오스트리아의 산림감시원이었던 빅터 샤우버거는 물의 흐름에서 그런 우주적인 이치를 꿰뚫어보고 잘 설명해냈습니다. 이 사람이 물의 흐름을 관찰했더니 물굽이가 나선형으로 커졌다가 다시 작아지기를 반복하더라는 것입니다.

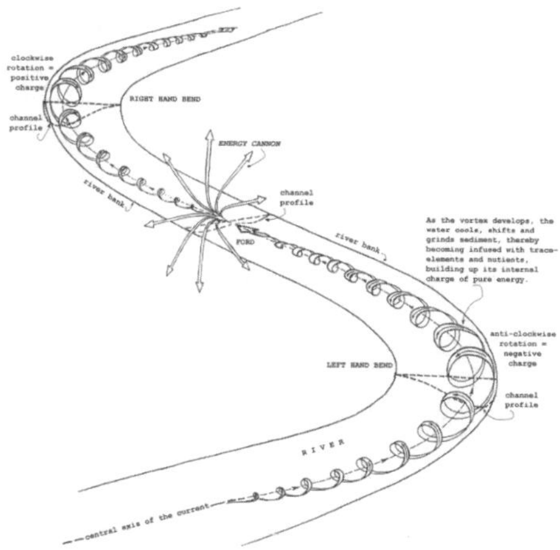

그림27 물의 흐름에서 본 음양의 순환

출처:《살아있는 에너지》(콜럼 코츠 저, 유상구 역, 양문, 1998) 235쪽

주역의 가장 기본적인 원칙이 무엇일까요? 일음일양지위도一陰一陽之謂道, 즉 한 번 양陽하고 한 번 음陰한 것이 도道의 흐름이라고 했습니다. 만상이 흐르는 것은 한 번은 양, 한 번은 음의 반복이라는 것입니다.

이 물의 흐름을 보세요(그림27). 확대되고 커져가는 양의 흐름, 축소되고 작아져가는 음의 흐름, 다시 확대되는 양의 흐름, 축소되는 음의 흐름이 반복되고 있습니다. 물의 흐름에서 샤우버거는 이런 것들을 발견했습니다. 또한 음양의 흐름이 겹쳐져 있지 않고 이렇게 순차적으로 일어나는 모습을 보이고 있습니다.

소용돌이가 생기는 원리

물이 소용돌이를 만드는 형상을 보면 이렇습니다(그림28). 컵에 물을 가득 채우면 아무리 열심히 저어도 소용돌이가 생기지 않습니다. 소용돌이가 생기려면 컵 속의 물줄기가 최소한 두 개 이상으로 나눠져야 합니다. 그리고 두 개의 물줄기로 나뉘기 위해서는 둘 사이에 공간이 필요합니다. 그런데 물을 가득 채워버리면 공간이 없어 소용돌이가 생기지 않는 것입니다. 반면, 물을 살짝 덜 채워서 돌리면 소용돌이가 생깁니다. 그 빈 공간이 물을 두 개로 나눌 수 있는 여유가 되어주기 때문입니다.

그와 같이 사람 간에도 두 사람 사이에 사랑이 있으려면 공간이 필요합니다. 공간이 없어지면 더 이상 사랑을 주고받을 둘이 사라지기 때문에 그렇게 되면 싸우고 멀어져 공간을 만들게 되는 것입니다. 이런 원리를 아는 현자들은, 너무 상대의 모든 것을 알려고 하지 말라고 합니다. 그렇게 상대를 내 것처럼 만들려고 하면 도리어 관계가 깨지므로 적당한 심리적 공간을 만들라는 것입니다.

샤우버거의 발견: 내파와 외파

어쨌든 이 물과 같은 물질의 흐름에도 음양이 있는 것입니다. 이것을 입체적으로 살펴보면 보통 강물이나 바다에 있는 소용돌이는 위에서 바라보면 물이 이렇게 아래로 흐릅니다(그림28 위). 그러나 저 깊숙한 곳에서 위로 치솟아 올라오는 흐름도 있습니다(그림28 아래). 이것이 샤우버거가 발견한 것입니다.

그는 어느 날 언덕에 앉아서 저 아래 물웅덩이를 보고 있었습니다. 산으로부터 물이 콸콸 내려오고 그 흐름에 떠밀려 함께 내려온 나무조각들, 커다란 통나무, 쓰레기 등이 웅덩이에 모이더니 어느 순간 소용돌이를 형성하면서 가운데로 다 모였어요. 그것은 안으로 수축하는 소용돌이, 음성적인 소용돌이였습니다. 이 음성적인 소용돌이가 모든 것을 물 속으로 다 끌고 들어갔습니다. 나무토막들이 안으로 다 빨려 들어갔어요.

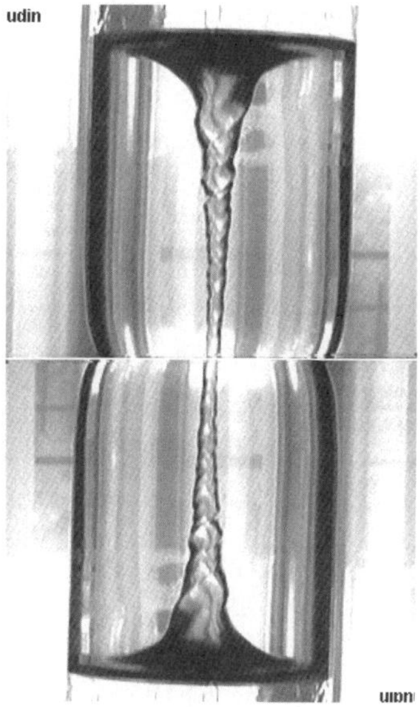

그림28 위: 보이는 물소용돌이

그림28 아래: 보이지 않는 에너지 소용돌이. 응축된 에너지가 폭발하는 내파적 에너지 소용돌이

소용돌이를 구성하는 물 자체는 사실 움직임이 없습니다. 왜냐하면 파동이기 때문입니다. 파동이 하는 일은 정보와 에너지를 옆으로 전달하는 것입니다. 경기장에 가면 응원하는 사람들이 파도타기를 합니다. 이때 양적인 흐름을 옆으로 전달하는 것은 사람이 움직여 가서가 아니라 한 사람이 일어났다 앉고 이후 다음 사람이 똑같이 일어났다 앉으면서 그 흐름이 이어집니다. 그렇게 이 파도가 전달됩니다. 그러나 사람은 움직이지 않습니다. 그와 같이 물도 파도칠 때 스스로는 움직이지 않아요. 위아래로 진동하며 그저 파동만 전달합니다.

그 음성적인 파동이 어디로 가나 보았더니 여기 떠 있던 나무토막들을 다 가라앉히는 데 쓰이는 것이었습니다. 그렇게 모두 가라앉히자 물은 이제 고요해졌습니다. 샤우버거는 '아, 이제 다 끝났구나.' 생각했어요. 그런데 놀랍게도 다음 순간 바로 이 고요한 중심에서 폭발하듯 우레와 같은 소리를 내면서 나무토막들이 솟아오르는 것이었습니다.

그때 샤우버거는 최초로 하나의 원리를 발견해냅니다. '아, 저 음성적인 에너지가 사라진 게 아니라 응축하고 있었구나, 이것이 더 이상 응축할 수 없을 정도로 강렬해지니까 폭발시켜서 터져나오는 것이구나.'

여기서 그는 내파內破 이론을 정립합니다. 외부로 폭발시켜 에너지를 얻는 외파外破가 아니라 내부로 응축하여 에너지를 얻는 내파에너지가 여기서 나오게 되는 것입니다. 그렇게 그는 음성적인 나선과 양성적인 나선을 발견하게 됩니다.

환형 자기장의 비밀

이것을 입체화해서 그 속에서 들여다보면 이렇게 됩니다(그림29-1). 이것을 겉에서 보면 도넛형이 됩니다(그림29-2). 지구와 똑같이 생겼지요. 지구 자기장의 자력선이 이렇게 형성되어 있습니다(그림30-1). 이것을 입체라고 생각해보세요. 이 자력선이 사방팔방으로 펴져 나온다면 이렇게 될 것입니다(그림30-2). 지구 자기장의 모습입니다. 지구는 도넛형, 환형의 자기장 속에 있습니다.

그런데 사실 우측 그림은 인체의 전자기장 그림입니다(그림30-2).

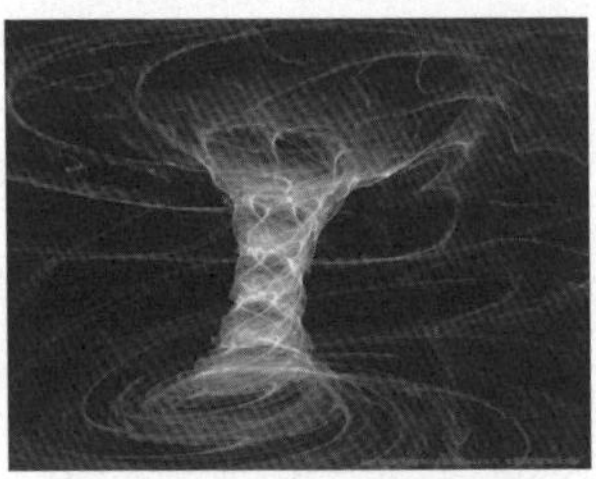

그림29-1 흐름의 내부

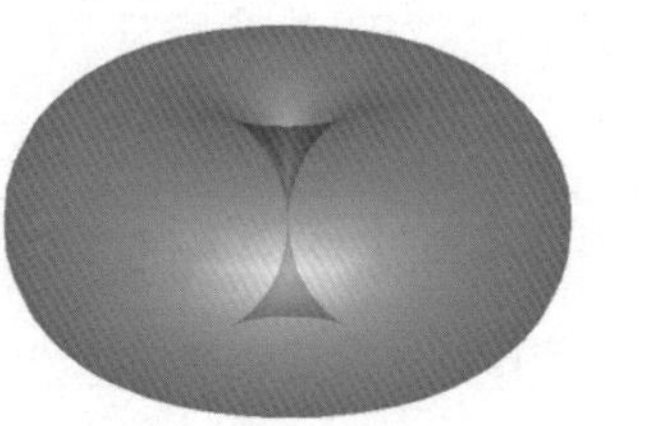

그림29-2 흐름의 외부

인체도 심장의 전자기장을 측정했더니 사랑과 감사의 느낌 속에 있을 때 이런 모습을 보였습니다. 분노와 좌절과 공포 속에 있을 때는 이렇게 고른 모습을 보이지 않고 거칠고 깨진 형상을 띠게 됩니다. 심장의 심전도를 측정하고 또 이 주변에 흐르는 전자기장을 측정했더니 인체 1m에서 2m까지 이런 장이 형성된다고 합니다.

이 에너지장이 있다는 것을 여성들은 쉽게 체험합니다. 생리주기가 달라도 같이 생활을 한 달 이상 하면 각자가 가지고 있는 에너지 리듬이 이 장이 강한 사람한테로 통합되어 버립니다. 공명하여 하나가 됩니다. 즉, 생리주기가 같아집니다. 아마 많은 분들이 경험해보셨을 것입니다. 생리주기는 일종의 리듬이고 이 리듬이 에너지 장에 영향을 받는데, 에너지 강한 사람한테 약한 사람이 공명되어 같아지는 것입니다.

예를 들어 바다에 커다란 해일이 있다고 생각해보세요. 해일이 밀려오면 해변에 있던 작은 파도들은 그 위세에 그냥 딸려가게 됩니다. 공명현상은 그런 현상과 비슷합니다. 그리고 그 에너지장 형태를 보면 심장도 지구도 다 이런 환형을 이루고 있다는 것입니다.

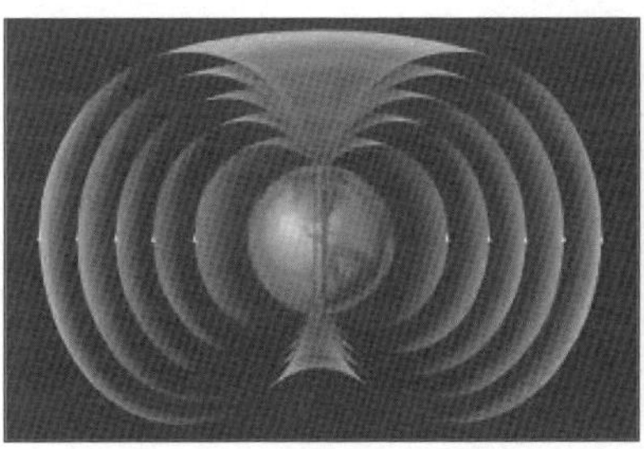

그림30-1 환형環形 자기장 속의 지구

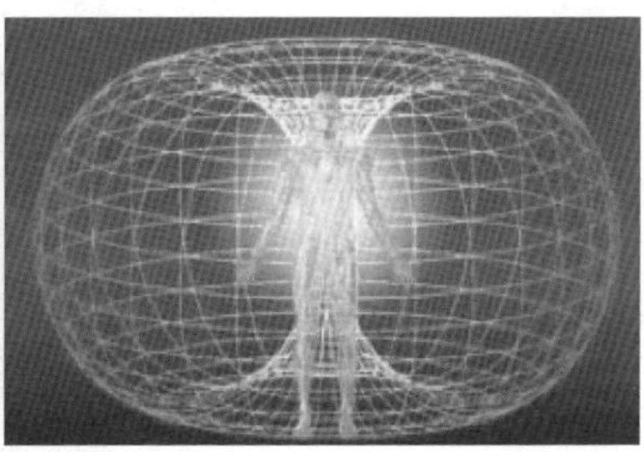

그림30-2 심장의 환형 전자기장 속의 인체

출처 https://www.istockphoto.com/kr/%EC%82%AC%EC%A7%84/%EB%B8%94%EB%A3%A8-%EC%97%90%EB%84%88%EC%A7%80-%ED%9A%8C%EC%98%A4%EB%A6%AC-gm91252143-3389684

이중 소용돌이 흐름

환형이 의미하는 바는 무엇일까요? 바로 이중의 소용돌이 흐름입니다. 이것(그림31 원의 중심쪽)이 안으로 빨려 들어가는 흐름이고 이것(그림31 원의 가장자리쪽)은 바깥으로 솟아 올라가는 흐름입니다. 이 두 가지가 동시에 있다는 것입니다. 이런 흐름이 가장 강력한 에너지를 발생시키는데 지구상에서 보이는 것이 바로 태풍입니다.

태풍의 생긴 모습이 이렇습니다(그림32). 빨간 것은 바다의 고온의 열기가 만들어낸 따듯하고 습한 공기입니다. 그것들이 양적인 흐름으로 이렇게 커 올라가는 것입니다. 저 위로 올라갈수록 공기 밀도가 희박하고 차가워집니다. 차가워진 공기는 푸른 선을 따라 다시 내려오기 시작합니다.

온도 차이도 있지만 압력 차이도 있습니다. 뜨거운 공기는 밀도가 낮습니다. 뜨겁다는 것은 분자의 운동이 활발하고 따라서 분자간 거리가 넓다는 뜻입니다. 브라운 운동이 아주 빠르다는 뜻이지요. 뜨겁다는 것은, 프라이팬에 콩을 얹어 놓으면 콩이 막 튀는 것과 같이, 열 받은 분

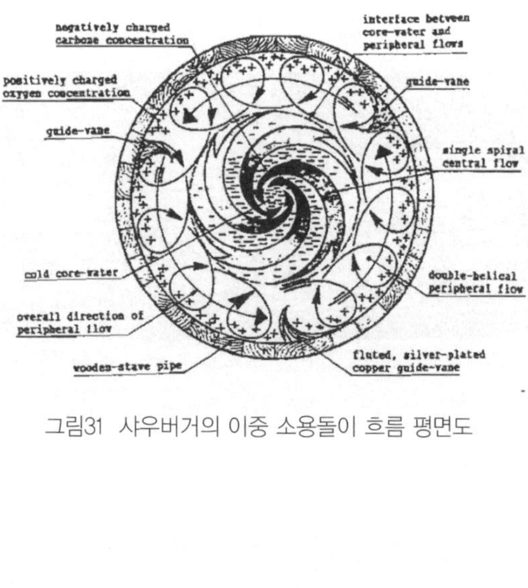

출처: 《살아있는 에너지》(콜럼 코츠 저, 유상구 역, 양문, 1998) 253쪽

그림31 샤우버거의 이중 소용돌이 흐름 평면도

자도 마찬가지로 튑니다. 그래서 열을 받으면 뜨거워지고 그 사이의 공간이 넓어집니다. 갇혀있기 싫어하는 것입니다. 그런데 차분히 다 식으면, 다시 작은 공간에 모여 앉아서 조용하게 됩니다. 사람도 마찬가지이지요?

이렇게 열 받은 공기는 뜨겁게 올라갑니다. 열기도 있고, 또 밀도가 낮으니까 가벼워서 올라갑니다. 그런데 올라가면서 식어진 공기는 밀도가 다시 진해지고 분자운동도 줄어들게 되며 전체적으로 단단해집니다. 그렇게 무거워지기 때문에 다시 내려오는 것입니다.

그래서 바깥의 뜨거운 공기는 위로 올라가고 저 위에서 식은 공기는 가운데 안으로 내려오는데 그 모든 움직임 중 이 한가운데, 즉 태풍의 눈 부분은 텅 비어 있습니다. 이곳은 촛불을 들고 그 안에 들어가 있어도 촛불이 꺼지지 않을 정도로 아무 움직임 없는, 빈 진공과 같은 공간입니다. 그래서 태풍의 눈은 아주 고요하다고 합니다.

여러분의 감정이 아무리 태풍의 주변처럼 소용돌이 쳐도 그 마음의

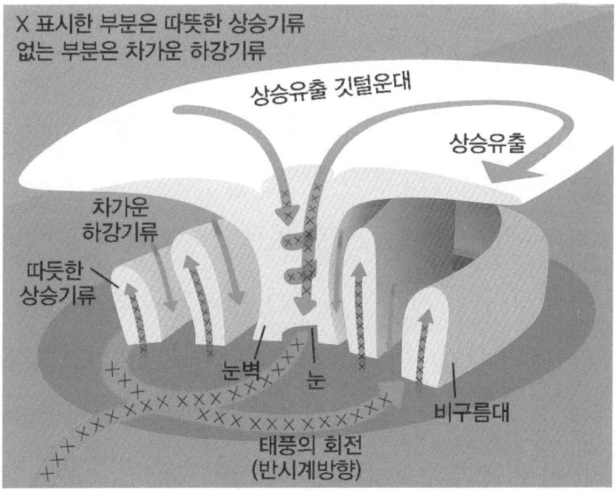

그림32 태풍의 구조

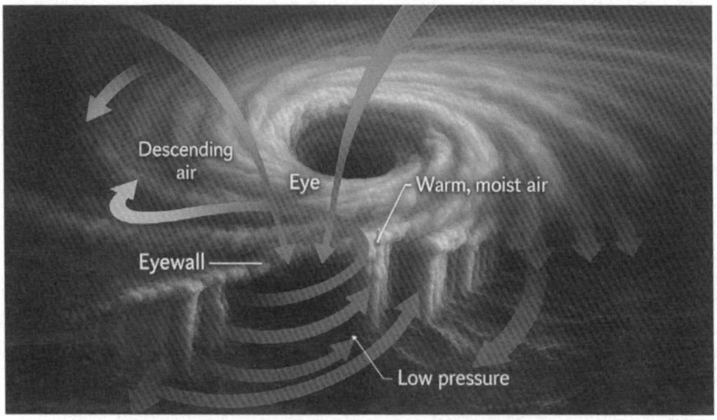

출처: ChatGPT(DALL · E) 이미지 생성 © OpenAI

그림33 강력한 에너지 태풍의 구조

중심에는 아주 고요한 본질적 마음이 동시에 있는 것입니다. 태풍과 다르지 않습니다. 물론 매번 태풍처럼 살아갈 필요는 없지만 말입니다. 그래서 이 강력한 에너지 태풍의 구조가 바로 이런 환형環形이나 위아래 음양의 조화를 이룰 때 만들어지는 것입니다.

태풍의 구조와 강력한 에너지

이것은 허리케인, 태풍의 구조를 다시 한 번 살펴본 것입니다(그림33). 이것은 환형環形이라기보다는 마름모꼴에 가깝습니다. 입체적으로 보면 바깥으로 갈수록 가늘어지고, 가운데가 좀 올라갔습니다. 위쪽과 아래쪽이 뾰족한 원뿔 두 개를 맞붙여놓은 형상이 아주 넓으면 이렇게 됩니다.

이것이 태풍의 모습인데 태풍의 뜨거운 공기가 올라가는 것 역시 나선형으로 올라갑니다. 차가운 공기가 내려오고 뜨거운 공기가 올라가면서 점점 식는 모습입니다. 위에서 차갑게 되죠? 차갑게 되면 그 위에 있던 차가운 공기와 합쳐져서 다시 안으로 내려오는 것입니다.

(그림32) 이 기둥과 기둥 사이는 레인밴드rain band라고 합니다. 강한

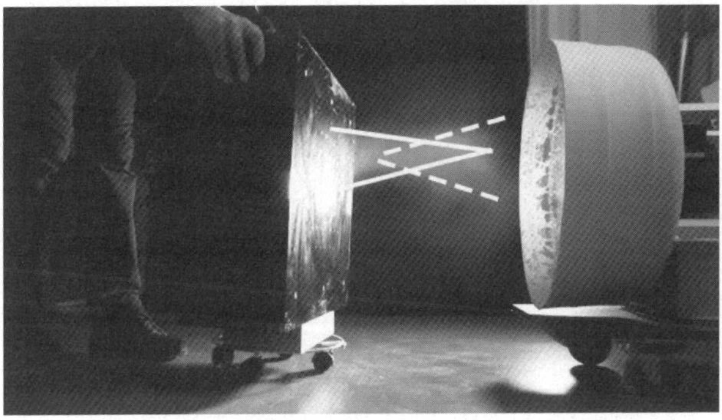

출처 https://ko.wikipedia.org/wiki/태풍

그림34 이중 소용돌이가 만들어지는 모습

비바람이 치고 있는 곳입니다. 레인, 비오는 영역이 벽처럼 하나의 영역을 형성하고 있습니다. 이런 구조가 에너지를 강력하게 만듭니다. 즉 음과 양의 적절한 조화가 강렬한 에너지를 만들어내는 것입니다.

실제로 이중 소용돌이가 만들어지는 영상을 보면, 바람의 형상을 시각적으로 확인할 수 있도록 좌측에서 연기를 불어넣고 송풍기를 작동시켜 소용돌이를 만든 모습입니다(그림34). 그 사이를 움직이는 하얀 연기 입자들을 보세요. 좌측에서 생긴 소용돌이는 실선으로, 우측에서 생긴 소용돌이는 소용돌이는 점선으로 표시해봤습니다. 좌측에서는 시작부분이 좀 더 넓은 원뿔형으로 생겨 우측으로 갈수록 점차 줄어들고 있고, 우측에서는 우측이 넓어서 좌측으로 갈수록 줄어드는데, 이 두 흐름이 합쳐지고 있습니다. 이 두 흐름이 서로를 밀고 당기며 강력한 에너지를 발생시킵니다.

이렇게 소용돌이가 강물처럼 순차적으로 생겨나거나 이중적으로 생겨날 때 강한 에너지장이 생겨난다는 것입니다. 그래서 그러한 강물의 흐름을 이용해서 나무를 건강하게 운반하여 사용했던 사람이 샤우버거입니다.

아무 때나 나무를 물에 띄워 운반하지 않고 주로 새벽물에 띄워 보냈는데 이때의 물 흐름이 강한 에너지를 가지고 있었기에 주로 새벽에 나무를 잘라서 산꼭대기에서 흘려보냈다고 합니다. 그때가 가장 물의 힘이 좋았기 때문입니다. 아침 물에는 그렇게 나무들이 물위에 잘 떠서 계곡을 타고 내려오는데, 저녁에 잘라서 그 물에 놓으면 힘이 없어서 떠오르지 못하고 따라서 쉽게 내려오지를 못한다는 것을 발견한 것입니다. 그러니 약수는 저녁에 말고 아침에 떠서 먹길 바랍니다.

자연은 이렇게 에너지를 얻는 과정과 에너지를 쓰는 과정을 모두 품고 있습니다. 쓰기만 한다면 우주는 결코 유지되지 않을 것입니다. 현대 물리학에서 모든 에너지는 엔트로피 법칙에 의해 질서에서 무질서로 간다고 합니다. 그래서 몇 억 년 후에는 엔트로피가 최고도에 달해 무질서도가 극대화되어서 우주의 파멸인 죽음의 세계로 갈 것이라고 하는데, 그것은 동양적 사상에는 맞지 않는 사고입니다.

동양적 사상에서는 자연은 결코 에너지를 쓰는 과정만 품고 태어나지 않습니다. 대칭적으로 에너지를 만드는 과정도 같이 탄생시킨 것입니다. 생물이라는 것은 기본적으로 에너지를 만들어 내는 체계입니다. 생명체 자체는 이미 자연스런 에너지 발생장치인 것입니다. 그중 하나가 샤우버거가 발견한 내파內破 이론입니다.

현대 물리학의 모든 에너지 발생장치는 외파外破 원리를 사용합니다. 외파, 바깥으로 폭발하여 발생시키는 에너지를 쓰는 것입니다. 자동차 같은 경우 휘발유를 폭발시켜서 에너지를 냅니다. 그런데 이런 외파로 얻은 에너지는 70%가 열로 낭비됩니다. 휘발유 100L를 넣으면 70L는 엔진 열이나 마찰열 등의 저항으로 낭비되고 나머지 30L만 차가 움직이는 데 쓰인다는 것입니다. 대부분의 동력원이 그렇게 되어 있습니다.

그것이 외파explosion입니다.

그런데 샤우버거가 연못에서 관찰했던 것은 안으로 들어가 응축해서 안으로 폭발하는 힘이었습니다. 그것을 그는 내파implosion라고 이름 붙였어요. 안으로(im-) 폭발(-plosion)한다는 것입니다. 반면에 밖으로(ex-) 폭발하는 것이 외파explosion지요. 이 내파라는 개념을 창안하고 그러한 기계를 최초로 만든 사람이 빅터 샤우버거입니다. 빨려 들어가는 것으로만 알았던 흐름이 거대한 에너지로 응축되어 결국 폭발하는 에너지로 이어진 것입니다. 이것이 온전한 물리의 세계에서 일어나고 있는 일입니다.

그럼 내적인 생명력은 어떻게 발견될까요? 우리의 생명력 역시 물리세계의 흐름과 유사합니다. 의식에너지는 '나'와 '나 아닌 것'으로 나누어지는 데서 발생합니다. 의식적 분리에서 나온다는 것입니다. 삼매 상태 또는 순수 의식 상태, 아무런 대상이 구별되지 않는 마음의 상태에 갔을 때는 어떤 의식적 '흐름'도 생기지 않고 따라서 아무것도 '의식되지' 않습니다. 거기에는 '나'라는 것도 없고 '너'라는 것도 없습니다. 그리고 '내'가 '그것'을 '의식한다'라는 흐름도 없습니다. 분리가 없는 세계 속에서는 의식작용이 일어나지 않는 것입니다. 의식작용 자체가 분리의 세계 속에서 일어나는 일입니다. 그것은 또한 이곳에서 저곳으로의 움직임입니다.

의식의 움직임을 주의력으로 설명할 수 있습니다. 평상시에 우리는 '나' 자신한테 주의를 많이 쏟으면서 살아가고 있습니다. 무의식적으로 '내'가 제일 중요하다고 여기기 때문입니다. 누군가 내게 상처 받을 소리를 하면 강력하게 자기 방어를 위해서 에너지를 모읍니다. 내가 잘났다고 내세우려고 하면 나를 열어놓고 아주 강하게 자기를 세우면서 에너지를 발산하지요. 이렇게 '자기'라는 것에 주의를 많이 모으고 살아갑니다. 상대에 대해서는 주의를 별로 두지 않습니다. 상대가 어떤 모습인지 어떤 마음인지 잘 느끼지 못해요.

그래도 눈에는 감각이 있으니까 주의가 갈 수밖에 없지요. 감각이라는 것 자체가 주의를 끌어당기니까요. 이렇게 펜을 던져서 펜이 움직이거나 옆방에서 큰 소리가 나면 여러분들 주의가 저절로 펜이나 소리 나는 쪽으로 간다는 말입니다. 감각이 있으니까 주의가 그런 움직임에 끌려간다는 말입니다. 그래서 비상시에는 주의가 어쩔 수 없이 그리로 가기는 하지만 의도적, 의식적, 무의식적으로는 항상 자신한테 가 있습니다. 의식이라는 것은 주의를 자기한테 항상 쏟고 살아가기 때문에 주의가 덜 가는 저 밖의 사람을 보면 그는 '내가 아닌 것'처럼 느껴지는 것입니다. 무언가가 '나처럼' 느껴지는 것은 주의가 거기에 많이 쏟아지고 있다는 뜻입니다.

이것을 동일시라 하는데, 이와 같이 무언가에 동일시되어 있다는 것은 자기의 의식적, 무의식적 에너지가 강력하게 거기에 머무르고 있다는 뜻입니다. 영화를 볼 때 주인공과 동일시되는 것과 같습니다. 보통은 조연출이나 엑스트라에게 주의가 잘 가지 않고 주로 주인공에게 가서 주인공이 기뻐하면 같이 기뻐하고 주인공이 슬퍼하면 같이 슬퍼하게 됩니다. 이렇게 주의가 무언가로 많이 가버리면 자기 몸과 마음에서는 빠져 나가죠? 그리고는 자기를 잊어버립니다. 그때 '나'는 어디에 있었습니까? 바로 주인공과 동일시되어 있었어요. 내 에너지가 주인공에게 가 있었단 말입니다.

그런데 무의식에는 "그래도 저건 영화야"라는 마음이 있습니다. 그러니까 공포영화를 보고 무서워하면서도 계속 앉아있는 것입니다. 정말 그것이 사실이라고 느낀다면 앉아있겠어요? 누구보다도 먼저 도망갔을 것입니다. 그와 마찬가지로 여러분의 무의식 층에는 “이것이 나야”가 늘 있습니다. 그래서 아무리 다른 것에 주의가 쏟아지고 동일시되어도 항상 자기로 돌아오죠. 그래서 이것을 자기라고 느끼는 것입니다. ‘나’라고 여겨지는 것도 일종의 느낌입니다. 그 느낌을 가지고 우리는 그 ‘나’의 느낌에 상처받지 않으려 하고, 이기려 하고 있으며, 잘나 보이려고 하고 있습니다. 그 느낌과 동일시가 되어있기 때문입니다. 그것이 바로 에너지가 생성되는 힘이기도 합니다.

만약 자기를 중요하게 여기지 않는다면 어떨까요? 누군가가 욕을 해도 거기에 대항하는 힘이 안 나겠지요. 누가 나를 때리려고 해도 힘을 내지 않을 것입니다. 그런데 ‘자기’와 ‘남’을 구분하는 분열 속에 있으면 어떻습니까? 누군가 나를 때리려고 화를 내면 어떻습니까? 덤벼볼 만하다고 여겨지면 에너지가 위로 솟아올라서 덤벼들죠. 주먹에 힘이 가고 한 대 치려 할 것입니다. 또는 2m 거인이라면 에너지가 다리로 쏠리면서 도망갈 준비를 하겠지요. 어쨌든 에너지가 발생한다는 말입니다. 그런데 ‘너’와 ‘나’를 구분하지 않으면 누가 치려고 해도 가만히 있을 것입니다. 그냥 맞고 있지요. 에너지가 나오지 않습니다. 이것이 바로 분별없는 사람에게는 에너지가 없다는 의미입니다.

그러므로 일차적으로는 분별에서 떠날 필요가 있지만, 분별이 전혀 없는 상태로 살아간다는 것은 백치로 살아가는 것과 비슷하다는 것을 알아야 합니다. 분별을 잘 사용해야지요. 그렇지 못한 사람을 무분별한 인간이라고 합니다. 분별을 철저히 사용하는 사람은 지혜로운 사람이라고 하고 분별을 전혀 하지 않는 사람은 무분별한 인간이라고 하는데, 불교에서는 분별하지 말라고 합니다. 모순되는 것이 아니지요. 그것은 백치로 살아가라는 소리가 절대로 아닙니다. 분별에 끌려 다니지 말고 분별을 쓰면서 살아가라는 소리입니다.

【 연습 3 】 분리-에너지 형성 구조

- 모든 쾌감과 쾌락은 분리의 스토리가 붙을 때 더 강렬해진다. 그렇지 않으면 그것은 그저 몸에 가해진 하나의 압력이고 터치이며 느낌이다.
- 기분좋은 느낌을 느끼기 위해 터치를 하면 그 느낌과 함께 분리의 스토리를 상상하고 그중 일부를 자기라고 여기는 것, 그러면 쾌감은 증폭된다.
- 지금 느껴지는 평범한 느낌 이상의 과거에 경험한 쾌감의 느낌이 다시 회상되며 상상속으로 빠져들게 하는 것이다.
  - 몸에서 느껴졌던 좋았던 일을 떠올려본다.
  - 그와 연관된 몸의 부분을 터치하며 느낌을 더 강화해본다.
  - 지금 그렇지 않다는 것을 강하게 느껴보고, 그것을 그리워해보라.
  - 그때의 느낌이 어떻게 느껴지는가?
- 결국 지금 일어난 두가지 중, 현재의 평범한 느낌과의 동일시가 기분좋은 느낌에 대한 부족을 불러일으키는 것이다. 이 평범한 느낌, 밋밋한 느낌을 느낌으로 느껴보라.
- 그것은 저항을 향한 에너지 발생도 마찬가지이다.
  - 싫었던 일을 떠올려본다.
  - 그것이 더 강하게 싫어지는 것은 왜인가?
  - 그것은 지금 현재의 그렇지 않은 느낌에 동일시될 때이다.

에너지는 어떻게 생겨나는가

그러면 에너지가 어떻게 생겨나는지를 한 번 보겠습니다. 모든 쾌감과 쾌락도 기본적으로는 이런 상태에서 오는 것입니다.

가장 쉽게 알 수 있는 것으로 보자면, 우리 몸 특정 부분을 만지면 성적으로 기분 좋은 느낌이 납니다. 그런데 느낌 자체로만 따지면 사실 그냥 압력이고 터치에 불과합니다. 그런데 내가 '좋아하는 사람이 만진다'는 '스토리가 끼어들면' 에너지가 확 올라옵니다.

이것이 바로 쾌감의 구조입니다. 마음 속 스토리가 없으면 커다란 오르가즘은 생기지 않습니다. 동물들도 오르가즘이 생기는 이유가 '느낌의 스토리(무의식적 스토리)'가 있기 때문입니다. 동물들은 느낌으로 살아가니까 그들에게는 느낌의 스토리가 형성됩니다.

우리는 느낌보다 한층 더 복잡하고 미묘한 생각과 사고의 층이 하나 더 있습니다. 그러기 때문에 우리가 느끼는 오르가즘, 꼭 성적인 것뿐만 아니라 뭔가 기분 좋은 일을 했을 때, 내가 정말 원하는 일을 했을 때 만족감 같은 것도 강할 수 있는 것입니다.

도파민과 기대의 메커니즘

대부분의 도파민은 언제 나올까요? 나를 기분 좋게 하는 도파민 호르몬은 기분 좋은 일이 일어날 거라는 '예상을 할 때' 더 많이 분비됩니다. 기분 좋은 일이 드디어 일어나서 일이 끝나면 그때 도파민은 사라집니다. 점차 기분 좋은 것이 사라진다는 말입니다.

정말 기분 좋을 때는 '좋은 일이 일어날 것이라는 예상을 할 때'입니다. '조금 있으면 좋을 일이 생겨' 하고 확신할 때죠. 학생이라면 '내가 상 타게 생겼어', 또는 '내가 연봉을 많이 받게 생겼어.' 하지만 아직 받은 것은 아닌 때, 그럴 때 도파민이 더 나옵니다.

일단 받게 되면 잠시 크게 좋았다가 서서히 사라집니다. 왜냐하면 상을 탄 것이 이제 당연해졌기 때문입니다. 그리고는 기준이 그것으로 되어버립니다. 그때 도파민은 사라집니다. 기분 좋은 것이 없어져요.

기분 좋다는 것은 항상 어떤 특정한 기준에서 다른 기준으로 바뀔 때 생기는 것입니다. 모든 느낌이 그렇습니다. 경계선에서 생겨납니다.

마치 손이 탁자를 만질 때 어떤 매끈하고 차가운 '느낌'이 일어나듯이, 상을 타지 못한 '상태'에서 타는 것이 확실해진 '상태'로 변화가 일어나는 그 의식의 '경계선' 상에서 기분 좋은 '느낌'은 일어납니다.

이 말은, 마음속에 둘 이상의 분리가 일어나고, 그 분리가 관계 맺어 어떤 스토리를 구성할 때 움직임이 일어나며, 그것이 에너지를 증가시키고 증폭시킨다는 의미입니다.

기분 좋은 느낌을 느끼기 위해 터치를 하면 몸에 그 느낌과 함께 분리의 스토리를 상상하게 됩니다. 분리의 스토리가 없으면 그저 건드림에 불과합니다. 그런데 그 스토리 중 일부를 자기라고 여기면 스토리 속에서 '나'와 '나 아닌 무엇'이라는 극성이 생겨납니다.

예를 들면, 지금은 평상시의 느낌입니다. 그런데 어떤 터치를 통해서 기분 좋은 느낌을 느꼈던 옛날 경험이 떠오릅니다. 그런데 누군가 터치를 하면 어떻습니까? 지금 느낌은 그냥 평범한 밋밋한 느낌의 상태에요. 그런데 이 터치를 계속하면 '강한 기분 좋음이 생겨날 거야'라는 스토리가 생겨나고, 그 다음 지금의 밋밋한 상태와 자신을 동일시하면 할수록 '나는 지금 별 느낌이 없는 상태야'라고 강하게 믿기 시작하는 것이, 동일시되고 있는 모습입니다.

그러면 그 상태로 가고 싶어서 에너지가 움직이겠죠? 그러면서 기분 좋은 상태를 만드는 데 에너지가 쓰이기 시작합니다. 지금 현재 평범한 느낌에 동일시가 강하면 강할수록 기분 좋은 느낌으로 가려는 에너지가 확대되겠죠.

그래서 여러분들이 기분 나쁜 느낌을 멈추는 연습은 잘하는데 마지막에는 기분 좋은 느낌을 멈추는 것도 할 수 있어야 합니다. 느낌이라는 것은 똑같기 때문에 그렇습니다.

기분 좋은 느낌이든 기분 나쁜 느낌이든 스스로 멈출 수 없다면 거기에 빠져 들어가게 되어있어요. 기분 나쁜 느낌은 싫으니까 멈추려고 노력을 해요. 그런데 기분 좋은 느낌은 '왜 멈춰야 돼?' 이렇게 여깁니다.

기분 좋은 느낌도 계속 느끼면 오래 가지 못하며, 또 그 느낌이 끝나버릴 때는 허탈해집니다. 그리고 그것을 또 느끼고 싶어 합니다. 그래서 못 느끼면 애타고 불행해집니다.

기분 좋은 느낌을 느끼는 데서 끝날 줄 알면 괜찮습니다. 그런데 우리는 집착하게 되어 있습니다. 한 번 좋은 느낌을 느꼈으면 더 느끼고 싶어지는 것입니다. 앉으면 눕고 싶고, 더 편해지고 싶어지기에 거기에 집착하게 되는데, 집착하면 그때부터 기분 좋은 느낌이 괴로움으로 바뀝니다.

좋아하는 사람 못 만나면 괴롭죠? 싫은 사람을 보는 것도 괴롭지만, 좋아하는 사람을 못 만나는 것도 괴롭습니다. 상사병이 그런 것이지요. 그러므로 기분 좋은 느낌도 멈출 줄 알아야 됩니다.

술이든 또는 담배든 자기도 모르게 빠져 있는 물리적인 감각들이 있습니다. 커피 중독이라면 커피향만 맡으면 기분이 좋아지고 그래서 꼭 마시고 싶어집니다.

커피향을 맡았을 때 마시고 싶은 기분이 강하게 올라오는 이유는 '지금 나는 그렇게 기분 좋은 상태가 아니야'라는 밋밋한 느낌에 에너지가 묶여있기 때문입니다. 여기에 에너지가 쏠려있기 때문에 거기서 벗어나고 싶은 마음이 들고, 그것이 중독을 끊지 못하게 하는 것입니다.

'마시면 안 되는데 자꾸 마시고 싶어져.'라는 것은 '내가 지금 그렇지 않은 상태야'라는 것에 초점이 가있다는 뜻입니다. 여기에서 힘을 빼버리면 끌리지 않게 됩니다.

그러므로 중독 상태를 없애는 데 마음을 두는 것이 아니라 평상상태에 자리를 잡아야 합니다. 즉, 술을 끊으려고 하면 안 되고 술이 없는 상태를 평상적인 상태로 만들어야 하는 것입니다. 술이 없는 상태를 '좋지 않은 상태'로 여기기 때문에 술에 취한 상태로 가고 싶은 것이기 때문입니다. 모든 중독이 똑같습니다.

평범한 상태가 최고다

그래서 예부터 평범한 상태가 최고의 상태라고 말하는 것입니다. 그것을 마음에 적용하며 선사들은 평상심이 도道라고 했던 것입니다. 평범한 마음이 가장 좋은 상태입니다.

어느날 자신에게 쿤달리니가 터져 매일을 에너지 오르가즘을 느낀다는 사람이 내게 찾아왔습니다. 그런데 얼굴이 바싹 말라가지고 초췌해져있었어요.

"매일 오르가즘을 느끼니 어떻습니까?"라고 물으니, "처음에는 좋았는데 지금은 너무 싫습니다." "왜요?" "그 상태에 들어가 있으면 너무 좋은데, 식사를 하거나 사람들과 만나려면 그 상태를 벗어나 나와야 되잖아요."라고 말합니다.

거기서 나오는 것이 너무 싫다는 것입니다. 그렇겠지요. 그 좋은 느낌에서 빠져나와야 하니, 거기서 나온 평범한 상태가 이 사람한테는 지옥인 것입니다. 우리에게는 평범한 상태가 이 사람에게는 지옥인 것입니다.

왜일까요? 이 사람에게는 오르가즘 상태가 기준이 되어 버렸기 때문입니다. 그래서 평상상태가 '나쁜' 것이 되어버렸습니다. 그러므로 평상상태 이상의 것이 꼭 좋은 것은 아닙니다.

쾌락은 상대적이다

반대로 평상 상태를 즐겁게 만들 수도 있습니다. 늘 지옥 같은 환경 속에 있으면 평상상태가 오히려 그리울 것입니다. 보세요. 독감에 걸려 괴로워하다가 아침에 일어났는데 다 나아서 상쾌해지면 너무 좋지요? 그냥 평상의 상태일 뿐인데 다시 건강해진 것이 너무 좋습니다.

소크라테스가 감옥에 있을 때 제자들과 나눈 이야기가 있습니다. 어느 날 감옥밖에 산책을 나갔다 와서는 '쾌락이란 늘 고통과 함께 나타나는구나. 내가 밖에 산책을 나가기 위해 손목에 쇠사슬을 묶고 있을 때는 손이 너무 아프고 힘들어 고통스러웠는데, 이제 다시 들어와 쇠사슬을 푸니 이렇게 몸이 날아갈 듯하고 기분이 좋을 수가 없다. 그러니 고통이 없는 것이 곧 쾌락이 되고, 반대로 쾌락이 없는 것이 다시 고통이 되겠구나.'라고 했다고 합니다.

이렇게 '기분이 좋다'는 것은 상대적인 것입니다. 그런데도 굳이 기분 좋은 느낌을 향해서 가려고 하는 것은, 현재 평범한 상태의 느낌을 좋지 않다 여기고 그것과 동일시되어 있기 때문입니다. 이것이 강하면 강할수록 좋은 상태로 가고 싶은 마음이 더 커지는 것입니다.

또 오르가즘 상태는 '느껴야' 되기 때문에 에너지가 끊임없이 쓰입니다. 따라서 빠르게 에너지 고갈상태가 옵니다. 평상 상태가 가장 좋은 상태입니다. 여러분의 지금 상태가 가장 행복한 상태라는 것입니다. 가끔 기분좋음 속에서 즐기세요. 그러나 늘 다시 평상으로 돌아오세요.

지금 자신을 느껴보세요. 지금 뭐 별로 특별한 느낌 없죠? 눈을 감고 자기의 몸과 마음을 느껴봅니다. 지금 특별한 느낌이 있습니까? 특별한 느낌이 없으면 손을 들어 표시합니다(대부분 손을 든다). 지금 그 느낌, 그것이 평상의 느낌입니다.

그러면 이제 지금까지 살아오면서 가장 좋았던 때를 떠올려 느껴봅니다. 내가 가지고 싶은 물건을 가져서 좋았다거나, 맛있는 음식을 먹어서 좋은 사람을 만나서 또는 영화를 봐서 좋았던 것을 떠올려서 기분좋은 느낌을 느껴봅니다.

그 느낌과 조금 전에 느꼈던 평범한 느낌을 번갈아 한 번 느껴보세요. 그러면 무슨 일이 벌어지는지. 좋았던 느낌을 강하게 느꼈다가 다시 평범한 느낌으로 명확하게 돌아갔다가 그렇게 두세 번만 해보세요. 된 사람은 눈을 뜨고 돌아오시고.

어때요? 그렇게 왔다 갔다 하니까 내 마음이 어디에 머무르고 싶어요? 좋았던 쪽으로 가고 싶죠? 그런데 조금 전에 그 좋았던 생각을 하지 않을 때는 아무 일 없이 가만히 있었잖아요? 그 생각을 하지 않고 있을 때는 평범하게 있었어요. 그런데 그 생각을 떠올리니까, 평범한 느낌이 그 좋았던 느낌에 대비되어서 낮게 느껴지고, 좋았던 그쪽으로 가고 싶은 마음이 생기는 것입니다.

그러니까 어떤 충동이나 쾌감의 상태가 일어났다면 무의식에 스토리가 생겨나 있는 것입니다. '지금 나는 평범한 느낌의 상태야. 그런데 이렇게 좋은 것이 있었지'. 그러면서, '이것을 벗어나서 이쪽으로 가고 싶어'라는 것이 강해집니다. 동시에 지금 자신이 '평범한 느낌 속에 있다'는 것에서 벗어나고 싶은 힘이 강해집니다. 그것이 강해지면 강해질수록 '좋았던 쪽으로 가고 싶어 하는 힘'도 강해집니다.

이때 평범한 느낌에서 그냥 힘을 빼면 됩니다. 왜냐하면 우리가 지금 동일시되어 있는 상태가 이쪽에 있기 때문에, 가고 싶어하는 저쪽에서는 힘 뺄 수가 없습니다. 지금 동일시되어 있는 곳에서 힘을 빼야 되는 것이지요.

저쪽에서 힘을 빼기 위해서는 먼저 에너지를 줘야 되는데, 그렇게 에너지가 그쪽에 머물게 되면 중독이 되지 에너지를 뺄 수 없습니다. 중독에 끌려가는 것입니다.

자, 느껴집니까? 내가 좋았던 것에 머물고 싶은 느낌이 있나요? 지금 다 느껴집니까? 아마도 거기서 빠져나오기가 더 힘들 것입니다. 좋았던 느낌에 머무르고 싶어 하기 때문입니다.

지금 우리가 살펴보려는 것은 '좋은 느낌으로 가려는 에너지'가 어디에서 나오느냐 하는 것입니다. 마음이 좋고 나쁨을 분리해, 내가 지금 이 평범한 상태에 동일시되어 있으며, 저쪽의 좋은 상태가 있다고 상정해놓았을 때, 이 둘 사이에 에너지가 형성됩니다.

좋았던 느낌이 떠오르지 않았을 때는 그냥 가만히 있을 수 있습니다. 그런데 그것이 떠오르니까 이쪽과 저쪽이 비교되는 스토리가 형성되었죠? '나는 지금 이 상태고, 저 상태가 더 좋아'라는 스토리가 형성되면 그쪽으로 가려는 힘이 생겨납니다.

모든 힘은 에너지가 높은 데서 낮은 곳으로, 강한 데서 약한 곳으로, 고기압에서 저기압으로 흐르게 되어 있습니다. 우주는 균형을 잡으려고 하기 때문이지요. 물이 높은 데서 낮은 데로 흘러서 전체가 하나가 되려고 한 것이 바다이듯 말입니다.

그러므로 평범한 상태에 몰려있는 에너지는 '저쪽의 좋은 상태'로 가려는 강력한 압력을 받게 됩니다. 이것이 바로 마음이 둘로 나뉘어 그 둘 사이에 차이를 느끼고 그 차이를 메우려는 쪽으로 움직이려는 자연의 현상입니다.

지금 여러분들이 해본 연습이 우주적 균형 현상의 핵심입니다. 이것의 구조를 보면 지금 일어난 두 가지 중 하나 즉, 현재의 평범한 느낌과의 동일시가 기분 좋은 느낌에 대해 부족감을 불러일으키고, 그 부족감은 자꾸 채우려고 하게 됩니다. 모든 부족감이 이와 같습니다. 그 대상이 무엇이든, 그것이 심지어 깨달음이라고 할지라도, 채우려는 흐름이 생기는 것은 마찬가지입니다.

진정한 깨달음의 핵심은, 이런 부족감이 일어나는 것이 '마음의 현상'이라는 것을 발견하는 것이지, 부족감을 채워서 만족을 느끼는 것이 아닙니다. 만족감에 끌려가는 것이 아닙니다. '만족감'도 하나의 '느낌'이라는 것을 명확하게 보는 것입니다.

통찰이 일어나면 이제 일상이 밋밋할 것 같지만 사실 밋밋함 자체도 하나의 '느낌'이기에 거기에도 머물지 않습니다. 어떤 느낌에도 끌려가지 않고 모든 느낌을 적절히, 중용을 지키며 사용하고 즐길 뿐입니다.

이 평범한 느낌, 밋밋한 느낌을 느낌으로 느껴보세요. 그러면 그 느낌에 힘이 가는 것이 느껴지고 힘을 뺄 수 있게 됩니다.

그것은 '좋았던 것'과 마찬가지로 '저항하는 것'에도 마찬가지입니다. 우리는 끌려가는 것에도 에너지가 발생되지만, 저항하는 것에도 에너지가 발생합니다. 화가 나면 어떻습니까? 에너지가 막 올라옵니다.

독일의 철혈재상 비스마르크와 그의 친구 이야기가 전해내려오고 있습니다. 그가 젊었을 때 친구와 함께 사냥을 갔는데, 친구가 절벽에 떨어져서 물에 빠졌습니다. 그런데 비스마르크는 수영을 못 합니다.

친구가 '살려줘!' 하니까 비스마르크가 끈도 없고 튜브도 없고 도와주고 싶은데 물에 빠지면 자기도 죽을 테니 어쩌지 못하고 있다가 갑자기 사냥총을 들어 친구를 겨누며 이야기합니다.

"미안하다. 너 괴로우니까 그냥 죽는 것이 낫겠다. 나도 수영 못 하니 너 구하려다 나도 죽고 말거야. 그러니 너를 구하지 못할 바에야 괴로운 모습 보고 싶지 않고, 너 자신도 괴롭지 않게 바로 죽게 해주마."라고 말하며 방아쇠를 당길 준비를 하는 것이었습니다.

그러자 이 친구가 화가 났습니다. 그리고는 죽을힘을 다해서 헤엄쳐 나와 살아났어요. 그리고는 비스마르크의 멱살을 잡고서 "이 자식아! 네가 어떻게 이럴 수가 있느냐?"라고 흥분해 말하니까 비스마르크가 태연히 말합니다.

"이보게, 덕분에 자네는 살아났지 않은가? 안 그랬으면 구하지 못한 나도 괴로워하고 자네는 물을 먹다가 고통 속에 죽어갔을 것이네."라고 말이지요. 이것은 실화입니다.

이것이 바로 저항하는 에너지, 싫어하는 마음도 에너지를 발생시킨다는 것을 극적으로 보여주는 사례입니다. 끌림도 강한 에너지를 발생시키지만 이렇게 저항도 강한 에너지를 발생시킵니다.

그러니까 너와 나 또는 이것과 저것을 분리시켜 놓고 그 사이에서 주고받아지는 힘이 에너지인 것입니다. 극성의 차이로 인한 움직임입니다.

보세요. 플러스와 마이너스가 있을 때 둘 다 끌림의 에너지가 생기죠. 또 플러스와 마이너스가 나누어진 상태에서 플러스와 플러스가 있을 때는 밀침의 에너지가 생깁니다. 플러스도 마이너스도 없을 때는 끌림도 밀침도 없습니다.

그래서 저항을 통한 에너지 발생도 마찬가지로 스토리 속에서 강력하게 증폭된다는 것입니다.

이렇게 에너지는 분리 속에서만 일어납니다. 마음의 분리 또는 외적인 현상의 분리, 사회적인 현상도 마찬가지입니다.

사회적으로도 집단이 분리되면 그 사이에 강한 긴장감이나 갈등이 생겨납니다. 그래서 항상 스포츠는 둘로 나눠 경기를 시킵니다. 둘 사이는 서로 경쟁심을 통해서 에너지를 발생시킵니다.

이것이 바로 지금까지 사회가 흘러온 에너지 발생 구조입니다. 그리고 물리적인 에너지 발생구조죠. 이것을 상극相克의 세계라고 합니다. 서로를 이기려고 하는 세계 속에서 에너지를 발생시키는 것입니다.

그런데 지금 상생相生의 시대가 오고 있습니다. 서로를 살리는 시대가 오고 있는 것이지요. 물질계에서는 빅터 샤우버거의 내파가 서로를 살리는 흐름을 가지는 상생과 유사합니다.

내파 기술을 이용한 산소 용접기를 보면 이해가 쉽습니다. 보통 산소 용접기에 불을 붙이면 파란 불이 나오면서 주변에 손을 대면 뜨겁습니다. 그런데 내파內破를 이용한 브라운 가스 토치 같은 경우에는 조금 다릅니다.

브라운 가스는 물을 전기분해해서 일대일로 정확하게 나눠 가스화한 것입니다. 그 가스에 불을 붙이면 토치에서 파란 불이 나오는데도 손을 가까이 갖다 대면 하나도 뜨겁지 않아요. 즉, 밖으로 발산되어 낭비되는 열이 하나도 없다는 의미입니다.

내파예요. 내부적으로 불줄기가 안에서만 뜨거운 기운으로 있지, 밖으로 나오지 않습니다. 그래서 작은 에너지만으로도 3천도 이상 올라가 도자기를 녹이는 것입니다.

아직 많이 실용화되지는 않았어요. 이론이 있고 성공은 했지만 실용화 단계에 경제적인 측면도 있고 여러 가지 이유가 있어서 나오지는 않았는데 분명히 기술이 되어 있는 상태입니다. 호주의 브라운 박사가 개발해낸 것입니다.

내파 이야기는 잠시 후 다시 하기로 하고 저항 이야기부터 하겠습니다.

저항도 똑같이 분리 속에서 에너지가 강력하게 생성됩니다. 아무런 에너지가 없다가도 내가 싫은 사람을 만나면 에너지가 끓어오르지요? 싫은 사람을 보면 갑자기 짜증이 오르고 열이 올라옵니다.

싫다는 것은 기분 좋은 일은 아니지만 에너지가 형성된다는 측면에서는 좋은 것입니다. 발생시키고 있는 거예요. 그 에너지를 필요한 데 가져다 쓰면 되는 것입니다.

따라서 에너지가 없어 무기력한 사람은 화가 나게 하면 좋습니다. 화가 나면 에너지가 생겨나기 때문이지요. 그러나 너무 화를 잘 내는 사람은 에너지가 많으니까 조금 줄여야죠. 그런 사람은 평화의 마음을 심어줘야 합니다. 삼매를 가르쳐주고요.

우울증의 원인과 해결

(질문: 우울증은요?)

우울증은 어떻게 보면 자존감 결핍에서도 있고 무슨 일을 해도 안 될 때처럼 뜻대로 되지 않아 좌절할 때 오기도 합니다. 마음의 분열이 없어서 무기력으로 간 것이 아니고 분열은 있는데 '나는 너무 약해'라고 여기는 것입니다.

대상을 너무 크게 보고 자기는 너무 작게 놓으면, 여기에 분열은 있지만 에너지는 안 나오게 됩니다. 거대한 파도 앞에서 겁먹고 위축된 모습이기 때문입니다. 이런 것이 무기력증으로 인한 우울증 같은 거예요.

이런 사람은 '나'를 키워줘야 됩니다. 그래야 에너지를 발생시킬 수 있습니다. 즉, 대상에 대해 적절한 대항력을 갖춰야 뚫고 나갈 힘을 얻게 됩니다. 너무도 상대가 되지 않으면 싸움이 일어나지 않는 것과 같습니다.

물론 이보다 더 근본적인, 공허라는 무기력도 있는데, 이는 본성이 발견되어 갈 속이 없어진 사람이 일시적으로 느끼는 무기력입니다. 그는 머지않아 모든 곳이 갈 곳이라는 것을 알아채고 무한한 에너지가 생성될 것입니다.

저항을 향한 에너지 발생도 마찬가지인데 싫었던 일을 한 번 떠올려보세요. 눈을 감고 여러분이 싫어하는 사람이나 싫어하는 상황을 한 번 떠올려보고 그 기분 나쁜 느낌을 느껴보세요.

조금 전까지는 아무렇지 않았는데 그것을 떠올리니까 열이 오르고 가슴이 뛰고 에너지가 생겨나지 않습니까?

그런데 그 싫은 느낌이 강해지면 강해질수록 그 느낌은 무엇에 기반하고 있냐 하면 '그렇지 않은 느낌', 저 사람이 싫지 않았던 느낌, 저 사람보다 더 좋은 사람을 떠올리거나 그에 대비되는 상태나 마음의 느낌을 기반하고 있습니다. 즉, 그것에 대비되어서 더 싫어지는 것입니다.

예를 들어 '저 사람은 왜 이렇게 말을 거칠게 하지? 그 점이 너무 싫다'라고 여긴다면, 그 아래 마음에는 부드럽게 하고 섬세하게 남을 배려하는 사람이나 태도를 무의식적으로 떠올리고, 그것을 기준삼아 그 싫은 사람을 보고 있는 것입니다. 그래서 부드럽게 말하고 배려하는 사람을 더 세밀하게 떠올리고 거친 사람과 대비하면 할수록 더 싫은 느낌이 날 것입니다.

감정의 에너지 원천

그러므로 이 싫은 느낌, 감정은 사실 에너지의 원천입니다. 비교되는 두 이미지 사이에서 이것은 싫다는 강한 저항력이 '나타나기' 때문입니다. 그러므로 모든 감정은 이미 그 아래 에너지 발생장치를 갖고 있습니다.

그래서 특히나 흑백으로 분리하는 사람이 강한 에너지를 내보이는 것입니다. 즉, 이 사람은 좋고 저 사람은 싫다는 흑백논리로 사람과 사물을 대하고 판단하는 사람에게는 좋고 싫음이 분명하고 강하게 다가옵니다. 에너지가 강하다는 의미입니다.

반면 이럴 수도 있고 저럴 수도 있다고 여기는 사람은 그리 강한 에너지가 나오지 않습니다. 그는 사람을 쉽게 판단분별하지 않습니다. 흑과 백으로 나누어 보이는 것은 전체를 보지 못하였기 때문이라고 여깁니다. 지금은 이렇게 보이지만 다른 때는 달라질 수 있다고 여기므로 사람을 크게 미워하지도 크게 좋아하지도 않습니다. 크게 미워하지 않는다는 것은 에너지 발생이 약하다는 것입니다.

천사와 악마라는 이분법으로 세상을 보는 서양이, 강한 에너지를 가지고 세계를 이끌어가는 이유가 거기에 있습니다. 반면 동양은 평화를 추구하고 평화롭게 살기를 원합니다.

그러다 보니 천사와 악마보다는 상보적인 음과 양이라는 관점에서 세상을 봅니다. 좀더 전체적인 관점입니다. 음은 양의 반대나 적군이 아니라 보완을 하는 필요불가결의 요소로 보기에 품어 안습니다. 그리고 통합합니다. 그러므로 고요와 평화로 갑니다.

반면 상대를 적으로 보면 강한 반발심으로 적을 제압해야 하기에 적의와 열정으로 무장하고 전투에 나서겠지요.

그러므로 에너지 활성 면에서는 흑백논리가 우세하고, 평화와 고요, 조화의 면에서는 음양의 상보적 논리가 더 우세합니다. 따라서 앞으로 우리는 에너지 활성이 필요할 때는 흑백논리를, 조화와 통합이 필요할 때는 음양논리를 사용할 필요가 있습니다.

느낌의 배경·전경 구조와 대비 원리

어쨌든 여러분들이 싫은 느낌을 떠올릴 때는 언제나 그 밑바닥에 '그렇지 않은 것'을 기준으로 떠올려놓고 있다는 것을 기억하세요. 그리고 그 기준의 느낌이 강하면 강할수록 싫은 느낌도 더 강렬해진다는 것, 그 순간에 결코 싫은 느낌만 있는 것이 아니라는 것을 말입니다.

매순간 여러분들은 두 가지 느낌을 동시에 가지고 있습니다. 마치 배경과 전경을 가져야만 그림이 나타나는 포토샵이나 페인트 프로그램과 같습니다. 흰색 배경에 검은색 전경, 회색 배경에 노란색 전경일 때 그림이 보이지만, 흰색 배경에 흰색 전경은 나타나지 않습니다. 왜냐하면 비교가 되어야 느낌이 일어나기 때문입니다.

비교할 줄 모르는 마음은 좋고 싫음이 없어요. 싫은 마음이 더 강하게 들게 하려면, 배경에 있는 좋아했던 느낌을 더 강하게 느끼면 됩니다. 반면에, 싫은 느낌을 약화시키려면, 배경에 있는 좋아했던 느낌에서 힘을 빼 봐요. 완전히 희미하게 만들어 봅니다. 그러면 싫은 느낌도 약화될 것입니다.

또 그것이 무슨 이유에서건 간에, 여러분들이 느끼고 있는 느낌이라는 것은 스토리가 만들어낸 증폭된 느낌입니다. 스토리가 사라지면 그렇게 느낌을 느끼게 해주는 에너지도 사라집니다. 스토리란 대비된 줄거리를 가지고 있다는 말입니다.

싫은 느낌이든 좋은 느낌이든 그것들은 모두 스토리 속에서 밀고 당기며 일으키는 일종의 에너지라는 것을 한 번 살펴보세요.

두 사람 또는 두 가지 상황, 두 가지 조건을 가지고 연습을 해봅니다. 마음의 스토리에는 이렇게 나도 있고 상대도 있고 그때 사건도 있어요. 그런데 에너지가 이 안에 이렇게 쌓여있지 않으면 이 사이에 긴장관계가 없죠.

우리가 무언가에 동일시되어 있다는 것은 거기에 에너지가 많이 쌓여있다는 뜻입니다. 그때 상황 속에서 내가 희생된 일이 있었는데 그것을 떠올려도 '내가 당했어' 이 생각에 에너지가 쏠려 들어가지 않으면, 그 자체는 강한 느낌을 만들어내지 못합니다. 그 당시 상황에 동일시가 안 되기 때문입니다.

무소주無所住의 개념

이런 것을 '거기에 머무르지 않는다' 하는 것입니다. 그러니까 동일시되었다는 것은 에너지가 몰려 들어가서 쌓여있다는 뜻입니다. 머문다는 뜻이죠. 에너지가 많이 머무는 자리가 '나'라는 것이 있는 자리입니다.

거기서 자유로운 것, 그것이 바로 어떤 마음의 현상에도 머물지 않는다는 말인 것입니다. 무소주無所住, 어디에도 머물지 않는다는 말입니다. 그래서 금강경에서 '마음에 일어난 어떤 것에도 머무는 바가 없이 마음을 내서 쓰라[應無所住 而生其心]'라고 한 것입니다.

머문다는 것은, 마음에 일어난 무언가에 묶여 거기서 빠져나오지 못하는 것을 말합니다. 그 무언가는 일종의 의식, 무의식적인 스토리로, 스토리는 에너지를 모으는 마음의 구조입니다. 그런데 이것과 동일시가 안 되는 것이 머물지 않는 것입니다.

느낌의 상대성

지금 우리가 느끼는 좋은 느낌은 어떤 평범한 느낌을 기준 삼을 때 느껴지는 것인데, 이 평범한 느낌에 에너지가 많이 쌓여있기 때문에 그 느낌을 자기라 여기고 있어서 그로 인해 기분 좋은 느낌이 힘을 발휘하는 것입니다. 그러므로 평범하다고 여기는 느낌에서 힘을 빼면 기분 좋은 느낌도 사라지게 됩니다.

그래서 옛날에 일어난 일은 오래 되면 그 스토리에 관성적으로 그동안 붙어 있던 에너지가 약화되어 희석되어서 느낌이 희미한 것입니다. 그러니까 당연히 그 당시의 사람과의 관계 속에서 오는 느낌도 살아나지 않습니다.

사실 스토리 자체는 힘이 없습니다. 무슨 이유에서건 스토리에 에너지가 투입될 때, 즉 스토리에 대한 '믿음'이 들어가서 스토리중 일부에 동일시가 될 때 느낌이 커지고, 에너지가 증폭되어 사실같이 여겨지며 문제가 발생하는 것입니다.

이제 우리가 하려는 것은 스토리라고 불리는 마음의 구조도 중요하고, 그 구조 중의 일부와 동일시되는 것을 명확히 보는 것입니다. 바로 이러한 프로세스 때문에 결국 수많은 환상들이 벌어진다는 것을 투철히 보자는 것입니다.

지금 느껴지는 '좋은 느낌'과, 그것을 그렇게 느껴지게 만드는 '기준의 느낌'을 동시에 보려고 애쓰기보다는 일단은 좋은 느낌만 떠올려보세요. 좋은 느낌 떠올랐습니까? 좋은 느낌이 느껴져요? 어디에서 어떻게 느껴져요?

(가슴이요.)

좋은 느낌의 강도가 1에서 10까지 중에서 어느 정도입니까?

(5정도요.)

7, 8이 되는 것을 찾아보세요. 찾았습니까? 느껴져요? 어디에서 느껴져요?

(머리 쪽에서요.)

그 좋은 느낌의 질이 부드럽습니까, 아니면 신선합니까? 어떤 느낌인가요? 지금 가슴에 있어요? 가슴의 좋은 느낌에 초점을 맞춰보세요. 그 느낌의 강도가 어느 정도입니까?

(5, 6이요.)

그 느낌을 느끼면서 자문해보세요. '내가 이것을 좋다고 느끼는 것은 왜지? 왜 좋다는 느낌으로 인식하는 것일까?'라고 '그 느낌'을 바라보며 물어보는 거예요.

왜 그것을 좋은 느낌이라고 생각하나요? 왜 좋은 느낌으로 느껴져요? 그냥 하나의 느낌인데 그것을 왜 '좋은 느낌'이라고 해석하고 있을까요? 왜 그렇죠?

무언가가 좋은 느낌으로 느껴지려면 좋아하는 주체로서의 나와 좋다고 여겨지는 대상이 서로 닿아야 느껴지게 되어 있습니다. 마치 손이 솜털에 닿으면 기분 좋은 부드러움이 느껴지듯이 말입니다. 그렇게 두 개의 다른 무엇이 서로 닿지 않으면 느낌이라는 것은 일어나지 않습니다.

그러니까 지금 좋은 느낌이 일어나고 있지만 무엇이 서로 닿아서 그 느낌이 일어나는지 의식되지 않는다면, 닿고 있는 두 가지를 못 보고 있는 것이라고 볼 수 있습니다. 그냥 부드러운 솜털 하나만 있어서는 좋은 느낌이 느껴지지 않습니다. 그것을 느낄 손이라는 기준이 있어야 하는 것입니다.

만일 솜털보다 더 부드럽고 연약한 손바닥을 가지고 있다면 솜털은 거칠게 느껴질 것입니다. 이런 것이 바로 모든 느낌은 '의타적依他的'이라고 하는 것입니다. 다른 것에 의존한다는 말입니다.

마음의 상相과 의타성

마음의 상相뿐만 아니라 '느낌'도 의타적인 것입니다. 사실 모든 마음의 상相은 일종의 느낌입니다. 그래서 느낌이라는 마음의 상相이 우리 마음속 세계世界를 구성하는 필수 요소인 것입니다.

그래서 맨 처음에 대승기신론을 번역한 사람이 중국어로 번역할 때 이미지 상像 자를 쓸까 하다가, 그 의미를 따져서 서로 상相 자를 쓴 것입니다. 이것은 마음의 원리를 밝히는 핵심입니다. 그래서 '마음의 상'이라는 의미로는 서로 상相 자가 더 맞는 것입니다.

이 상들은 서로가 서로에게 의존하고 있습니다. 하얀 느낌은 검은 느낌이 있어야 느껴지고, 직선은 곡선의 경험이 있어야 느껴진다는 것을 파악하고 그렇게 번역한 것입니다.

술을 마신 후 기분이 좋아졌다고 여겨질 때 그것은 술 때문이 아닙니다. 보통은 늘 긴장을 많이 하고, 자신을 숨기고, 벽을 세우고 살아가다가 술을 마시면 그런 자신을 지키려는 마음이 마비되면서 긴장이 풀어지고 이완되는 것을 느낍니다. 그것이 긴장했을 때와 대비되어 기분 좋은 느낌이 나는 것입니다.

즉, 긴장상태에서 술을 마시면 풀어지니까 긴장과 대비되는 유연한 느낌이 기분 좋게 오는 것입니다. 중독되기 전에는 술을 마신 이유가 너무도 긴장되고 마음이 복잡하여 그로부터 해방되고 싶고, 묶여 있는 마음에서 풀려나고 싶어서 마셨더니 마비가 되고 긴장이 풀리고 편안해지는 것을 느꼈다는 말입니다.

그런데 마음은 그것을 '술을 마시면 기분 좋다'라고 해석하기 시작합니다. 사실은 그냥 이완되고 풀리는 느낌일 뿐입니다. 그런데 그동안 꽉 조여져 있었기 때문에 여기에 대비되어서 풀어지니까 기분 좋다고 해석한 것입니다. 마치 소변을 보지 못해 참고 있다가 드디어 시원하게 볼 때 느껴지는 일시적인 쾌감과 같은 것입니다.

중독의 심리적 구조

이것이 반복되면서 '풀리는 느낌' 자체에 '기분 좋다'라고 이름을 붙였습니다. 그리고는 이제 아무 일 없는데도 기분 좋기 위해 술을 마십니다. 그리고는 풀리는 느낌이 있으면 기분 좋다고 해석하고 느끼는 것입니다. 이로 인해서 술만 마시면 그 느낌이 올라오는 것입니다.

이 사람은 자기가 평상시 기분 나쁠 때, 즉 기분이 저조할 때, 그 상태일 때 대비적으로 술을 마셨을 때의 풀린 마음을 기억하고 있으니까 술을 마시는 것 아닙니까? 이 사람은 술을 마셔서 그렇다고 생각하는 것인데 사실은 지금 응축된 이 마음을 풀기 위해서 과거의 기억에 있는 풀려졌던 느낌을 가져다 쓰려고 하는 것일 뿐입니다.

그 느낌을 지금 이 순간 느낌 자체로 마음에서 만들어낼 수도 있지만, 술을 먹어서 몸에 느껴지는 풀리는 느낌에 마음의 기분좋음을 링크시켜놓은 것뿐인데, 그것을 술로 자꾸 풀려고 하고 있는 것이지요. 그러나 술로 풀면 그것은 근본적인 해결이 안 됩니다.

마음수행을 통한 해결책

그럴 때 술을 어떻게 끊느냐고 이렇게 말씀하신 건가요? 마음을 봐야 하지요. 단순하게는 되지 않고 우리가 감지感知(깨어있기 용어)라고 부르는, 느낌에 대해서 훈련을 한 이후에 느낌을 떨어져서 볼 수 있을 때 이제 습관이 된 그 술 중독의 느낌을 지나가도록 지켜볼 수 있는 마음의 힘을 기를 수 있습니다.

그러니까 우리의 해결방법은 '마음이 기분 좋게 느껴지고 기분 나쁘게 느껴지는 것이 내가 어떤 기준을 세워놓고 지금 이 순간에 그 기준에다가 힘을 주고 있기 때문이구나.'라는 것을 파악하면 그것으로부터 풀려난다는 것입니다.

그 사람이 술을 찾는 이유는 현재 자기가 '저조하다'라고 느끼기 때문인데, 그 저조한 느낌의 배경에는 좋았던 느낌이 자리 잡고 있고, 다시 그 좋았던 때로 돌아가고자 하는 마음으로 인해 술을 찾는 것입니다. 기준보다 저조하지 않으면 그것을 안 찾을 것 아니에요?

그러니까 지금 그 사람의 느낌은 배경에 가지고 있는 기준보다 저조한 기분입니다. 그래서 그것과 대비해서 이것보다 다른 좋은 느낌을 불러다가 지금여기를 탈출하고 싶은 것입니다.

의식의 움직임과 멈춤

동일시와 에너지

그러면 이렇게 기준이 되는 느낌에 에너지가 머무는 것이 동일시 상태에 있는 것이라고 볼 수 있습니다. 동일시라는 것은 내 의식적, 감정적, 에너지적 모든 힘이 거기에 머무는 상태라고 보시면 됩니다. 에너지가 많이 모이면 거기서 우리는 현실감을 느끼고 '나'라고 느끼게 됩니다.

거기에 들어가는 에너지를 끊는 것, 그것은 바로 힘을 빼는 것인데 우선 힘을 빼려면 거기에 에너지가 들어가고 있다는 것, 나도 모르게 힘이 들어가고 있다는 것을 먼저 발견해야 하겠지요. 그것이 발견되지 않으면 끊을 수 없습니다.

자동차 비유로 본 마음의 멈춤

자동차로 따지자면 달리던 자동차를 멈추려면 일단 클러치를 밟습니다. 클러치는 엔진과 연결된 동력원을 끊는 역할을 합니다. 바퀴를 멈추는 것이 아닙니다. 그런데 동력원을 끊어도 그동안 돌아가던 힘이 있기 때문에 바퀴는 계속 돌아갑니다. 그때 브레이크를 밟아서 바퀴를 멈추는 것입니다. 브레이크는 관성을 멈추는 것입니다.

우리가 하려고 하는 '힘을 뺀다'는 것도 우선 클러치를 밟아야 한다는 것입니다. 클러치는 밟지 않고 악셀을 밟은 채 브레이크만 밟으면 브레이크가 파열됩니다. 에너지를 생성하는 동력원을 먼저 끊어줘야 하는데 그것이 자동차로 따지면 클러치를 밟아 동력을 끊는 것이고, 그 다음에 기존의 관성을 멈추는 것이 브레이크를 밟아 멈추는 것과 같습니다.

느낌과 함께 가기

관성을 멈추는 데는 애씀이 좀 필요합니다. '느낌과 함께 가기'를 통해서 우리는 힘을 기르게 됩니다. 내가 내 마음의 구조를 봤더니 이 기분 나쁜 느낌이 생겨난 것은 내가 어떤 기준을 갖고 있기 때문이고 그 기준이 작동하는 어떤 스토리 속에 빠져 있기 때문이구나 하는 것을 알고 그 스토리에서 힘을 뺐습니다. 그래서 동력이 끊어졌습니다.

그래도 기분 나쁜 것이 남아있습니다. 열이 올라와 있고 몸에 느낌이 있기 때문입니다. 그럴 때 '그 느낌과 함께 가기'를 하는 것입니다. 느낌은 느낌대로 두고 내 할 일을 하는 것입니다. 그러면 그것은 조만간에 사라지게 되어 있습니다.

그런데 그 느낌만을 자꾸 없애려고 하면 할수록, 도리어 그 스토리에 주의가 가고, 그것은 스토리에 힘을 주는 것이기 때문에 느낌은 없어지지 않고 살아남습니다.

생명력의 발현과 사용

사용자 없는 사용

그렇게 의식의 움직임과 멈춤도 마찬가지입니다. 이제 생명력의 발현과 사용을 이야기할 것입니다.

그런데 사용이라는 말에는 약간의 오해가 있어요. 사용한다는 건 사용하는 주체가 있기 마련입니다. 그러나 자기의 욕구로부터 자유로워진 사람은 이제 자기의 욕구는 없기 때문에 사용자가 따로 있지 않습니다. 이제 쓰일 뿐이죠. 무엇에 쓰이느냐? 내가 관찰한 그 결과에 쓰입니다.

예를 들면, 어린아이는 자기의 욕구가 없어요. 두세 살짜리는 배고프면 먹고, 오줌을 싸서 축축하면 울어서 그 축축함을 해결하려고 할 뿐입니다. 그 외에는 자기 욕구가 없죠. 그 아이한테 연필과 종이를 주면, 그리려는 욕구가 없어도 그림을 그립니다. 즉, 어린아이에게 명령하는 것은 자기의 욕구가 아니라 환경입니다. 주변이 이 아이에게 명령을 합니다. 자기의 창조력을 막 발휘하잖아요? 누가 하라고 하지 않아도 온 벽에다가 합니다. 즉, 어린아이는 내적인 특정 욕구가 없지만 생명력은 끊임없이 분출하기에 뭔가를 하게 됩니다. 이때 종이와 연필이라는 도구를 통해 밖으로 분출할 문이 생긴 것이지요. 그래서 막 쓰는 것입니다.

여러분도 개인적인 욕구가 모두 허상이고 어떤 틀에 묶인 욕구라는 것을 알게 되면, 이제 코끼리가 더 이상 말뚝에 묶여있지 않아도 된다면, 생명력은 자유롭게 움직일 수 있게 됩니다. 그때는 개별적인 욕구로는 잘 움직여지지가 않아요. 그는 충분히 만족하고 더 이상 내적인 요구가 없으므로 주의가 밖을 향하게 됩니다.

사실 그때서야 밖이 보여요. 주변에 뭐가 부족한지, 저 사람이 뭘 아파하고 있는지. 그렇게 사람을 위해 아니면 그런 상황을 바꾸기 위해, 힘들어하는 사람 또는 배우려고 하는 사람들을 위해서 내 힘을 저절로 쓰게 된단 말이죠.

이제 생명력의 사용에 대해서 이야기를 나눠보겠습니다. 생명력은 기본적으로 분리를 통해서 일어나고 드러납니다. 긴장 관계, 극성을 통해서 일어나게 되죠.

극성이란 것은 무엇입니까? 나눠졌다는 뜻입니다. 남극과 북극, 플러스와 마이너스, 구심력과 원심력, 입자와 반입자, N극과 S극, 남자와 여자, 빛과 어둠처럼 이런 차이 나는 것이 극성입니다. 그 극성이 강하면 강할수록 그 사이에 에너지는 강하게 발생하지요. 그때 에너지는 좋지도 나쁘지도 않는 의미에서의 에너지입니다.

그래서 분노가 강한 사람은 사랑도 강하게 할 수 있겠죠. 그래서 감정의 기복이 심한 사람들은 아주 좋았다가 아주 나빴다가 그래요. 그 사람은 에너지가 높다는 뜻입니다. 나쁜 것은 아니에요.

다만 좋았다가 나빴다가 하는 이 감정의 요동을 싫어하지 말고, "아! 내가 에너지가 강해서 그런 것이구나!" 하고 본질에 뿌리를 박고 사용하는 것은 문제가 없어요. 언제든 멈출 수 있으면 되지요.

파도를 타는 기술

그런데 본질이 파악되지 않으면 자유롭게 감정을 쓸 수가 없어요. 자유롭게 그 감정의 파도를 탈 수가 없고 오히려 빠져버리고 맙니다. 그러니까 파도를 탈 줄만 안다면 2미터 파도가 와도 상관없어요. 두렵거나 고통이 오기보다 그 반대로 재미있어요. 그러나 그것을 타지 못하면 빠져 죽는 것입니다. 조울증이 그렇습니다.

내가 조울증을 겪는 분을 한분 아는데, 이 사람이 조증에 걸렸을 때는 너무 기분이 좋고 업되어 있어서 1년 중 6개월을 끊임없이 일을 만들고 사람들과 연결하고 아이디어를 제안하며 같이 해보자고 그래요. 그래서 계획을 세우고 실천도 합니다. 매일 전화오고 이메일을 보내고 그래요.

그런데 6개월이 지난 어느 날부터 아무런 소식이 없어요. 일은 벌여놓고 말이죠. 그래서 뭐하냐고 물어보면 우울증에 걸려 나가기가 싫다고 이야기를 해요. 그럼 저는 "일은 그렇게 벌여놓고 어찌해야 합니까?"라고 말합니다. 그는 시작만 하고 마무리가 없어요.

그러므로 이렇게 6개월 단위의 강한 극성은 일을 지속적으로 해낼 수 없게 합니다. 오히려 강한 극성이 빠르게 왔다가면 그것은 나름대로 뭔가를 이루어낼 수 있습니다. 그러나 자신의 반대 극성의 에너지를 자유롭게 멈추거나 움직이지 못하면 이런 일이 벌어지는 것입니다. 즉, 에너지 흐름을 자유롭게 타고 목적한 바를 향해 지속적으로 움직일 때 에너지는 사용될 수 있는 것입니다.

다시 돌아가서 생명력이라는 것은 기본적으로 분별과 분리, 마음에서 나눠지는 것으로부터 생겨납니다. 그런데 대부분은 그 나눠진 것 중의 일부만을 가지고 자기라고 여기니까 여기에 동일시되어 빠져버리게 됩니다.

에너지를 사용하기 위해서는 이 두 가지 모두가 내 마음 속에서 일어나고 있다는 것을 발견해야 됩니다. 예를 들어, 드라마로 따지면 주인공과 적군이 있는데, 주인공에만 동일시되어서 그 나머지는 자기가 아니라고 여기는 것, 이것이 문제를 만든다는 것입니다. 사실 둘 다 내 마음 속에서 일어난다는 것을 알아채야 합니다.

이걸 보면서 이 둘을 나눠놓고 하면 아주 강한 재미가 있습니다. 드라마가 재미있는 이유가 뭡니까? 그 안에서 아무리 살인을 하고 폭행을 하고 또는 아주 좋은 것이 일어났다고 하더라도 나는 이것과는 아무 상관없는 관객이다 라는 것이 밑바닥에 깔려있기 때문입니다. 그러하기에 공포와 쾌락에 매몰되지 않고 드라마를 즐길 수 있는 것입니다.

사실은 동일시되어 푹 빠져야 흥미와 두려움을 느낄 수 있습니다. 푹 빠지지 못하면 재미가 없습니다. 푹 빠진다는 것은 마음의 분열 속 일부와 동일시되어야 가능한 것입니다.

그런데 이것이 동일시라는 것을 알고 거기서 빠져나오면 재미가 없어져요. '인생 뭐 있어?'라고 합니다.

그런데 동일시를 하면서도 저 밑바닥에서는 모든 게 내 느낌일 뿐이라는 것이 분명한 사람은, 그 강렬한 분열과 동일시 속에 있으며 감정을 진하게 경험하여도 상관없습니다. 강렬한 슬픔 속에 있어도 괜찮아요. 그중 하나에 동일시되어 있어서 강한 슬픔이 올라온다는 것을 의식적으로 알고 있기 때문입니다. 분노가 올라와도 괜찮아요. 이것이 분리없음을 기반하여 분리있음을 사용하는 상태입니다. 그러나 동일시만 있을 때는 그것이 쉽지 않아요. 강한 파도 위에 있기 때문입니다.

대부분 마음공부를 하는 사람들은 마음의 파도를 가라앉히는 데에 초점을 많이 맞춥니다. 그러면 에너지가 자꾸 다운되고 가라앉죠. 그래서 이 작업을 하며 자꾸 다운되고 가라앉는 것은 동일시를 '쓰지' 않기 때문입니다. 동일시를 써야 합니다.

동일시를 쓴다는 것은 동일시에 빠지는 것과는 다릅니다. 즉, 강렬한 감정을 일으키는 드라마를 보고 있지만 그것이 드라마라는 것이 분명할 때 드디어 동일시를 쓸 수 있는 것입니다. 그래서 '나'는 마음 놓고 드라마에 몰입을 할 수 있어요. 그것이 하나의 드라마이고, 실제로는 아무 일도 안 일어난다는 것을 아니까. 내가 무슨 일을 하더라도 안전하다는 것을 파악하고 있는 것입니다. 안전하다는 게 없으면 그렇게 못할 것입니다. 심리적 안전이 보장될 때 사용한다는 것이 가능합니다.

개인성이라는 질량 현상

개인성은 기본적으로 개인이라는 것, 자기라는 것이 구성되어 있고,

개인적인 특성이 강하게 드러날 때 개인적이라고 합니다. 힉스 입자로 따지면 뭉쳐있는 상태입니다.

그런데 그 개인이라는 존재는 하나의 관계고 현상입니다. 힉스 입자가 입자로서 있는 것은 뭉쳐져 있기 때문이지 원래 있는 것은 아니란 말이죠. 동일시되어 있기 때문에 있는 것입니다. '내가 옳다'라는 믿음 또는 '나는 어떤 사람이야'라는 스토리에 에너지가 뭉쳐있기 때문에 그 때 개별성이 존재한다고 느껴지는 거예요.

거기서 에너지를 빼면 어때요? 전체주의(깨어있기 용어) 했을 때, 평상시 '나'라고 했던 것이 있나요? 희미해진단 말이죠. 그럴 때는 어때요? 개인적인 특성이 존재하지 않습니다.

이렇게 간단하게 실험할 수 있는 현상이지만 그것을 크게 느끼고 살펴봐야 해요. '이것이 별거 아니네? 다시 돌아오면 내가 생기는 거 아니야? 나 있는데?'라고 말할 수도 있는데, 그렇게 말하는 '나'라는 것이 왜 전체주의를 하면 사라지냐 이거예요. 그것은 '나'라는 것이 일시적인 현상에 의해서 나타나는 느낌이기 때문입니다. 그것을 통찰해내야 하는 것입니다.

중력과 끌림의 법칙

그것이 아주 철저하게 되면 나라는 것이 있어도 상관없는 것입니다. '나'라는 것도 하나의 내적인 에너지 뭉침에서 일어나는 현상임을 알게 되니까요. 그래서 모든 존재는 하나의 현상이라는 것입니다. 즉 주의의 입자들이 움직여서 일어나는 현상입니다.

힉스 입자가 뭉쳐있으면 어때요? 모든 뭉쳐진 것은 중력을 발휘합니다. 그리고 끌어당기죠. 그래서 지구는 달보다 질량이 크니까 중력이 강해서 달을 끌어당기죠. 그리고 태양이 지구보다 중력이 강해서 수금지화목토천해명을 끌어당기고 있습니다. 또 우리 은하의 중심은 태양계보다 강하니까 태양계 자체를 은하의 중심으로 끌어당기고 있습니다.

이처럼 개인성이라는 것은 하나의 질량현상이고 자아라는 것 역시 하나의 경험적 무게감인데, 그것은 강한 끌림을 내포하게 됩니다. 그리고 더 강한 끌림에 의해 끌려가기도 합니다.

예를 들어서 내가 질량이 없으면, 어떤 것에도 끌려가지 않아요. 즉 무아無我는 어디에도 끌려가지 않습니다. 여러분들이 몸무게가 없다면 지구한테 끌려가지 않겠죠. 떠 있을 거잖아요? 지구는 중력이 있으니까 모든 것을 끌어당긴다고 생각하는데 그렇지 않습니다. 무게가 있는 것만 끌어당기죠. 내가 무게가 없으면 지구한테 끌려가지 않아요.

마찬가지로 내가 무게가 없으면 어디에도 끌려가지 않습니다. 내 의식적인 무게가 없으면, '내가 옳다'는 게 없으면, 어떤 사람도 두렵지 않아요. 왜냐하면 나를 틀렸다고 말할 사람이 없기 때문에요. 내가 주장하는 게 없는데 나를 어떻게 치겠어요.

개인성의 필요성

"당신 틀렸어."라고 나한테 말하면 "뭐가 틀렸어요?"라고 물어보겠죠. 그러면 "글쎄... 어쨌든 틀렸어."라고 말한다면, 보통은 화가 나거나 막무가내라고 상대하지 않거나 상처받거나 할 것입니다. 그러나 상처받을 것이 없는 마음은 가볍게 여기고 그냥 지나갑니다. 그것이 바로 상처받을 개인이 없는 마음이란 것입니다.

그러나 개인성을 가지고 있어야 합니다. 쓰기 위해서. 그런 것 저런 것 아무것도 없다면 현상계에서 쓸 수가 없죠. 좋고 싫음도 없고 마음에 올라오는 그 어떤 느낌도 없으면 분별 자체가 안 되고 의식 자체가 일어나지 않습니다.

구별은 해야 되잖아요. 이 사람 저 사람 구별이 되어야 하는데 맨날 전체주의(깨어있기 용어)로만 있고 주의에 주의 기울이기(깨어있기 용어)만 하고 있으면, 구별이 안 됩니다. 이 사람은 화났고 저 사람은 좋아하는데 화남과 좋음이 구별이 안 돼요. 그러면 내가 사람의 기분에 맞춰서 대응할 수가 없잖아요. 화났으면 조심해서 기분을 풀어주거나 잠깐 멀리하거나 해야 하는데 아무 느낌도 없고 분별이 안 되면 앞에 서 있는 나무와 똑같죠.

그러니깐 개인성은 필요하다는 거예요. 의식적인 삶을 사는 데 있어서. 그러나 그 개인성에 매몰되지 말라는 거예요.

개인성이 생기면 당연히 거기에 맞서는 게 생기겠죠. 저항이 생깁니다. '나'라는 것이 생기면 당연히 여기에 부딪히는 것이 생겨날 수밖에 없죠. 그래서 장자의 빈 배에 대한 비유를 보면 개인성은 하나의 허상이라고 말하는 것입니다.

장자의 빈 배 이야기가 있죠? 한사람이 배를 타고 가다가 저쪽 배와 부딪혔어요. 그래서 막 화를 냅니다. 왜? 저쪽에 사공이 있으니까요. 그래서 "너 왜 그랬어?"라고 막 화를 냅니다. 그런데 조금 더 가다가 더 크게 부딪혔어요. 그런데 이상하게 사공이 화를 안 내요. '왜 그러지?' 하고 봤더니 저쪽 배에 사공이 없어요. 화낼 사람이 없어요. 그러면 화가 안 나겠죠. 그런데 상상으로 사람이 있다고 생각하면 화를 낼 수도 있습니다.

그렇게 맞선다는 것은 개인성이 있을 때 생깁니다. 그것은 저항이고 개인성을 위협합니다. 내가 있으면 누군가가 그것을 깨뜨릴 수 있다는 말입니다. 도끼가 다가오면 위협으로 느끼겠죠. 그런데 깨져도 상관이 없으면 도끼가 다가와도 두렵지 않죠. 그래서 누군가 내 마음을 도끼로 치고 가도 괜찮습니다. 터미네이터처럼 목이 잘려도 다시 붙어요. 이것은 물리적인 현상의 이야기가 아니라 마음의 이야기입니다.

무의식적 발현과 의식적 사용

도끼가 다가오면 위협으로 느끼고 강하게 저항하고 싶어집니다. 기분 나쁘게 하고 위협을 느끼게 하면 멀리하고 싶죠. 그 강한 느낌은 드디어 생명력을 발현시킵니다. 그러니 분노는 생명력을 발현시킵니다. 개인성과 그에 맞서는 것이 끌고 저항함으로서 생명력이 발현됩니다. 드러난다는 것입니다. 그러나 그것을 사용하는 것은 아니에요. 거기에 쓰이죠. 내 몸과 마음이 자동적으로 주입된 스토리와 개인성에 의해서 내 생명이 쓰입니다.

즉 개인성과 그에 맞서는 것이 무의식적으로 발현될 때, 전 우주적인 흐름 속에서 하나로 돌아가게 되는 것입니다. 예를 들어, 동물들이 다 그렇습니다. 동물들은 특별히 자아가 강하지 않아요. 그래서 잘 삽니다. 무의식적으로 배고프면 짖고 먹이를 찾아다니고 먹고 졸리면 잡니다. 그 동물을 한 대 때린다고 해서 아파서 콱 물려고는 하겠지만 내일 가서 그걸 기억하고서 '저 녀석이 어제 날 쳤어?'라고 기분 나빠하지 않습니다.

우리가 키우는 개 까미가 그렇습니다. 까미는 정말 현재를 사는 아이예요. 지나간 건 거의 기억하지 않아요. 반대로 태풍이(다른 개)는 조금 기억해요. 그래서 태풍이는 똑똑하다고 하는데 그래서 재는 가리는 게 많고 눈치를 많이 봅니다. 그래서 좋은 점은 뭐냐면 손님들이 오면 하룻밤 잔 사람들은 구별하고 더 이상 짖지 않아요. 안 잔 사람은 아무리 자주 와서 먹이를 줘도 짖어요. 그런데 까미는 무조건 좋아합니다.

그렇게 생명의 힘이 무의식적으로 발현되는 것입니다. 그것은 전 우주 속에서 만들어 놓은 흐름 속에서 그냥 묻혀서 시계추 돌아가듯이 같이 돌아가고 있을 뿐입니다. 그러니까 느낌으로 된 프로그램은 청사진이 분명히 있지만 가변적이지는 않습니다. 그렇지만 인간의 프로그램은 가변적입니다. 그래서 의식을 살펴보고 철저히 구조를 보면 그 프로그램이 변화할 수 있어요. 그리고 그 프로그램에 묶이지 않을 수 있습니다. 묶이지 않으면 새로운 차원으로서의 삶이 일어나는 것입니다.

본질에 뿌리박은 사용

자, 그래서 무의식적일 때는 이 둘의 흐름(개인성이라는 흐름과 그 개인성에 맞서는 흐름)에 여러분의 생명력의 힘은 사용될 뿐입니다. 그냥 쓰이는 거예요. 나도 모르게 화가 나고, 나도 모르게 기분이 좋고, 멈출 줄도 모르고 어떻게 멈춰야 될지도 모릅니다. 이런 건 무의식적인 삶이라고 봐도 틀림없어요.

이 둘에서 벗어난, 그래서 본질을 터득한 후에는, 이제 드디어 이 둘을, 개인성과 개인성에 맞서는 이 과정을 사용할 수가 있게 됩니다. 사용한다는 건 나를 위해 쓴다는 게 아닙니다. 이제 내 욕구는 별로 없어요. 내가 하고 싶다는 건 별로 없어요. 밖에서 저 사람이 필요로 하는 게 느껴지면 그 사람을 위하는 것이 나를 위한 것도 되는 거거든요.

내가 여러분을 위해서 이렇게 목 아프게 떠드는 것이 여러분들에게 도움이 된다면, 여러분들이 나를 위해서 이렇게 떡도 사오고 전체를 위해서 이렇게 해오는 것 아닙니까. 우리 같이 좋은 모임을 만드는 것이고요. 같이 살아간다는 것이 된다 이것입니다.

전체를 위한 기여와 자기 확대의 역설

우리 속에는 다 전체를 위해 희생하고 봉사하고자 하는 마음, 전체를 위해 기여하려는 마음이 있습니다. 거기서 기쁨을 느끼죠. 그것이 주변을 끌어 모으고 자기를 확대시키는 측면도 있는 것입니다. 자기를 확대시키면서 전체를 위하는 것, 그것이 그런 마음이 들게 되는 이유죠.

그래서 그것이 커지면 커질수록 자기는 완전히 전체가 되겠죠. 기여라는 것은 어떻게 보면 밖을, 내가 아닌 것을 위하는 게 아닙니다. 저 밑바닥에는 자기를 확대하고자 하는 욕구, 자기를 확대해 우주가 되고자 하는 것입니다. 기쁨이 일어나는 이유가 이것입니다.

기쁨이 일어나는 이유는 두 가지밖에 없습니다. 하나는 확대해서 전체가 되고자 하는 과정 속에서 기쁨이 일어나고, 또 하나는 자기를 소멸시켜서 자기가 없다는 것을 발견할 때입니다. 왜냐하면 우리가 특별한 어떤 고정화된 실체나 입자가 아니기 때문입니다.

그래서 생명력의 본질적인 원천은 무無라고 할 수도 없는 무無입니다. 이렇게 말하는 이유는 무無 그러면 '있다'의 반대로서의 '무無'라고 생각하기 때문에 그래요. 아무것도 없는 게 아니라 없는 것도 아닙니다. '있다/없다'라는 것도 개념상의 일이기 때문에 어쩔 수 없이 이렇게 얘기했습니다. 그냥 말로 할 수 없는 그 무엇입니다.

그래서 무라고 할 수 없는 무에서 만상이 솟아날 수 있는 기틀이 되는 것이고 그때는 없다고 할 수 없어요. 그러나 그 어떤 무엇이 '있다'라고 잡아낼 수 없기 때문에 '있다'도 아닙니다. 그런 의미에서 있음도 없음도 아닌 것. 다만 생명력의 본질적인 원천은 이것이고 거기서 현상이 드러나고 발현됩니다.

분열과 차이의 발현

그 현상적인 최초의 모습은 분열이고, 그것이 드러나 발현되는 것은 차이에 의해서입니다. 나눠진다면 두 개에 차이가 있어야 해요. 둘로 나눠지긴 나눠졌는데 차이가 없으면 흐르지 않습니다. 높고 낮음, 많고 적음, 강하고 약함 이런 차이가 있어야 흐릅니다.

높이의 차이에 의해서 물이 흐릅니다(그림35). 그러면 에너지를 만들어 쓸 수가 있어요. 해수면 온도와 깊은 바다 온도 차이를 가지고도 에너지를 만들어 쓸 수 있습니다. 기압이 높은 곳에서 낮은 곳으로 바

그림35-1 낙차이용 에너지 발생

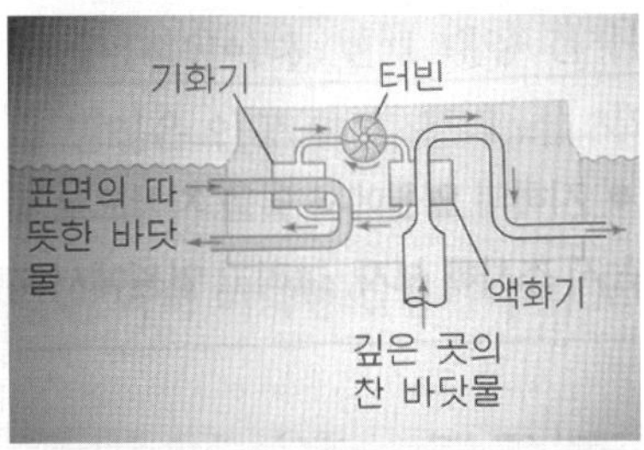

그림35-2 해수온도차 발전

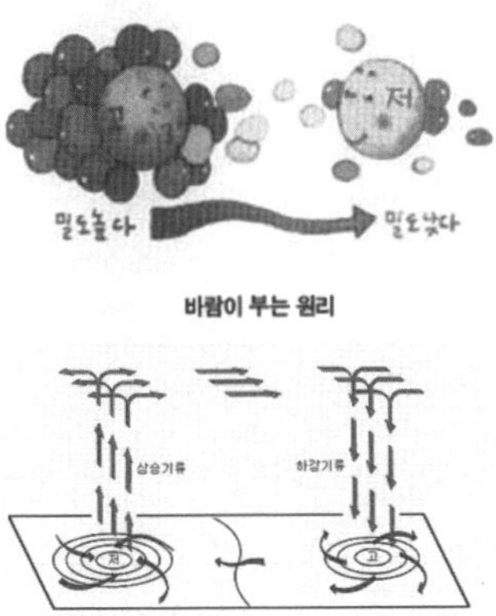

그림35-3 기압차 발전

람이 불죠. 바람이 불면서 풍력을 만들어 씁니다.

그와 같이 의식도 주의의 농도차에 의해 흐릅니다. 주의력이 흐르죠. 주의가 많이 쌓인 곳에서 적게 쌓인 곳으로 흐르면서 주체와 대상으로 주객이 만들어지고 의식활동이 생겨납니다. 만약 주객이 마음에서 구별되지 않으면 의식 활동은 일어나지 않습니다. 나와 너로 나눠지지 않으면, '이것이 나고 이것이 너다'가 없으면 의식 활동은 일어나지 않습니다.

그래서 최초의 모습은 분열이고 그 다음에 발현되는 것은 분열된 이 두 가지의 차이에 의해서 발현됩니다.

결과적으로 모든 차이의 최초의 모습은 음양陰陽인데, 음 안에 양이 있고 양 안에 음이 있음을 보듯이 그 음양은 움직이면서도 움직임이 없는 것을 볼 때 우리가 본질에 뿌리박은 생명력을 쓸 수 있습니다. 그렇지 않으면 허무감에 빠지거나 무기공無記空에 빠집니다. 기록할 가치가 없는 것이 무기공입니다.

공空은 텅 빈 마음, 아무런 생각도 일어나지 않지만, 무한한 창조력은 발휘하는 공이어야 합니다. 동시에 무한대로 에너지를 쓸 수 있는 공이어야 합니다.

현대과학과 제로포인트 에너지

이것이 현대과학으로 따지면 제로포인트 에너지라 합니다. 현대과학, 첨단과학 또는 신과학에서는 이 우주 전체는 무한한 에너지로 가득 차 있다고 합니다. 그런데 그 에너지를 꺼내 쓰려면 어떤 구조와 체계가 필요하다, 그 시스템만 만들면 그 에너지는 얼마든지 꺼내 쓸 수 있다는 게 프리에너지Free Energy라는 개념입니다. 제로포인트 에너지Zero

Point Energy, 영점零點 에너지라고도 합니다.

그와 마찬가지로 무한한 내적 에너지를 꺼내 쓸 수 있는 공空을 얻는 것이 진정한 공이지 그냥 평화롭고 고요하고 아무 일도 안하고 주저앉아있고 잠이나 자고 이런 공은 가치 없는 공, 무기공無記空이라는 것입니다.

그래서 결과적으로 모든 차이의 최초의 모습은 음양이고 음 안에 양이, 양 안에 음이 있는 것을 보는 것, 즉 '나'라고 여겨지는 것이 있으면 '나'라는 것의 저 밑바닥에는 내가 아닌 텅 빔이 같이 있다는 것, '나'라고 할 만한 것이 아닌 것이 같이 있다는 것을 발견하는 것입니다.

내가 오늘 하루 종일 일을 했는데 거기서 '내가 했어'라는 것이 있으면 그 사람은 피곤한 것입니다. 그런데 움직이면서 움직이지 않음이 동시에 있어요.

돌고 있는 그 움직임에 주의를 보내고 있으면 어지럽습니다. 왜냐하면 자기가 돌고 있기 때문에, 돌고 있다고 여기니까 내 마음에 '돈다'가 상이 잡혀있어서 그래요. 그런데 돌면서도 '움직이지 않음'이 분명히 있어요.

검은색이 느껴지려면 흰 바탕이 있어야 되듯이 움직임이 느껴지려면 '움직이지 않음'이 마음속에 바탕으로 있어야 합니다. 움직이지 않음을 기준으로 해서 움직임이 느껴지는 거예요. 어린애는 대나무가 흔들리면 움직이는지 몰라요. 대나무가 움직이는 것을 봤고 느꼈고, 움직이지 않는 것도 느껴본 사람만이 '아, 이것이 움직이는구나'라는 느낌이 생기는 것입니다.

마찬가지로 '움직이지 않음'에 초점을 맞추면 아무리 돌아도 어지럽지 않아요. 움직임 없음을 기준으로 삼고 움직임을 쓰면 사람이 지치지 않습니다. 몸은 지칠 수 있어요. 몸은 지치면 쉬면 됩니다. 그러나 마음은 지치지 않습니다. 왜냐하면 마음이 분열된 상태 중의 어느 하나와 동일시된 게 아니라 이 둘 다가 마음속에서 일어나는 현상이라는 것을 보기 때문에 마음은 지치지 않는 것입니다. 그후에 드디어 음양으로 나눠진 이 마음의 분열을 쓸 수 있게 되는 거예요.

음양의 조화와 무한한 생명력

이 둘 다를 현상화시킨 마음의 바탕, 이 움직이는 두 개의 현상의 바탕인 '움직이지 않는 것'에 뿌리를 박고 이 둘을 경험하게 되면 이 둘을 드디어 사용할 수 있게 됩니다. 예를 들면 '사랑에 도전한다'는 모습으로요.

사랑은 감싸안고 끌어와 품으며 부드럽게 이완하는 음성陰性이고, 도전은 밀고 나가며 강력하고 확장하는 양성陽性입니다. 그런데 사랑만 하거나 도전만 하는 것은 치우친 것이라면 '사랑에 도전한다'는 균형 잡힌 것입니다. 이를테면 내가 싫어하는 것을 사랑하는 데 도전해보겠다 같은 것이지요.

'도전해보겠다' 하면 힘이 나잖아요. 그러나 사랑하는 것에 도전하는 거예요, 깨부수는 것에 도전하는 게 아니라. 에너지적으로는 좀 모순됩니다. 이런 게 음양이 조화된 것입니다. 이렇게 둘이 결합되면 생명력은 드디어 무한하게 발현될 수 있습니다. 음과 양이 서로 북돋고 억누르면서 끊임없는 차이를 만들어내기 때문입니다.

음양의 조화 사례

사랑과 도전의 조화를 통한 생명력 창조

생명력은 도전과 사랑의 조화에서 나옵니다. 한 사람을 사랑하는 데 도전하는 것, 어떤 사물을 사랑하는 데 도전하는 것, 마음에 들지 않는 상태나 조건을 사랑하는 데 도전해보는 것에서 생명력이 나옵니다. 내가 좋아하는 것을 사랑하는 것은 생명력이 나오는 게 아니라 끌려간 것입니다. 대부분이 끌림에 끌려간 거예요.

사랑은 연약하고 이완되고 품어 안고 하나가 되는 흐름이라면, 도전은 분리하고 강하며 치솟고 차고 나갑니다. 즉, 나와 너를 나눠놔야 도전할 수 있겠지요. '나는 아직 아니야, 저걸 성취하려면 더 노력해야 해, 애써야 돼.' 둘 다 나눠놓고 그걸 위해서 나갑니다. 이래서 도전은 분리하는 거예요. 강합니다. 치솟고 욕망이 가득 차 있습니다.

음과 양이 이렇게 나눠진 거라면, 사랑에 도전하는 것은 음과 양이 함께 있습니다. 생명력은 양성 속에 음성이 있고 음성 속에 양성이 들어있는 것, 그것이 의타성依他性입니다. 생명력은 바로 진동이기 때문입니다. 주고받음, 그러니까 싫은 사람을 계속 보고있는 것, 이것도 생명력이 활성화돼있는 상태입니다.

관계 속에서 발견하는 생명력

잘 보세요, 정말 싫은 사람은 뭐만 좀 바꾸면 정말 좋아집니다. 싫지도 않은 사람은 좋지도 않아요. 싫어한다는 것은 내가 동일시될 소지를 가지고 있는 사람입니다. 그 사람의 어떤 측면만 바꿔 버리면 그 사람이 좋은 사람이 돼버립니다.

내가 군대 있을 때 정말 맘에 안 드는 친구가 옆에 있었어요. 사회에 있을 때라면 절대 같이 안 다닐 친구, 얼굴도 마주보기 싫은 애였는데 같이 있다 보니 되게 좋은 점이 있는 거예요. '아, 얘는 이런 점이 있구나, 내가 못하는 걸 하네.' 이런 걸 봤고 '배울 점이 많구나.'라고 느꼈어요. 그 후로는 '이런 사람은 사귀고 싶지 않아, 만나고 싶지 않아' 이런 것이 많이 사라졌어요. 누구나 다 장점이 있다는 것을 느꼈죠.

계명구도鷄鳴狗盜 – 모든 사람의 가치

중국에 계명구도鷄鳴狗盜라는 맹상군에 관한 고사가 있습니다. 맹상군은 제나라 왕의 친척으로 부호富豪였는데 식객을 3천 명씩 거느렸다고 합니다. 부자니까 누가 지나가도 식사를 대접해줬어요. 그중에 도둑질 하던 사람 하나, 닭소리 잘 내는 사람 하나도 끼어있었어요.

어느 날 맹상군이 왕명으로 진나라에 가게 되었습니다. 그런데 진나라 소왕이 맹상군을 진나라 재상으로 삼으려고 했어요. 그가 무척 어질어 현인이라 생각했기 때문입니다. 그러자 옆에 있던 신하가 "맹상군은 제왕齊王의 일족이므로 제나라의 이익을 먼저 생각할 것이니 진나라에 도움이 안 됩니다."라고 했습니다. 그래서 진소왕은 단념하고, 오히려 맹상군을 가두어 놓고 죽이려하게 됩니다.

위기에 처한 맹상군은 사람을 시켜 소왕의 애첩에게 석방시켜 주기를 청하였고 소왕의 애첩은 맹상군의 여우털로 만든 옷이 탐이 난다고 했습니다. 원래 맹상군은 여우털옷을 한 벌 가지고 왔었는데, 이미 진소왕에게 바쳐 여분이 없었습니다. 난처해진 맹상군이 대책을 묻자, 도둑질을 잘하는 자가 "제가 그 옷을 구해 오겠습니다."라고 말하고는 진나라 궁궐의 창고에서 여우 털옷을 훔쳐 돌아왔습니다. 맹상군은 이것을 진나라 소왕의 첩에게 바쳤고 그녀는 소왕에게 맹상군을 풀어 줄 것을 간청하여 풀려나게 됩니다.

풀려난 맹상군은 바로 진나라를 벗어나고자 말을 몰아 달아나는데, 국경인 함곡관函谷關은 첫닭이 울어야만 사람을 통과시키게 되어 있었습니다. 이때 닭 울음소릴 잘 흉내 내는 사람이 닭 울음소리를 내자 근처의 닭들이 다 울었고, 새벽이 된 줄 착각한 병사들이 관문을 열어 무사히 빠져 나올 수 있었다고 합니다.

음양의 조화와 포용하는 마음

이처럼 누구라도 장점이 있다는 것, 맹상군은 그것을 안 것입니다. 높다 낮다 편견을 가지지 않고, 꼭 이익이 될 거라 생각해서 누군가를 받아들이는 게 아니라 누구나 다 가치가 있다는, 그런 느낌을 맹상군은 가지고 있었던 것입니다. 그것이 바로 모두를 포용하는 마음이고, 음성 속에 양성이, 양성 속에 음성이 있음을 아는 넓은 마음입니다. 음양이 조화롭게 형성된 마음에는 균형과 조화가 살아있게 됩니다.

음성이 강한 사람이 있어요. 그런 사람은 눈살을 좀 찌푸리게 합니다. 자기밖에 모르고 주변을 돌아보질 않아요. 그런데 그런 사람이 음성이 필요할 때는 도리어 아주 좋습니다.

러시아 통역사 사례

중국 태생의 의학박사로 문화혁명 때 러시아로 망명한 장칸첸 박사가 있습니다. 그는 생체마이크로 웨이브 전사장치를 만들어 실험한 결과 유전정보의 송신, 전달에 많은 성과를 얻었습니다. 즉, 닭발에 오리

원격 유전정보 전사기구 앞에선 장박사. 이 체임버로 그의 80세 된 아버지와 자신 및 500여명의 환자를 실험한 결과 회춘과 질병치유의 효과를 보았다.

중국명이 장칸젠인 유리 블라디미르 장 박사를 보라. 자신의 실험에 스스로가 피험자가 되었던 그는 65세의 나이가 믿기지 않을 정도로 젊고 건강한 모습이다. 그는 스스로 젊은이 못지 않은 활력을 느낄 뿐 아니라 다른 사람이 보기에 실제 나이보다 적어도 15세 이상은 젊어보인다. 위의 사진은 이번 10월 1 ~ 7일까지 미내사(미래를 내다보는 사람들의 모임)에서 러시아의 장칸젠 박사를 직접 방문해 촬영한 비디오에서 캡쳐한 화면중 일부이다.

그림36 장칸젠 박사

의 전자기장을 쏴줬더니 닭발이 오리발처럼 물갈퀴가 생겨서 나왔습니다. 또 새싹과 같은 에너지가 왕성한 생명체에서 생체에너지를 받아 나이 들고 병든 사람에게 전사해주면 그 사람이 건강해지고 어느 정도 젊음을 회복하게 한다는 장치도 만든 사람입니다.

그 장치를 국내에 도입하고자 미내사에서 러시아에 간 적이 있는데 그때 통역하는 분이 있었어요. 이분이 당시 60대 정도 된 분이었는데, 자기 것을 너무 챙기는 거예요. 통역료를 좀 과하게 원하고, 하찮은 버스비까지 다 요구하여 눈살을 약간 찌푸렸어요. 러시아에 두 번을 갔는데, 처음에는 가서 교섭이 잘 안됐고, 두 번째 이 분이 가서는 교섭이 잘됐어요. 왜냐면 이분이 자기 것을 잘 챙기는 분이니까 우리 팀에 속해서도 상대방과의 교섭에서 우리 팀을 위해 아주 잘 챙겨 계약금과 비용 등을 많이 줄이게 되었던 것입니다.

음양의 조화로운 활용

이렇게 음성이 전체에 초점을 두면 오히려 건강한 음성이 사용되게 됩니다. 그러니까 좋고 나쁨이 없어요. 어디에 무엇을 위해 사용하는지가 중요하지요. 그래서 음성 속에 양성이 있고 양성 속에 음성이 있어서 한 사람 안에 그 둘 다를 쓸 수 있는 조화로운 힘이 있다면 그것이 제일 좋겠고, 그러지 않고 편중된 사람이라도 같이 어울리면 좋습니다.

생명력은 바로 진동이기 때문에 음성과 양성의 주고받음 속에서 일어납니다. 도전과 사랑은 그 각각이 이미 음양을 갖췄죠. 도전이라는 것은 응축하면서 폭발하는 에너지입니다. 무조건 폭발만 하지 않습니다. 도전하는 사람은 가다가 부딪치면 잠깐 추스르고 다시 에너지를 회복해서 기다리죠. 응축하는 힘이 있어요. 그러다가 다시 도전합니다.

사랑은 확산하면서 품어 안습니다. 자기 것만 챙기지 않죠. 이렇게 같이 어울리잖아요. 경계가 없습니다. 자기 경계를 풀잖아요. 그것이 양적인 것입니다. 그리고 품어 안죠. 확장하지만 동시에 자기 안으로 끌어서 안아주죠. 그런 측면이 음적陰的이라는 것입니다.

본질에 바탕을 둔 개인성

진동하는 끈으로 이루어진 우주

물질의 기본 입자까지 깊숙이 들어가보면, 특별하게 고정화된 변치 않는 물질이 있는 것이 아니라 모든 소립자 자체가 진동하는 끈이라고 현재 물리학계에서는 결론짓고 있습니다. 진동하는 끈이 어떤 패턴, 어떤 방향으로 움직이느냐에 따라서 거시적인 측면에서 보면 고정화된 물질처럼 보이지만, 사실은 진동하는 에너지 끈이라는 것입니다.

또한 개별화되고 분리된 에너지 끈이 아니라, 전체가 하나로 연결되어 있는 에너지 흐름이라는 것이 밝혀지고 있습니다. 그렇다면 우리의 육체도 원소들의 집합이므로 당연히 물질 육체는 소립자 수준에서는 그렇게 얽혀 있겠죠. 그걸 얽힘Entanglement이라고 합니다. 모든 입자와 소립자는 모두 하나로 얽혀 있다고 얘기합니다.

그렇다면 우리의 몸도 소립자 수준에는 하나의 장 속에, 힉스장 차원에서는 하나로 연결되어 있겠죠. 그런데 우리의 의식은 우리의 감각에 개별화되어 있는, 개별화된 것처럼 보이는 몸과 마음에 개인성이 있다고 여기고 그것에 의식의 초점을 맞춰서 살아갑니다.

그러나 전체주의(깨어있기 용어)나 '주의에 주의 기울이기'(깨어있기 용어)만 해도 개별적인 '나'가 흐려지고 투명한 알아챔만 있는 상태로 쉽게 간다는 것은, 개별성이라는 것이 임시적이고 가변적인 현상이라는 것을 알 수 있습니다. 그럼 왜 가변적인 생각에 그렇게 목매고 살아갈까요? 그것이 가변적인 현상이라는 것을 보려면 이 의식의 구조를 보고 의식 구조 밖으로 나와야 합니다. 지금까지 깨어있기를 통해서 의식의 구조를 보고, 관성을 넘어가기를 통해서 감정의 구조를 보고 이제 그것들을 어느 정도 떨어져서 볼 수 있게 되었습니다.

전체가 얽혀져있는 생명의 끈, 생명그물life web이라고 합니다. 전체는 얽혀있고 우리가 무생물이라고 하는 것 역시 소립자 차원에서는 생명그물에 속해 있다고 할 수 있습니다. 왜냐하면 그것들도 끊임없이 움직이고 진동하는 패턴을 가진 입자고 파장이기 때문입니다. 그런 힉스입자 차원에서 보면 전체는 얽혀 있습니다.

마찬가지로 우리가 개인이라고 여기는 의식의 장도 무의식 차원으로만 내려가도 우리의 경험들이 많이 공유되고 있습니다. 그렇게 얽혀있음 속에서 '스스로 무엇을 한다'고 생각하며 무언가를 하고는 있지만, 정말 나 스스로 하고 있는 것인지 살펴볼 필요가 있습니다. 정말 내가 하고 있는가 말입니다.

내가 아침에 일어나는 것도 내 마음대로 일어납니까? 아니죠, 일어나집니다. 잠이 오는 것도 잠이 '오는' 것이지, 내가 '자야겠다' 하고 자는 것은 아닙니다. 졸려야 잠을 잘 것 아니에요? 전혀 안 졸린데 이제 자야지 하고 자는 사람은 없습니다. 내가 할 수 있는 것이 뭡니까? 밥을 먹는 것도 내가 먹습니까? 배가 고프니까 음식이 들어가는 것입니다. 배가 안 고프면 안 들어갑니다. 목마른 것도 내가 마시는 겁니까? 목이 마르니까 마시는 것입니다. 이런 식으로 엄밀하게 내가 하는 게 무엇인지 살펴볼 필요가 있습니다.

몸의 구조와 자유의 한계

그래서 나 스스로 무언가를 한다는 생각으로 하고는 있지만 그것은 내 생각일 수 있다는 말입니다. 잘 살펴보십시오. 여러분이 등을 꼿꼿이 세우고 앉아 있는데 스스로 등을 꼿꼿이 세우는 겁니까? 척추가 그렇게 구성되어 있는 것입니다. 오징어라면 그렇게 앉아있지 못할 것 아닙니까? 여러분이 그렇게 앉아있는 것이 아니라 몸이 그렇게 앉아 있도록 구성되어 있는 것뿐입니다.

우리가 앉고 일어설 수 있는 데는 한계가 있습니다. 마치 물고기가 물속에서 자유롭게 움직일 수 있지만 물 밖으로 나올 수는 없는 것처럼. 마찬가지로 우리가 의자에 앉아있을 수 있는 것은 앉았다 일어섰다의 특정 영역속 가변적인 자유도가 있을 뿐이죠. 자유로움이라고 말하는 변화의 가능성은 있지만 허리를 뒤로 꺾을 수 없는 부자유도 있잖아요. 그러므로 모든 움직임은 '내'가 하는 게 아닙니다. 몸이 그렇게 구성되어 있기 때문에 할 수 있는 가능성의 스펙트럼이 있어요. 그것을 가지고 우리는 내가 한다고 여기고 있습니다. 내가 하는 게 정말 얼마나 있겠어요. 그것을 살펴보면 내가 하는 게 없습니다. 많지 않아요.

그런데도 '내가 한다'라는 생각으로 살아가고 있으니까 그 생각 때문에 자기가 있고 '자기가 한다', '자기가 화를 낸다'라고 여깁니다. 자기가 화를 냅니까? 정확히 말하면 화가 '난' 것입니다. 그래서 구르지예프는 '인간은 기계다'라고 말합니다. 자기가 화를 '내는 것'이 아니에요. 자기가 화를 낸다면 언제든지 멈출 수도 있어야 합니다. 화를 멈출 수 없는 사람은 자기가 화를 내는 게 아닙니다. 화가 나서 거기에 끌려 다니는 것입니다. 화의 노예라 보면 됩니다.

그렇게 노예로 살고 싶지 않다면 화도 내 마음대로 내는 게 아니구나, 일어나는 것이구나를 알고, 그렇다면 무엇 때문에 일어나는가, 하고 관찰하고 살펴보고 그 구조를 봐야 합니다. 그 구조를 보면 구조 밖으로 나올 수 있습니다. 구조를 보지 못하면 구조 속에 빠져서 살아갈 수밖에 없습니다.

그래서 그저 전체가 보내오는 '힘'을 받아서 '개인이라는 모습'으로 에너지가 쓰이고 있을 뿐이라는 것을 여러분이 스스로 철저하게 인식해야 합니다. 과연 내가 무엇을 할 수 있느냐는 것입니다.

【 연습 3 】

- 전체는 얽혀 있다
- 개인은 그렇게 얽혀있는 속에서 스스로 무언가를 '한다'는 생각으로 하고 있지만 결코 스스로 하는 것은 없다. 그는 그저 전체가 보내오는 힘을 받아 개인이라는 모습으로 에너지를 쓰고 있을 뿐.
  - 내가 전체를 위해 희생하고 싶다, 전체를 위하고 싶다라고 생각하는 무엇이든 떠올려본다.

- 봉사활동이나
- 기아에 굶주리는 이들을 위해 기부하는 것,
- 누군가를 기쁘게 하려는 것,
- 전체를 위해 일하려는 것,
- 무언가 기여를 하려는 것…
- 무언가 나만을 위해 사는 것에는 부족감을 느끼는 것,
- 그것을 왜 느끼게 되었는가?

• 그리고 그러한 행동을 한다면 그때 그 행동을 누가 하는지 살펴본다.
- 과연 '내가' 하는가?
- 그것은 목이 말라 물을 마시는 것과 무엇이 다른가?
- 물을 요구하는 것은 목마름이고, 그것을 마시면 시원한 기쁨이 일어난다.

• 그에 대해 숙고해본다.

전체를 위한 기여의 충동

그래서 이제 내가 무언가를 하는가, 이것을 질문해보려고 합니다. 살아오면서 누구나 이런 생각을 해봤을 것입니다. 오직 나 혼자만을 위해 살기보다는 남들을 위해서, 내 주변과 전체에 기여하고 도움을 주고 싶다는 생각들을 가끔씩 혹은 자주 하며 살아왔을 것입니다.

여러분들이 살아오면서 전체를 위해 봉사하고 기여하고 싶다, 전체를 위해 뭔가를 하고 싶다고 생각한 것이 있었다면 그것이 무엇인지 떠올려 봅니다. 봉사활동이나 기아에 굶주리는 아이들을 위해 기부하는 것도 좋고 누군가를 기쁘게 하려는 것, 전체를 위해 일하려는 것, 나만을 위해 사는 것에는 부족감을 느끼는 것, 이런 것들을 떠올려 봅니다.

눈을 감고 여러분들이 살아오면서 나 혼자만이 아니라 남들을 위해서 또는 전체를 위해서 뭔가 기여해보고 싶다는 생각을 해본 게 있다면 그것을 떠올려서 느껴보세요. 내가 정말 그렇게 하고 싶은지. 그리고 그걸 그대로 느끼면서 왜 그렇게 느끼게 되었는지 자문해 보세요. 왜 나는 그렇게 전체를 위해 뭔가 기여하고 싶어 하는가. 왜 나는 봉사활동이나 기아에 굶주린 이들을 위해 기부하거나 행동하고 남들을 기쁘게 하고 싶고, 왜 전체를 위해 일하려고 하는가, 나만을 위해 살려고 했을 때에는 왜 부족감을 느끼게 되는지 자문해 보세요.

왜 그런 생각과 그런 느낌들이 일어나는 것일까요? 그것이 과연 정말 내가 하는 것입니까? 내가 태어날 때부터 '기여해야겠어.'라고 생각하고 태어날까요? 그런 생각과 느낌들은 과연 내가 하는 것일까요, 아니면 일어나는 걸까요? 깊이 자문해 봅니다. 내가 뭔가를 하고 싶고, 기여하고 싶고, 봉사하고 싶은 그 마음은 내가 하는 겁니까, 일어나는 겁니까?

목마름과 기여 욕구의 유사성

만약에 일어난 것이라면 그것은 목이 말라서 물을 마시고 싶어 하는 것과 무엇이 다를까요? 물을 요구하는 것은 목마름이고, 물을 마시면 시원한 기쁨이 일어납니다. 여러분이 전체를 위해 기여하는 것, 누군가에게 도움을 주는 것에서 기쁨을 느낀다면, 그렇게 기쁨을 느끼는 것은 내가 목이 말라서 내 몸을 위해 물을 주고 그때 시원한 기쁨을 느끼는 것과 무엇이 다릅니까? 그 둘이 유사하다면 그것은 무엇을 의미할까요?

내가 속한 사회를 위해 기여하고자 하는 마음의 느낌은 내가 일으키는 겁니까, 아니면 우주 전체가 나에게 목마름을 일으키는 것과 같이 전체 사회가 나에게 기여하게 하는 걸까요? 그래서 그렇게 하면 기쁨이 느껴지게 하는 걸까요? 목이 마른 것은 전체 생명계와 자연계에서 자연스럽게 일어나는 물의 순환입니다. 내가 사회에 기여하고자 하는 마음은 마음을 가진 모든 생명체, 느낌으로나 생각으로 전체를 의식하는 모든 생명체가 자연스럽게 느끼게 되는 목마름 같은 것이 아닐까요?

그래서 서로가 서로에게 기여하게 함으로써 서로를 살리는 우주적인 법칙은 아닐까요? 그렇게 전체는 얽혀있는 것일 수 있습니다. 그것에 대해 한 번 깊이 느껴보고 숙고해 보세요.

이상하게도 대다수의 사람들은 자기 혼자만 잘 먹고 잘 살려고 하지 않습니다. 다 누군가에게 기여하고 기쁨을 주고 싶어 합니다. 그렇다면 그것은 그 사람이 정말 그렇게 하는 것일까요, 아니면 우리 모두에게 내재되어 있는 어떤 속성일까요.

그것을 통해서 우리 전체가 하나로 얽혀 있는 것은 아닐까요? 그렇다면 과연 나라는 개인성, 개별성은 정말 존재하는 걸까요? 생각을 빼고 한 번 깊이 들여다봅니다.

기쁨이 일어나는 순간

내가 누군가에게 뭔가 해주고 기쁨을 느낄 때를 떠올려 봅니다. 그리고 전체를 위해 뭔가 한다고 여길 때 그때 느껴지는 기쁨도 떠올려 봅니다. 인류 전체를 위해 뭔가 기여한다고 여길 때 어떤 벅차오르는 기쁨이 있을 수도 있겠죠.

그런 기쁨은 왜 생기는 걸까요? 왜 전체를 위해 일할 때 우리는 벅차오르는 기쁨을 느낍니까? 내가 뭔가를 해서 누군가가 기뻐하는 것을 보면 나도 기뻐지는 것은 왜일까요?

그것이 내가 그러려고 의도하는 겁니까, 아니면 기쁨이 일어나는 겁니까? 그리고 기쁨이 일어나면 왜 우리는 그것을 더 하고 싶을까요?

기쁘다는 느낌, 그것은 우리를 행동하게 만듭니다. 기쁜 느낌이 일어난다고 그런 행동을 꼭 해야 한다는 이유가 있습니까? 그런데 우리는 그런 행동을 하고 싶어 합니다.

내가 '기쁨이 일어나는 그 행동을 꼭 해야겠어'라고 생각하고 의도해서 그렇게 하는 건가요, 아니면 그런 행동이 일어나는 겁니까?

그러한 기쁨을 통해서 우리는 전체가 하나로 얽혀있는지도 모릅니다. 서로가 서로에게 해줄 수 있는 무언가를 마치 목마른 느낌에 물을 마시듯 그런 느낌들로 얽혀있는 것인지도 모르죠.

그래서 그런 개별적인 특성, 개별적인 경계심만 사라지면 2002 월드컵 때처럼 전체가 하나되어 개별성이 사라지죠. 분명히 그러한 측면이 많이 있는데도 우리는 개별적인 것에 많이 초점을 맞추고 살아갑니다.

사실 우리는 개별적으로 살아가는 듯 보이지만 모두들 늘 전체를 위해 무언가를 하려는 뜻을 품고 삽니다. 그것을 깊이 들여다보면 그것은 전체를 위하는 것이 개별성을 더 강하게 하는 측면도 있다는 것을 무의식적으로 느끼기 때문이죠.

그러므로 전체와 부분이라는 개념상으로 나눠놓은 분리가 있을 뿐이지, 사실은 전체를 위한 것이 개인을 위한 것이기도 하다는 것을 의미합니다. 개별성과 전체성은 서로 다른 게 아닐 수 있다는 것입니다.

부분과 전체의 얽힘

그것들은 다른 측면에서 바라본 모습일 뿐, 그 모든 것이 얽혀 있을 수 있습니다. 부분과 전체는 이렇게 얽혀있을 수 있어요.

마치 위胃와 간肝이 서로 부분으로써 다른 것 같지만 몸이라는 전체 속에서 얽혀 있듯이, 나와 너라는 개별적인 의식의 개인성도 나눠진 것 같지만 전체로써 얽혀서 서로 상대에게 뭔가를 기여하고 위해주고 싶은 마음이 밑바닥에서, 내가 안전하다면, 일어날 수 있다는 것입니다.

결국 이런 무의식적 행동은 개인과 전체라는 것이 따로 없음을 보여주기도 합니다.

충분히 연습해보고, 느껴지는 것이 있으면 돌아와서 경험 요약을 합니다. (참가자를 보며) 자, 어떻습니까?

참가자 A: 기여하고자 했던 생각을 제가 했다는 생각은 안 들어요. 그때를 돌이켜 보면 그런 상황을 보았고 그것에서 일어난 감정에 따라서 했던 것 같아요. 그리고 기쁨이 왜 일어나는지에 대한 것 또한 그 기쁨이 내 것이라 하기엔 근거가 없어요. 그냥 일어난 것, 내가 기뻐한 게 아니라 기쁨이 일어났어요.

그 행위를 했다고 해서, 전체를 위해 기여했다고 해서 왜 기쁨이 일어날까요? 나는 그저 행동했을 뿐인데.

그렇죠. 그것이 바로 전체가 나한테 주는 보상 아닌가 이것입니다. 전체를 위해 일했으니까 기쁨을 좀 느껴라 하고. 그래서 너는 전체의 일부고 전체를 위해서 네가 행하는 것이 곧 너를 위한 것이라는 의미를 주는 하나의 상징일지도 모르죠.

A: 모르는 거네요?

모르죠.

A: 아는 건 뭔가요?

아는 것은 없습니다. 그냥 한 번 생각해 보라는 것입니다. 느낌으로. 과연 내가 했는지.

A: 느껴보면, 그건 내가 한 게 아니에요.

삶이 가벼워지는 경험

그래서 그것을 발견해보니 어떻습니까?

참가자 A: 늘 당연했던 것이 당연하지 않은 것이어서 충격이었습니다. '내가 한 게 아닌데'라는 것을 느낌으로 느끼면서 삶이 가벼워진 느낌이 들어요. 내가 일구어 놓은 것에서 내가 커지고 주장하려 했던 것이 우스꽝스럽게 느껴지기도 하네요. 내가 저질렀다고 하는 모든 상황도 그 상황과 조건에 의해 일어났다는 것이요. 그것에 대해서 놓여나는 것도 있고요.

좋습니다. 그래서 나의 의식이 내가 모르는 어떤 더 큰 의식과 얽혀 있다, 라는 막연한 감 같은 것이 혹시 있나요?

A: 조금씩 생기는 것 같아요. 확실치는 않지만요.

확실해질 때까지 열심히 해보세요. (다음 참가자를 보며) 어떻습니까?

참가자 B: 사실 몇 년 전부터 와 닿았던 부분이었거든요. 당연히 나를 위해 살았고 나를 위한다는 것 자체가 의미였는데, 나라는 게 뭐지, 나라는 게 허상이라고 해서 그것을 공부해 가면서 정말 그런 것 같다고 조금씩 체험이 됐습니다. 그러면서 천국과 지옥이 꼭 죽어서의 일이 아니라는 것, 지금 여기서 벌어지고 있다는 것이 와 닿았습니다. 그러면서 이런 마음이 드는 것들이, 내가 분리되고 떨어져 있다는 느낌이 아니고 나도 세계와 존재들과 연결되어 있다는 느낌이 들었어요.

그래도 나를 위해 사는 부분이 많았는데 그렇게 사는 것의 기쁨이 점차

줄어들더라고요. 그러면서 나를 위해 사는 것이 오히려 더 기쁘지가 않고, 전체나 주변을 보면서 나를 생각하지 않고 그냥 일어날 때, 그러니까 이루어졌을 때 훨씬 더 큰 기쁨이 일어나더라고요.

내가 일으키는 게 아니고 전체의 일부이기 때문에 당연히 일어나는 거구나, 그 당연하다는 것이 많이 와 닿았습니다.

지금 말했듯이 내 발이 아프면 나도 모르게 손이 가서 주물러 주게 되죠. 그러니까 발이 아픈 것을 의식하면 그것을 처리하고 행복합니다.

옛날에 지구 전체가 통신망으로 연결되지 않았을 때에는 몰랐지만 지금은 텔레비전에서 저 멀리 아이티에서 일어난 지진에 대한 일들이 나오면 그 방송이 나오고 상이 비춰지고 하니까 많은 사람이 가서 돕잖아요. 왜 그 사람들이 가서 도울까요? 뭔가 거기서 기쁨이 있고 연민이 나오고 나도 모르게 돕고 싶은 마음이 일어나는 것입니다.

즉, 의식이 되면 행동이 일어나는 것입니다. 의식이 되지 않으면 행동이 일어나지 않습니다. 무의식은 그냥 느낌으로 얽혀있는 상태에서만 일어날 뿐. 의식이 되면 행동이 일어납니다. 나도 모르게 도우려고 해요. 돕는 것이 기쁘죠.

왜 그럴까요? 미묘한 의식층에서 우리는 그렇게 서로를 위하도록 연결돼 있는 것 아닐까요? 그렇지 않으면 왜 그런 일이 일어나겠어요. 왜 내 손이 할 일없이 발을 만지고 있어요. 발 아프다는 걸 못 느낀다면요.

그리고 느꼈다고 해서 왜 가서 만지겠어요? 한 몸이니까요. 자기는 안 아프지만 아픈 것처럼 똑같으니까. 느껴지는 것입니다. 느낌이 전달되니까.

그럴 때 과연 이 손이 자기가 발을 만지는 겁니까. 손이 하는 거예요? 아픈 발에 손이 가게 하는 것은 바로 발과 손의 다르지 않음이죠.

하나로 얽혀있는 것입니다.

하나로 얽혀있는 존재들

그런 것처럼, 만약 내가 곤경에 처한 누군가를 도울 때, 그 사람이 다시 살아나면 기쁨이 일어나는 것은, 그와 내가 얽혀있기 때문일 수밖에 없지 않겠어요? 안 그러면 기쁨이 일어날 이유가 뭐겠어요?

몸과 마음이 시각적으로 공간적으로 분리되어 있다고 느껴진다고 해서 우리가 완전히 개별체라고 여기기 시작한 것은 불과 얼마 되지 않습니다. 그렇죠? 원시시대만 해도 가족들은 가족공동체로 하나처럼 움직였죠. 개인성이 완전히 몸과 마음으로 구별되면, 개별적인 존재라는 것이 너무 확고하게 자리 잡기 시작해서 이런 일이 벌어지고 있을 뿐입니다. (다른 참가자를 보며) 자, 어떻습니까?

참가자 C: 느낌에 의해 움직이게 된다는 측면에서 보면, 나를 위해 하는 것과 전체를 위해 하는 것이 동일하다는 결론을 얻었습니다. 거기서 좀 더 생각해보면, 누군가를 위해서 내가 한다는 생각에서 벗어날 계기가 됐어요. 무위無爲의 위爲라고 하나요? 하는 게 아니면서 하게 되는, 필요의 느낌, 전체 상황의 느낌을 의식하고 자연스럽게 행동하는 것이구나, 나의 의도로 만들어내고 바꾸려고 하는 게 아니구나, 생각했습니다.

무위의 위

내가 한다는 생각 없이도 어떤 느낌이 올라와서 하는 것, 이런 것들이 많이 있습니다. 그것이 내가 한다는 생각 없이 하는 것, 함이 없이 하는 것, 무위無爲의 위爲, 이런 것이라고 할 수 있겠습니다. (다른 참가자를 보며) 자, 어떻습니까?

참가자 D: 저 같은 경우는 예를 들자면 엄마가 어디 아프다고 하시면 내 손이 어디 한곳에 가서 머물러서 만져주고 있어요. 그러면 엄마가, 거기 아팠는데 어떻게 알았냐? 이런 식. 그런데 저는 몰라요. 하지만 나도 모르게 어떻게 하더라고요.

몸의 측면에서도 그런 일이 일어납니다. 내가 뭘 한 것이 아니죠. 일어나고 있어요. 그렇죠? 몸이 민감하면, 몸들끼리 알아서 주고받는 것입니다. 그것을 통해서 무엇을 느낍니까? 그런 현상을 통해서 무엇을 통찰할 수 있습니까?

D: 그런 것들이 나와 연결되어 있다고 하는데, 정말 그렇나 하고 생각하게 되죠. 한 몸의 일부는 다 한몸이듯이 우리 모두가 연결되어 있구나...

오케이. (다른 참가자를 보며) 자, 어떻습니까?

참가자 E: 고속버스로 이곳에 내려오면서 버스 안 TV에서 굶주린 아프리카 아이들 모습을 봤어요. 그 장면을 보면서 저런 애들은 정말 도와주고 싶다는 마음이 들었던 게 생각났어요. 그것이 내가 한 생각인가, 아니면 자연적으로, 내 의지와 상관없이 일어난 것인가 생각해보니까 그냥 발생한 것 같다는 생각이 들었어요.

그 현상을 통해서 무엇을 통찰할 수 있어요? 뭘 알아차릴 수 있나요? 그것은 무엇을 의미할까요? 내가 한 게 아니라 일어난 것이라면, 내가 하는 많은 선한 행동들이 일어나는 것이라면, 그것의 의미는 뭘까요? 왜 그런 것이 일어날까요?

E: 아까 말씀하셨듯이 같은 공동체, 한몸이기 때문이 아닐까요. 지구에서 같이 살아가는 사람들이다, 그런 생각이 들고 그런 것들이 기본 바탕에 있어서...

특별히 내가 하는 것이 아니기 때문에, 그 도움이라는 것은 그냥 일어난 것이기 때문에 거기에 대해서 자부심을 갖거나 '내가 잘했어' 이런 생각을 가질 필요는 없겠네요?

그런데 우리 대부분은 그런 행동을 하면 뿌듯해하고 '내가 잘했어' 이런 이름을 붙입니다. '나는 선한 일을 했어' 하며 자기가 했다고 여기죠. '내가 했어'라고 마음에다 기록해놓습니다. 어떻게 보면 일어난 일에 끌려서 했을 뿐인데.

그런 것들을 의식적으로 명확히 파악하고 느끼면서 살아가라는 말입니다.

E: 그것이 이 생명체를 존재하게 하는 힘이 아닐까요?

그럴 수 있습니다. 그것이 바로 생명력이 스스로를 유지하게 하고, 활성화하게 하는 그런 구조입니다. (다른 참가자를 보며) 자, 어떻습니까?

참가자 F: 모든 것은 전체를 위한다는 게 오히려 당연한 게 아닌가 싶어서 그런 것을 생각해본 적이 없는데, 생각해보라고 하셔서 내가 왜 그걸 당연하다고 생각하지? 한번 생각해봤어요.

그렇게 교육을 받아서 그런가? 그런데 특별한 교육이 없던 시절, 역사 이전에도 이것이 다 가치 있고 의미 있는 것으로 여겨졌다는 것을 보면 교육 때문은 아닌 것 같았어요.

불쌍한 사람들을 보면 내가 '동정심을 가져야지'라고 의도해서 생긴 게 아니라 그냥 저절로 일어나는구나, 목마르면 물을 찾듯이, 그냥 일어나는 것이구나. 그런 것을 알게 됐습니다.

그렇다면 왜 이런 것이 일어나게 되는가? 했을 때, 떠오르는 말이 전체

라는 말이었어요. 결국 우리는 처음부터 어떤 개별적인 존재로서 존재했던 게 아니구나, 정말 처음부터 전체였기 때문에 이런 전체를 위한 일이 자연스럽게 일어나는구나, 그런 생각을 자연스럽게 하게 됐죠. 그런 전체에 대한 느낌이 크게 다가왔어요.

'착한 일을 해야지' 하고 했을 때도 뿌듯하지만, 의도치 않게 한 일이 결과적으로 다른 사람에게 도움이 됐을 때도 미묘하게 '내가 했어' 하는 자기강화가 느껴지더라고요. 이 부분은...

좋은 거죠, 에너지가 활성화된 것입니다.

F: 이런 것들이 목마를 때 물을 마셔서 육체를 유지케 하듯이, 이런 생명 때문에 생명을 불러들이고, 다시 채워진 생명력이 밖으로 나가고, 결국 나라는 것이 생명력의 통로로써 활용되는 것인가요?

그렇죠. '내가 했어'라는 느낌이 나의 전부가 아니라 부분적인 느낌이라는 것이 분명하면, '내가 했어'라고 뿌듯하게 느끼는 것 자체가 아주 훌륭한 것입니다. 전체를 위해서 움직이게 하는 하나의 도구가 되는 것입니다.

그런데 그것이 자기의 전부가 될 때, '그래, 내가 했어. 넌 못하는데 난 했어' 이런 식으로 자기의 전부가 되어버리면, 분리된 것 중의 하나에 동일시된 것이 주인이 된 것인데, 그럴 때는 갈등과 자부심 등에 빠지게 됩니다.

그것이 아니라, 본질적인 전체에 뿌리박고 이것들을 느낀다면, 그것은 에너지를 활성화하는 좋은 도구가 되고 있는 것입니다. 그런 것마저도 없이 가라앉을 필요는 없습니다. 전체를 유지하는 데 일익이 되고 있는 것이니까요.

기쁨을 느끼는 것 좋습니다. 자부심이라는 것 아주 훌륭합니다. 그것이 자기의 본질이 아니라는 것만 알면 말입니다. 자부심이나 '내가 잘났어'라는 느낌, 이것이 자기의 본질이 아니라는 것만 분명하다면 그렇게 느끼는 것은 아주 훌륭한 것입니다. 전체를 위해서 에너지를 계속해서 나오게 만들어주니까요. (다른 참가자를 보며) 어떻습니까?

참가자 G: 뿌듯해하는 것은 어떻습니까?

일어난 것들에 대해서 나중에 '내가 했어'라고 이름을 붙이는 경우가 많죠. 그러한 생각들이 얼마나 뿌리 없는 생각인지를 면밀히 볼 필요가 있습니다. 일어나고 있다는 것을 봐야 해요. 내가 과연 정말 하고 있느냐는 말이죠. 일어나고 있는 것에다가 생각과 개념이 이름붙인 것 아니냐는 말입니다. 그리고는 뿌듯해합니다.

그 뿌듯해하는 것이 자신의 본질적인 측면이 아니라 마음에 일어난 현상이라는 것이 분명하면, 뿌듯해하는 것은 좋지만, 그것이 파악이 안 되었을 때 뿌듯해하는 마음은 그것을 자기로 여기고 그 속에 빠지기 쉽습니다. (다른 참가자를 보며) 어떻습니까?

참가자 H: 자아가 형성된 이후 누구를 위해서 뭔가를 한다고 생각한 적이 한번도 없어요. 저를 위해서 한다고 생각했고 그 다음 차순이 '함 없이 하자'였는데..

함 없이 한다는 것은 뭐죠?

H: 그 일을 즐기는 것입니다.

왜 내가 해야겠다고 여기지 않고 함 없이 하려고 했죠? 왜 그렇게 하려고 했나요? 내가 의도했나요?

H: 아뇨, 그렇게 하는 것이 가장 편하고 에너지가 적게 들었어요. 일에

몰입되는 것이나 순수한 기쁨, 그런 것은 사실 있었죠.

의도하지 않은 몰입의 힘

그렇죠. 내가 일부러 그렇게 하려고 한 건 아니죠. 그편이 더 에너지가 적게 들고 좋았기 때문에. 오케이. 그런 것을 통해서, 내가 한다고 여기면 내 일이 아닌 것은 제쳐놓을 텐데, 내 일이 아닌 것에 대해서도 몰입을 할 수 있게 되고...

H: 그리고 제 일이 아닌데도, 나를 위해서 한다고 여긴 것 다음이 '함 없이 하자'였기 때문에 에너지를 최대한 일에 몰입해서 쓰려고 했었죠.

내가 없이 한다는 것은 결국 전체를 위한 일이 되겠죠. 좋습니다.

참가자 I: 결국 내용은 같은 것 같은데, 선생님처럼 전체를 위해서 한다는 말이 저는...

나만을 위해서 하는 것에는 부족감을 느끼는 것, 그것은 어때요?

I: 저는 저런 일 자체가 나를 위한 일이라고 느껴요. 가난한 사람을 돕는다는 생각 자체가 나한테 일어났으니까 나한테 일어난 일을 내가 해결하는 것, 나를 위한 것... 내가 부분으로서 전체인 부분인 내가 기뻐하는 게 아니라, 그냥 내 일이니까...

말 표현이 다른 것뿐이죠. 그래서 그런 것들이 내가 하는 것입니까?

I: 모르겠어요.

그것을 통해서 내가 전체와 얽혀있다는 연계성은 어때요?

I: 나, 전체, 이런 개념이 별로 없어요.

그럼 나와 남을 잘 구별하지 않겠네요?

I: 그런 의미가 아닌데... 그런 생각 자체가 나한테 일어난 일이잖아요.

나한테 '일어났지요', 내가 '한' 건 아니죠. 내가 의도적으로 한 건 아닙니다. 그런 것을 잘 보십시오.

좋습니다. 단순한 연습 같지만 한번 해보세요. 과연 내가 무언가를 위해서 기여하고 해주는 것, 또는 나를 위해서라도 이 몸과 마음이 아닌 것을 위해서 뭔가 해줄 때, 그때 그렇게 하는 것은 내가 의도한 것인가, 아니면 일어난 것인가를 한번 물어보고, 만약에 의도한 것이 아니라 일어난 것이라면 그러면 왜 그런 일이 벌어지는가를 물어보세요.

바로 그런 것들이 자신도 모르게, 흰개미의 초유기체처럼 활동하고 있는 것입니다. 개미는 초유기체라고 합니다. 흰개미를 눈으로 볼 때는 개별적인데 전체 일의 관점으로 봤을 때는 하나로 움직입니다. 초유기체.

그와 마찬가지로 우리의 의식이 무의식적으로 연결되어서 전체를 위하는 과정의 일부일 수 있다는 것입니다. 그래서 우리가 개별적으로 살아가는 듯이 보이지만, 모두들 전체를 위해 뭔가를 하려는 뜻을 자기도 모르게 품고 삽니다. 생각으로는 아닐지라도 말이죠.

무의식적 '하나'로서의 황금률

자기가 한 행동 하나하나, 나를 위한 것이라고 할지라도, 이 몸과 마음을 위한 것이 아닐 때는 전체를 위한 것이 될 수 있겠죠. 전체를 위하는 것이 개별성을 더 강하게 하는 것임을 무의식적으로 느끼기 때문입니다. 그러니까 전체성과 개별성이 다 유지되는 것입니다.

전체성과 개별성은 우리 마음속에서의 분별이지, 사실은 나눌 수 있는 것이 아닙니다. 이것이 바로 황금률이죠. 지난 시간에 이야기했던 사회적인 황금률이죠.

개인을 위한 것이 사회를 위한 것이 될 때, 그것을 황금률이라고 하는데, 그것이 분별하는 마음이 이끌어낸 하나의 법칙이라면, 이것은 무의식적인 '하나'로써 일어나는 일일 수 있습니다. 그래서 이 둘은 얽혀 있고 결국 이런 무의식적인 행동이, 개인과 전체는 따로 없다는 것을 보여줄 수 있습니다.

【 연습 4-1 】 과연 내가 듣는 것인가?

- 이어폰과 음악이 수록된 핸드폰이나 MP3를 준비한다.
- 음악을 들으며
  - 그 음악 소리가 어디에 있는지 철저히 살펴본다.
    - 그것이 귀에 있는가?
    - 그것이 머리 속에 있는가?
    - 머리 속 어디에 있는가?
    - 듣는다는 것은 무엇인가?
    - 음악은 어디에 있고, 그것을 듣는 자는 어디에 있는가?
    - 듣는 자가 느껴지는가?
    - 그렇다면 음악이 대상인 것과, 듣는 자가 마음에 느껴지는 대상인 것이 무엇이 다른가?
    - 음악은 밖에서 들리는가? 아니면 안에서 들리는가?
    - 듣는 자는 밖에 있는가? 아니면 안에 있는가?
    - 음악을 들어보고, 듣는 자를 들어보라.
- '내가 음악을 듣고 있다'는 생각이 없다면 그것은 음악에 몰입중.
  - 음악을 듣고 있다는 것은 마음이 그림을 그리고 있는 것일 수 있다.

즉 '나'는 몸이고 소리가 내 안에서 들리고 있다는 '생각' 이 있는 것이다. 이때 나를 몸과 동일시 하지말고 있어보라.

- 그리고 다시 위의 과정을 시도하라.

● 음악을 듣다가 갑자기 멈춘 후 그때 남는 지켜보는 자의 느낌이 조금 전에 듣던 음악의 내적인 느낌과 그 질에 있어 무엇이 다른지 살펴본다.

- 음악을 멈출 준비를 한다.
- 음악을 듣다가 갑자기 멈추고 거기에 듣는자가 있음을 확인하라
- 다시 음악을 틀어 듣는다.
- 다시 멈추고 듣는자를 확인한다.
- 이제는 음악을 다시 들으며 듣는자와 음악이 있음을 확인한다

● 이 전체 과정을 생각을 대상으로 진행해본다.

※ 주의:

- 소리가 너무 작아 귀에만 머무르게 하거나, 너무 커서 가슴이나 몸을 울리게까지 하지 말고, 머리 속을 관통하는 정도까지만 볼륨을 조절한다.
- 음악을 듣는 것과 내면적으로 '나'를 느끼는 것은 다름이 없다.
- 다만 '나'를 느낄 대는 가슴 쪽에서 이것이 나야라는 몸과의 동일시 느낌이 포함된다.
- 그때 그 가슴에서 느껴지는 느낌 역시 음악을 듣듯이, 생각을 느끼듯이 그 느낌을 찾아본다.
- 소리를 듣듯이 그것을 듣는자를 느껴본다. 그리고 소리와 나 사이에 거리감이 느껴지듯이, 듣는자와 나 사이에 거리감을 느껴본다.

• 소리가 어디에서 들리는지 소리 속으로 들어가본다. 소리에 집중한다.

【 연습 4-2 】

음악을 듣다가 갑자기 멈춘 후 그때 남는 지켜보는 자의 느낌이 조금 전에 듣던 음악의 내적인 느낌과 그 질에 있어 무엇이 다른지 살펴본다.

- 음악을 멈출 준비를 한다.
- 음악을 듣다가 갑자기 멈추고 어떤 생각을 한다. 예를 들어 자기가 사는 집에 있는 사람과의 사건을 떠올린다. 그리고 그 생각도 역시 하나의 마음속 대상임을 느낌으로 확인한다. 음악이 대상임을 느낌으로 알듯이.
- 다시 음악을 틀어 듣는다.
- 다시 멈추고 생각을 하고 그 생각이 대상임을 확인한다.
- 이 과정을 몇번 반복한 후 생각이 대상임을 분명히 보면,
- 이제는 음악을 들으며 동시에 생각도 한다. 그리고 음악과 생각이 모두 마음의 대상임을 확인한다(이때 음악에 대한 생각을 해도 좋음. 예를 들어 '이 음악이 좋은데, 마음에 들어' 등과 같은 생각).

※ 참고: 잘 되면 마지막에는 녹음기로 자기가 싫어하는 사람에 대한 내용을 몇 문장 30초간 녹음한 후 그것을 들으며 그것이 음악소리처럼 마음의 대상이므로 그 내용의 소리 역시 마음의 대상임을 느껴본다.

【 연습 4-3 】 몸의 느낌과 음악듣기

- 지금 몸의 느낌을 찾아본다.
- 음악을 다시 듣는다

- 그 음악이 어디서 들리는가?
- 귀인가? 머리 속인가? 마음인가?
- 어디서든 그 음악이 들리는 곳을 찾으면,
- 이제 몸의 느낌 또는 몸이 있다는 느낌을 찾아본다.
- 그 느낌이 음악이 내가 아닌 것처럼 내가 아니라는 느낌이 있는가? 그것이 느낌임을 알겠는가?

【 연습 4-4 】 부족하다는 느낌과 음악 듣기

- 부족하다는 느낌을 찾아본다.
- 음악을 다시 듣는다
- 그 음악이 어디서 들리는가?
- 귀인가? 머리 속인가? 마음인가?
- 어디서든 그 음악이 들리는 곳을 찾으면,
- 이제 부족하다는 느낌을 찾아본다.
- 그 느낌은 어디에 있는가?
- 머리 속인가? 마음인가?
- 그 느낌이 들려오는 음악과 같은 곳에 있는가?

【 연습 4-5 】

- 지금 이 순간이 '원하던 것'임을 느껴본다. 그때 '나'의 부족은 사라지고 드디어 '밖'을 보게되며 전체의 맥락이 보인다.
- 충분히 만족한 순간 우리는 '연습 2-3 나는 모른다'에서 했던 마음의 본질에 가 닿게 된다. 왜냐하면 마음에 떠오른 부족감이 완전히 사라진, 그래서 마음이 쉬는 상태가 된, 할일이 없어진 시점이기 때문이다.

【 연습 4-6 】 황홀경

- 지금 당신은 어떤 느낌인가?
- 그 느낌을 깊이 원했다고 생각해본다.
- 그렇게 원한 것이 지금 완벽히 이루어진 것이다.
- 그것을 철저히 느껴보라. 이루어진 것을.
- 원하는 것이 다 이루어졌을 때 마음은드디어 지금 이 자리에 있게 된다. 그리고 바로 이때 생명력은 더욱 쏟아져 나올 수 있다.
- 무언가 원하는 것이 있어서 그것을 향해 가는데 쓰이는 생명력은 끌려가는 생명력이요, 아무 할 일이 없어 결과를 바라지 않고 행할 때 쓰이는 생명력이 진정 순수한 생명력이다.
- 이때 황홀과 전율을 느껴보라.
- 전율이 느껴지면 그것을 척추를 따라 머리 끝으로 오르게 한다.
- 그리고 온몸에 확장시킨다.

【 연습 4-7 】 생명력의 발견

- 원하던 것이 이루어졌을 때 우리는 드디어 생명력의 원천에 접촉한 순간이다.
- 그는 이제 분리를 넘어선 것이다.
- 만족감이 느껴질 때 만족감에 젖어 모든 것을 쉬는 것이 아니라, 이제 드디어 원래의 생명수에 접한 것이니, 그때가 무한의 창조력을 발휘할 때이다. 전체를 위해서.
- 그래서 할 일이 아무것도 없을 때가 드디어 가장 커다란 일을 할 때인 것이다.
- 이 세계의 모든 현상은 쌍으로 드러난다. 빛과 그림자, 선과 악, 사랑

[小]과 미움….

- 이 분리된 현상이 하나로 합쳐질 때,
  - 또는 하나로 얽혀 돌아가고 있음을 경험할 때,
  - 또는 둘이 아님을 통찰 했을 때
  - 더 큰 사랑[大]에 들어가고, 무한의 에너지를 얻게 된다.
  - 그는 현상 이전에 뿌리박게 된다.

제3장

이유 없는 기쁨

본질의 표현: 존재, 의식, 지복

인도에 인간을 표현한 핵심단어가 3가지 있습니다. 바로 존재Sat, 의식Chit, 지복Ananda입니다. 우선 그에 대한 정의를 살펴보겠습니다.

존재Sat: 이유 없는 생명력

존재Sat란 이유 없는 생명력이고, 정성입니다. 존재는 독립적인 것이 아니라 관계이고 양극성의 움직임이며 그를 통해 생명력이 약동합니다.

의식Chit: 관계를 통해 존재하는 순수의식

의식Chit은 이유 없고 내용 없는 순수의식입니다. 존재가 양극성 또는 관계를 기반으로 하는 것처럼 의식 역시 나와 대상이란 것, 나눌 수 없는 것이 나뉘어서 그 둘 사이의 관계, 에너지 흐름을 통해서 존재하는 것입니다. 그래서 에너지 흐름이 없으면 의식이라는 것이 존재할 수 없습니다.

우리가 종종 해왔듯이 마음속의 상을 하나 떠올리고 그것을 대상으로 삼으면, 그 상을 바라보는 의식이 있다는 것을 알죠.

여러분들의 마음속에 자신이 살고 있는 집, 안방을 떠올려 봅니다. 안방을 떠올리면 안방이 보이죠. 안방이 보인다는 것은 안방을 보는 무언가가 있다는 뜻이죠. 방은 대상으로 남아 있고 방을 바라보는 흐름이 있어요. 그리고 그 흐름이 시작하는 시점도 있습니다.

즉 마음속에서도 대상과 주체라는 것이 나뉘면서 그 안에 흐름이 생겨나면서 의식 현상이라는 것이 있다는 것입니다. 의식 역시 존재의 근본인 양극성을 기반으로 작용하고 투명한 양극성, 즉 투명한 있음을 기반으로 합니다. 투명한 있음이란 아주 투명한 주체와 대상으로 나뉘어 있는 상태를 말합니다.

지복Ananda: 이유 없는 기쁨

지복至福 · Ananda은 지극한 복, 아주 기쁨이고, 이유 없는 기쁨입니다. 우리는 기뻐할 때, 거의 다 이유가 있습니다. 이유 없이 기뻐진 적도 있을 건데 그것은 의식에 남지 않고 잊혀져버립니다. 그러고는 '기쁨에는 다 이유가 있어'라고 다들 생각하고 있는 것입니다.

이것이 바로 우리가 생각 속에 들어있다는 증거입니다. 생각은 인과관계를 기반으로 하는 것이기 때문에 생각 속에 있을 때는 '기쁨에는 이유가 있어야 된다'라고 믿는 것입니다.

하지만 엄밀히 말하면 내가 초조해하고 불안해하고 해야 할 일이 있고 무의식을 긴장시키는 것만 없다면 우리는 존재하는 자체가 기쁨이라고 할 수 있습니다. 이러한 기쁨은 '이해'하기 힘듭니다. '이해'는 '분별'을 기반으로 하지만 이유없는 기쁨, 존재 자체의 기쁨은 분별이전에 그 근원이 있기 때문입니다.

양극성의 왕래에서 일어나는 지복

지복은 양극의 분열과 분열 없음 사이를 왕래할 때 일어납니다. 우리의 의식이라는 것은 나와 대상을 나누어놓고 분별하면서 의식합니다. 그 의식이 양극성의 움직임이라면(나와 대상으로 나뉘어 있으니까) 그 분별이 없어지는 쪽으로 가면 분별없음으로 가는 것입니다.

그러면 주체의 대상은 사라지면서 무심으로 아주 편한 것 이상으로 마음은 가버리는 것입니다. 그러면서 은은한 전율과 같습니다.

분별 속에만 있다가 분별없음 속으로 들어가는 순간 전율과 같은 기쁨과 하나됨, 행복 같은 것들이 생겨납니다. 그러다가 분열로 나오고 분열에서 다시 분열없음으로 들어가고 하는 이 변경에 있을 때 그 지극한 전율하는 느낌이 일어납니다.

그런 것들에 대해서 한번 살펴보죠.

존재Sat는 관계, 양극의 움직임

의식의 방향성과 시작점의 신비

존재, 의식, 지복이라는 것은 그 안에 양극성이 있습니다. 나뉘어져 있습니다. 마음의 최초의 움직임은 주체와 대상의 나뉨입니다. 대승기신론에서 말했듯이 마음이 최초로 동動하면 그 동動함이 '주체와 대상'을 만들어냅니다.

마음이 움직인다는 것은 어떻습니까? 어디인가로 움직이려고 하는 방향성을 띱니다. 그래서 의식이 한번 움직이면, 그 움직임의 시작점이 있고 움직이는 방향 쪽에 도착점이 있을 것 아닙니까? 그런데 이상하게도 의식의 시작점을 우리는 찾을 수 없습니다.

예를 들어 집을 떠올렸다면 집이 도착점이 되겠죠. 대상이 되는 거예요. 그래서 의식이 한번 일어나면 그때 이미 시작된 곳과 도착된 곳이 생겨날 수밖에 없습니다. 그것이 움직임이라는 본성입니다.

그리고 시작되는 곳은 이미 주의가 무의식적으로 많이 머물러 있기에 주체처럼 느껴지게 되고 의식적 주의는 대상을 향해 움직이게 됩니다.

지금 해보면 압니다. 천장을 한번 보세요. 천장의 형광등이 보이죠? 그것을 향해 내 주의가 흘러갑니다. 그러나 대부분 시작점과는 동일시되어 있어서 그것을 잊어버리게 되어요. 천장의 저 형광등만 내 눈에 보이고 보고있는 자기 자신은 의식하지 못합니다.

그것을 의식의 2분열이라고 했어요. 형광등이 있고 형광등을 보는 내가 있는데 '나'는 의식이 안되는 상태이지요. 없는 것은 아니지만 마음의 구조상, 대상이 있다는 것이 이미 주체가 있다는 증거니까 작용은 하고 있어요. 그래서 이런 상태에서 형광등만 보인다면, 보이지 않는 '나'에 동일시된 상태, 그래서 자기를 보지 못하는 상태라고 보면 됩니다.

그러다가 '나'를 의식하려고 바라보면 이때 또 다른 내가 생겨나면서, 이제는 의식되는 '나'라는 대상으로서의 주체감과 의식되지 않는 '진짜 주체(비개인적 주체)'로 나뉘게 됩니다. 이런 구조적인 상황이 주의가 움직임으로 해서 형성된다는 것입니다.

이렇게 마음이 한번 움직이면, 주체와 대상으로 나뉘어져서 마음은 분열됩니다. 분열이 일어나면 분열을 기반으로 모든 것이 현상화하기 시작합니다. 의식은 바로 마음의 분열을 통해 일어납니다.

존재도 역시 극성을 통해서 생겨납니다. 극성을 띤 활동간의 관계에서 '존재한다'고 여겨지는 현상이 일어나는 것입니다. 그래서 물리학자인 존 휠러는 '존재는 관계다'라고 말했습니다. 지복 역시 분열과 분열 없음 사이를 왕래할 때 생겨납니다.

지복의 본질

뭔가를 느끼려면 분열되어야 하는데 분열 속에 있을 때는 항상 희로애락에 시달립니다. 계속 기쁘면 지치기도 하거니와 기쁨 속에 있다가 쉬려고 평상 상태로 내려오면 기분이 나빠집니다. 기쁨이 기준이 되어버렸으니까요.

희로애락의 기쁨은 오래 가면 갈수록 괴로움으로 가기 쉬운데, 그것 말고 분열에서 분열 없음에서, 분열 없음에서 분열로 왔다 갔다 하는 그 중간 경계에서, 그러니까 현상에도 속하고 본질에도 속하는 그 경계에서 진동하는 것이 지복이라고 할 수 있습니다. 아무 이유 없이 기뻐지는 것을 말합니다.

존재는 관계라고 했는데 존재한다는 것은 감각 기관과 대상과의 관계입니다. 내가 경험하는 현실은 시각적으로 내 눈과 저 대상들 사이의 관계에서 오는 것입니다. 내 눈에 이 사물이 반응하지 않는다면 내게 이 사물은 존재하지 않는 것이 됩니다.

내 촉감에 이 책상이 반응하지 않고 그냥 통과한다면 내 손에는 이 책상이 존재하지 않게 되겠죠. 책상과 내 손이 서로가 서로에게 반응하는 관계이기 때문에 손한테 탁자가 존재하는 것처럼, 존재한다는 것은 주체와 대상과의 관계입니다. 서로 반응하지 않는 관계라면 서로에게 존재하지 않는 것이 됩니다.

눈이 그렇다면 촉각도 마찬가지겠죠. 촉각에 대해서 대상은 촉각적인 느낌으로 존재합니다. 그 똑같은 촉각적인 대상이 바이러스한테는 다른 느낌으로 존재합니다. 그러니까 우리는 감각적인 느낌으로 대상을 바라보고 있습니다.

그 감각적인 느낌으로 보이는 세상은 우리한테만 보이는 세상이지 우리를 떠나면 그 세상은 없습니다. 바이러스한테는 우리가 보는 세상이 이런 모습으로 존재하지 않습니다. 바이러스도 우리처럼 똑같은 감각기관을 갖고 또 거대한 인체로 성장한다면 이 세계를 이렇게 경험할 거 아니냐, 이럴 수 있겠죠? 그것은 바이러스의 감각 기관이 바뀌었다는 뜻이겠죠.

존재한다는 것은 어떤 대상(이라는 것이 있는지 없는지는 모르지만)과 이 주체(가 있는지 없는지는 모르지만) 사이의 반응 혹은 관계라고 말할 수 있습니다. 조금 있다가 그것을 전기장의 움직임을 통해서 알아볼 것입니다.

존재의 관계성

마찬가지로 의식적인 존재는 주체와 대상 간의 끊임없는 실시간적 관계를 통해서 존재합니다. 내가 존재하기 때문에 대상이 있고, 대상이 없으면 나도 없다고 여겨집니다.

여러분이 의식할 때를 한번 생각해보십시오. 지금 이 순간도 여러분이 밖이라고 여기는, 이 방 안에서 많은 사람들을 의식합니다. 다른 사람으로 의식합니다. 의식하는 대상이 없다면 의식은 멈춥니다. 그래서 그 의식이 멈추면 나라는 것도 사라지겠죠. 그러니까 의식적인 대상이 있을 때만 그것을 대상으로 삼는 내가 있다는 것은 이제 의심의 여지가 없을 것입니다.

물질적인 존재든 의식적인 존재든 마찬가지입니다. 그러면 전자와 양성자 같은 것들은 주체와 대상이 어디에 있고 어떤 관계로 존재할까요?

잘 바라보면 전자나 양성자 같은 물리적인 존재들, 혹은 에너지 패턴들도 독립적인 상태로 존재하는 것이 아니라 서로 관계를 맺으며 존재합니다. 이 패턴은 저 패턴에 의존하고 그 반대도 마찬가지입니다.

잘 보십시오. 우리가 물질을 근본적으로 파고들어가다 보면 결국 만나는 것이 원자이고, 원자는 양성자, 중성자, 전자로 구성되어 있다면,

양성자라는 패턴과(양성자도 더 깊이 들어가면 소립자이고 에너지 패턴, 에너지 뭉침이죠) 전자라는 에너지 패턴이 둘이 서로 어떤 관계를 맺고 있기 때문에 분자, 원자라는 게 존재하는 것입니다.

만약에 전자가 다 떨어져 나가버린다면 양성자는 홀로 존재하지 않습니다. 그렇죠? 양성자라는 것이 따로 있는 것이 아니에요. 양성자와 전자가 서로 관계를 맺고 있기 때문에 그 둘이 존재하는 것처럼 보이는 것입니다.

원자라는 것도 잘 살펴보면 그 내부가 우리 의식적으로 분별해 놓은 양성자와 전자의 관계로 되어있습니다. 그러나 그것도 인간이 구별해 놓은 것입니다. 인간의 측정 기기로 분별된 양성자와 전자 아닙니까? 그것은 우리 개념에 맞는 분류법일 뿐입니다.

어쨌든 우리가 알 수 있는 것은 우리의 감각기관을 통해 볼 수 있는 것밖에 없으니까 일단 인정해 봅시다. 인정한다 하더라도 양성자와 전자가 따로따로 존재할 수 없다는 것입니다. 양성자도 깊숙이 파고들면 그 소립자들이 있습니다. 쿼크나 미립자 같은 소립자들이 또 어떤 관계를 맺으면서 양성자를 구성해요.

자 그러면 소립자를 더 깊숙이 들어가다 보면 걔들도 어떤 다른 것들과 관계 속에서 존재하겠죠. 자세히 들여다보면 볼수록 모든 것은 관계에 의해서 뭉치고 그것들은 또 다른 것들과 관계하면서 더 커다란 것을 존재하게 합니다.

그런데 이것이 우리의 감각기가 양성자와 중성자로 나눌 수 있었기 때문에 이 둘 간의 관계로 원자가 형성된다고 인과관계를 설명하지, 우리가 볼 수 없었다면, 나눌 수 없었다면 그 둘 사이가 나눠지지 않는 것일 수도 있는 것입니다.

광자실험과 우주의 연결성

그래서 광자실험에서 드디어 이 우주는 나눠진 적이 없다는 얘기를 합니다. 광자실험은 하나의 광자를 전자총으로 쏴서 둘(A와 B)로 쪼갰습니다. 이 둘은 빛의 속도로 서로 멀어집니다. 빛의 속도로 멀어진다면 이 둘 사이에는 소통할 수 있는 도구가 없습니다. 지금까지 발견된 바에 의하면 이 우주에서 가장 빠른 것은 빛이니까요.

이 둘을 연결할 어떤 도구도 없는데 이상하게도 B가 편광필터를 통과하면 A도 편광필터를 통과하고, B가 통과하지 못하면 A도 통과하지 않더라는 것입니다. 그래서 물리학자들이 살펴보기를 A와 B 사이에 연락망이 있는지 뒤져봐도 빛보다 빠른 것은 없으니까 연락망이 있을 수가 없겠죠.

그런데도 이 둘은 똑같이 행동합니다. 마치 서로 연결되어 있는 것처럼 행동한다는 것입니다. 그런데 이 둘은 입자입니다. 서로 독립적인 공간을 차지하고 있으며, 하나가 차지하고 있는 공간을 다른 것이 차지할 수 없는 것입니다. 서로 다른 공간에 있고, 서로 연락을 할 수 없는데도 어떻게 똑같은 행동을 하냐 말이죠.

그래서 이 둘은 애초부터 나눠지지 않았다, 서로 연결되어 있다는 것입니다. 매트릭스죠. 다 연결되어 있기 때문에 A가 흔들리면 B 또한 흔들리게 된다는 것입니다. A가 통과한다면 B도 통과하는 것입니다.

측정과 현상의 본질

그런 것이 물리학에서 말하는 아주 작은 입자인 광자에 대한 설명입니다. 이것은 실험으로도 증명된 것입니다. 그런데 우리는 여기서 좀 더 살펴봅시다.

정말 이 광자라는 것이 있을까요? 우리가 측정기나 어떤 도구를 통해서 이 둘을 나누어놓고 '봤다'라고 하는 감각기와 그것에 반응하는 광자가 있을 뿐이죠. 우리에게 감각기가 없으면 이런 실험을 할 수 없을 것입니다. 광자는 우리의 감각기에 반응하는 물리적인 현상일 뿐입니다.

우리가 보는 것이 진실과 사실이라고 믿을 수 있는 근거는 아무것도 없어요. 우리의 감각기도 역시 우주에 나타난 하나의 현상입니다. 감각기의 연장인 측정 장치 또한 하나의 현상이죠. 그럼 측정 장치에 반응하는 대상은, 대상과 측정 장치, 즉, 감각대상과 감각기 간의 관계라는 말입니다.

내 눈에는 이 형광등이 보이지만 바이러스에게는 안 보이는 것처럼 우리의 측정 장치에는 저 광자가 저런 행동을 보이지만 또 다른 측정 장치한테는 다른 행동을 보일 수도 있다는 것입니다.

존재와 관계, 그리고 느낌의 세계

그래서 광자는 결코 나눠지지 않는 것처럼, 존재한다는 것은 이렇게 감각기관과 대상과의 관계이고, 그 관계를 통해서 우리가 경험하는 현실은 느낌의 세계라는 것입니다.

그래서 물리적인 현실인 전자와 양성자 같은 것들도 에너지 패턴들이 독립적으로 존재한다기보다는 그것들 간의 관계에 의해 존재하는 것처럼 보인다는 것입니다. 이 패턴들은 저 패턴들에 의존하고 그 반대도 마찬가지. 그래서 모든 존재라고 하는 패턴들은 관계 속에서 서로를 형성하는 것입니다.

현상의 구조

전기장의 흐름으로 살펴본 주체와 대상이 의미

아까 의식을 설명할 때, 주체에서 대상 쪽으로 흐르는 흐름이 있을 때 의식이 생겨난다고 했습니다. 물질계도 깊숙이 들어가다 보면 그와 유사한 현상이 일어나고 있습니다. 전기장의 흐름을 살펴보면 주체·대상의 의미가 더 와 닿습니다.

⊕전하가 ⊖전하를 만나면 에너지가 ⊕전하에서 ⊖전하로 흐르는, 이 같은 에너지장이 형성됩니다. 물질세계에서 벌어지고 있는 일입니다. 전기적인 현상은 모든 물질세계에서 일어나고 있는 일입니다. 양성자에서 전자 쪽으로도 이런 장이 형성되고 있을 것이고, 세포에도 밀리볼트 수준의 전기가 흐르고 있기 때문에 이런 현상이 일어나고 있습니다.

잘 보세요. 지금 이것이 일반적인 의식이라고 볼 수 있습니다. ⊕전하가 출발점, ⊖전하가 도착점이라고 한다면, 주체와 대상의 역할도 이와 아주 유사합니다. 내(⊕전하)가 대상(⊖전하)을 의식하는 것입니다.

의식과 자기관찰

그런데 이제 내가 나를 관찰하는 것으로 해봅시다. 이때 관찰하는 주체도 나고 관찰되는 대상도 납니다. 그러니까 주체도 나고 대상도 나인 경우가 바로 내가 나를 관찰할 때 일어나는 일입니다.

이렇게 내가 나를 깊숙이 들여다보게 되면, 주체가 대상 쪽으로 깊숙이 들어가다보면, 에너지 흐름을 잘 보세요, ⊕에서 ⊖로 가는 바깥쪽 흐름이 점차 흐려지고 있습니다.(그림37 중간과 우측) 나라는 주체(⊕)

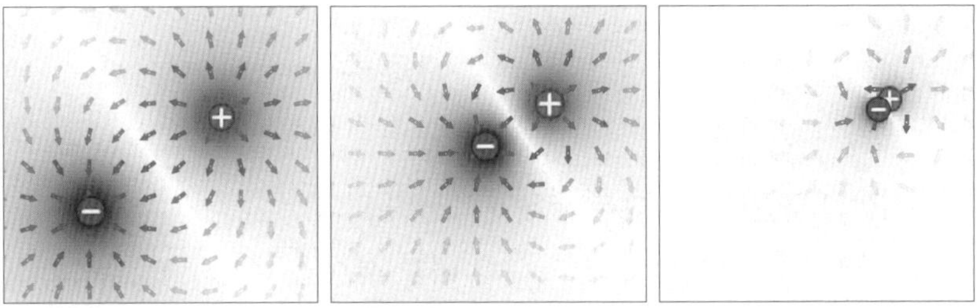

그림37 전기장의 흐름과 주체 · 대상

가 나라는 대상(⊖)을 향해서 에너지를 보내고 있는데 이것이 아주 가까워져서 하나가 되면 움직임이 멈춰버리죠. 삼매 또는 무심 같은 현상이 이와 유사합니다. 마음속에서 흐름이 없어지는 것입니다.

분별감과 에너지 흐름

내가 무언가를 의식하려면 '무언가'와 '내'가 확연히 '달라야' 해요. 의식한다는 것은 주의에너지가 흘러서 분별한다는 뜻입니다. 전기장에서는 이 다르다는 것이 '거리적distance'으로 형성되어 있지만, 내적으로는 '분별감'이 그것들을 다르게 느끼게 합니다.

'나'라는 것이, 나와 다른 어떤 '대상(분별되는 것)'과 구분될 때는 분별감이 크겠죠. 분별감이 큰 현상 속에서는 에너지 흐름이 크지만, '내'가 '나'를 관찰할 때는 분별감이 점점 작아져 에너지 흐름도 작아집니다. 내가 나를 바라보니까 어디 멀리 갈 필요가 없으니까요.

특히나 내가 나를 바라볼 때는 이 깨어있는 의식(또는 투명한 주의력의 작용)이 자기 자신을 바라본단 말입니다. 깨어있는 의식이란 잘 살펴보면 작용하는 의식이고, 그것은 주의의 흐름이며, 주의의 흐름은 분별감이 클 때 잘 작동합니다. 그래서 분별감이 작을 때는 주의의 흐름이 약하거나 미미해서 깨어있음이 흐릿해진다고 느껴집니다.

주체감과 경험 내용

'나'를 구성하는 성분이 '주체감'과 '경험 내용'이라고 했는데, 내가 나를 바라볼 때는 경험 내용이 크게 작동하지 않아요. 물론 '나'를 '교사'나 '의사', '박사'로 동일시되어 있을 때는 작동하지만, 지금 이 순간 존재 자체를 살펴보는 것이기 때문에 경험 내용이 크게 올라오는 게 없게 됩니다. 그렇게 경험 내용이 사라지면 남아 있는 것은 주체감인데, 비개인적 주체가 개인적 주체감이라는 대상을 바라보기 시작할 때 일어나는 것이 '주체감'입니다.

그러면 결국 물방울이 다른 물방울을 향해 가다가 결국 합쳐져서 하나가 되는 것과 같은 현상이 발생합니다. 그래서 에너지 흐름이 없어진다는 거예요. '관찰한다'는 작용이 없어진다는 말입니다. 그래서 무심이나 삼매로 들어가면 주객이 합일되거나 작용이 멈추면서, 나와 대상이 사라지고 마음이 텅 비어버리죠.

이것이 물질 현상에서도 일어나는 현상입니다. 오늘은 이것을 핵심으로 해서 여러분들이 자기를 살펴볼 거예요.

【 연습 5 】 집을 떠올려보기

집을 떠올려보세요. '내가 집을 바라보고 있다'란 현상이 마음속에서 벌어지고 있죠? 그 말이 의미하는 바는, 어떤 '움직임이 일어났다'는 것은, 흐름의 시작과 도착지가 서로 나뉘어져 있고, 서로 간에 경계가 형성되었다는 것입니다. 경계가 형성된 두 가지 사이에는 어떤 움직임이 일어날 수 있겠죠.

바로 이것(그림37에서 ⊕전하)이 내 마음 속의 주체입니다. 그러나 이상하게도 주체란 것은 우리가 보지 못하죠? 지금 눈을 감고 마음속에 집을 떠올려봅니다. 집을 바라보고 있다는 느낌이 있죠? 이제 누가 집을 바라보고 있는지, 그것이 누군지 한번 찾아보세요.

집을 바라보는 그 주체가 누군지를 살펴보려고 계속 들어가 보세요. 주체가 찾아집니까? 집을 남겨둔 채로, 그때의 주체를 발견해보려고 하는 겁니다. 마음을 3분열 상태로 두는 것입니다. 그러면 어떻습니까? 주체가 명확히 잡히나요, 아니면 막연한 느낌으로만 있습니까?

주체감과 실제 주체

바로 이 순간, 자기란 것은 잘 잡히지 않고, 대상은 분명하고, 대상을 보고 있다는 느낌도 있는데 주체는 잡히지 않아요. 또는 주체는 잡히는데 막연하고, 잡힌 그것은 실제 주체가 아니라 주체감입니다. 실제 주체는 그 주체감을 '느끼는' '그것'이겠지요.

주체감을 느끼는 실제 주체는 안 느껴지기 때문에 또 그것을 찾으려고 하면 그것이 다시 주체감으로 바뀌고 또 다른 주체를 만들게 될 것입니다. 이것은 계속해서 반복하는 일이니까 반복은 할 필요 없고 3분열까지만 가세요, 대상과 주체와 주체감. 이것이 바로 마음속에서 벌어지는 일입니다.

주체감을 관찰하기

이제부터 집은 지워버리고, 남아있는 주체감만 한번 살펴보세요. 잡힙니까? 만약에 주체감이 잡힌다면, 여러분들(주체)은 '주체감'을 '대상'으로 만들어놓고 그것을 바라보고 있다고 여기고 있을 것입니다.

그것이 아니라 실제로 바라보는 행동을 지속적으로 하면, 아까 화면에서 본 것처럼(그림37 우측) 하나가 되어가면서 분별하는 의식이 사라져가는 것을 느낄 것입니다. 이것이 깊어지면 블랙홀로 빨려 들어가는 듯한 느낌, 사라지는 듯한 느낌이 드는 것이지요. 주로 멍해질 거예요. 멍해지면서 자기가 사라지죠. 한번 잘 느껴보세요.

마음의 물결과 의식의 경계

그래서 현재 마음속에 뭔가 '의식'되고 '느껴진다'면 마음속에 ⊕와 ⊖의 경계가 생겨나고 있다는 것입니다. 물결이 한번 일어난 것입니다. 물결이 한번 일어나면 산과 골이 생겨납니다.

그렇게 마음속에 어떤 느낌과 생각, 감정이 생겨났다 사라지는 것도 똑같은 구조를 보이고 있습니다. 그래서 투명함만 남기고 그 경계가 다 사라진 것이 순수한 의식, 있음, 존재감입니다. 그래서 존재는 의식과 불가분의 관계에 있다고 할 수 있습니다.

의식Chit은 순수의식

순수의식의 본질

순수의식은 투명한 주체와 투명한 대상으로 나뉘었을 때를 말합니다. 왜 순수의식이라고 하냐면 이렇습니다.

대상이 아주 색이 강하고 분명한 형태를 띠고 있는 거라면, 의식되는 대상과 의식은 확연히 다르기 때문에 명확한 분별이 일어나지요. '무언가'를 의식한다는 거예요. 의식은 항상 무언가를 의식하지, 대상이 없는 의식은 없습니다.

그런데 자기가 자기를 바라보기 시작하면 그 경계가 투명해집니다. 경계가 희미해지면서 뭔가 의식한다는 현상은 완전히 사라지지 않았는데 대상과 주체는 희미해져버린 것입니다. 그럴 때 순수의식이라고 합니다. 그때가 본질이 의식적으로 표현된 가장 최초의 모습입니다. 투명한 순수의식. '나'라고 할 것도 없고 어떤 미묘한 알아차림만 있는 상태.

그래서 기본적으로 내가 경험하는 세계는 마음을 경계지어놓고 분별하는 세계라는 것입니다. 내가 밖에서 보는 것들이 실제로 저 밖에 있는 것이 아니라 내 마음속 그림이라는 것입니다. 내 마음에 이를테면 형광등이 들어와 있는 것입니다. 그러니까 의식이 될 거 아니에요.

내 마음의 장 안에 형광등이 없다면 이 형광등을 보는 눈이 있어도 볼 게 없는 것입니다. 손에 이 사물이 닿아야만 느껴지듯이, 냄새가 내 코 점막 안에 들어와서 후각 세포를 건드려야 냄새가 나듯이, 맛이 혀에 닿아야만 맛이 나고, 소리가 고막을 건드려야 소리가 들리듯이, 저 밖에 있는 대상이라고 여겨지는 시각적인 모습도 사실은 내 눈에 들어와 있는 상태이죠.

빛이 저 벽을 비췄다가 충돌해서 정보가 변경되어서 (주파수가 약간 흔들려서 들어와서) 내 망막을 치고 있는 중인 것입니다. 그래서 내가 지금 보고 있는 것은 저 벽 자체가 아니라 저 벽에 부딪혀서 돌아오는 흔들리는 광자가 망막에 닿은 모습이죠. 그러니까 내가 보고 있는 것은 내 시각적 느낌의 세계라는 것입니다.

내 손이 닿아야만 이 책상을 느낄 수 있듯이, 내 감각기관 즉, 눈 안으로 들어온 것만 보이는 거예요. 그래서 만 배, 이만 배 현미경으로 원자 등 물질의 기본적인 구성요소들을 볼 수 있다면 텅 빈 공간만 보인다는 게 물리학자들의 주장입니다.

왜냐하면 양성자는 태양계의 태양처럼 이렇게 조그마한 것이 아주 막대한 공간 속에서 중심이 되어주고, 전자는 그 공간 속을 나타났다 사라지며 확률로만 존재하는 그런 거라는 것입니다. 그리고 옛날에는 양성자는 분명하게 가운데에 있다고 생각했지만 양성자도 나타났다가 사라졌다가 한다는 것입니다.

양자의 진공이란 게 무엇입니까? 진공 같은데 양자가 있는 거예요. 끊임없이 매 순간, 아주 짧은 순간 양자가 나타났다 사라졌다 하는 것입니다. 이것이 양자의 진공입니다. 그러니까 물질의 최하위의 단계까지 내려가면 그런 현상이 일어난다는 거예요.

그런데 그 현상도 우리의 개념으로 관찰해서 살펴본 결과지, 세계 자체는 아니라는 것입니다. 왜? 세계라는 것은 우리, 이 주체와 대상과의 관계니까요.

그래서 내 마음 안에 형광등이 있는 것입니다. 저 밖에 있는 것이 아니에요. 저 멀리 있다는 게 뭡니까? 저 멀리라는 거리감이 형성되었다는 것입니다. 느낌이.

내 마음속에 형광등이 있고, 그 형광등과 여기에 '나'라는 것을 상징해 놓겠습니다. 그러니까 그 둘 사이에 거리감이 생기겠죠. 그러니까 이 주체라는 것은 마음속에 생겨나있는 상태에요. 이것이 생겨나있지 않으면 거리감이 없을 거 아니에요?

이렇게 대상과 주체라는 것이 마음 안에 형성되어서 나타나는 것이 의식이라는 것입니다. '내'가 '무엇'을 의식한다는 현상이 마음속에서 일어난다는 것입니다. 그리고 끊임없이 '나'라고 여겨지는 것에서 (이것이 뭔지는 잘 모르겠지만) 대상을 향해서 주의가 쏟아져 가고 있어요. 그래서 저것을 본다는 의식이 일어나는 것입니다.

그래서 내가 경험하는 세계는 마음이 경계지어 놓은 세계입니다. 이것과 저것을 나누는 경계가 있어야 해요. 그리고 이 경계지어진 구별에 이름을 붙이면 더 명확히 구분이 되고 그 분별이 오래갑니다.

눈을 감고 컵을 하나 떠올려 보세요. 그 컵을 보면 컵의 시각적 상의 경계선이 명확하죠? 자, 이제는 오른쪽 어깨를 촉각으로 느껴봅니다. 오른쪽 어깨의 시각적인 상은 지우세요. 손대지 말고 그냥 느낌으로만, 내적인 촉감으로만 느껴봅니다. 과연 그 경계가 시각적인 것처럼 명확하게 있는지 느껴보세요. 있습니까? 네, 되게 애매하죠?

우리가 내적으로 분별하는 의식적인 느낌도 그와 유사합니다. 그렇지만 오른쪽 어깨라는 그 느낌은 여전히 있죠? 경계선은 분명하지 않지만.

다양한 감각의 경계

그 오른쪽 어깨와 오른쪽 손바닥을 한번 느껴보세요. 시각적인 상은 지우고. 오른쪽 손바닥의 상을 상상하면 안 됩니다. 손바닥의 모습이 마음속에 그려진다면 그것은 시각적으로 보고 있다는 것입니다. 손바닥에 대한 시각적인 상에는 주의를 주지 마세요. 에너지를 빼는 것입니다. 그리고 촉각에만 집중하세요.

그 손바닥의 촉감과 어깨의 촉감이 같습니까? 다릅니까? 섬세하게 느껴보세요. 촉감에도 역시 차이가 있습니다. 지금 여러분들은 마음속의 경계에 대해서 의식화하고 있는 중입니다. 마음속에 일어난 경계들을 의식적으로 분별하고 있는 중입니다. 그중에 촉감에 해당되는 것입니다.

시각적으로 이 연필과 연필 아닌 것을 구분해 내듯이, 촉감적인 경계도 눈을 감고 내적으로 이 느낌과 이 느낌이 차이가 나면 그것이 촉감적인 경계입니다.

그다음에 청각적인 경계는 뭐겠어요? 이 '청'이라는 소리와 '각'이라는 소리를 내적으로 구분해 내는 것이 청각적인 경계겠죠.

그럼 의식적인 경계란 무엇이겠습니까? 의식적으로 구분해 내면 그것이 의식적인 경계입니다. 그렇게 이것저것을 구분해 내고 그 차이를 인지하는 것이 의식적인 경계인데 마음이 그렇게 경계지어 놓고, 분별하는 세계라는 것입니다.

그러니까 우리가 이 화이트보드를 경험할 때는, 화이트보드의 하얀 면과 실버 금속테두리를 시각적으로 구분하고 다르다고 경험하며, 이 두 개를 합친 것을 화이트보드라고 하고, 그 밖의 다른 것 이를테면 벽과는 다르다고 구분해내고 있습니다. 이렇게 구분되는 것을 '경험'한다고 합니다.

청각적인 경험은 청각적으로 구분하는 것입니다. 의식적으로 경험하는 것은 의식적으로 구분해 내는 것입니다.

우리가 이제 여기서 연습을 하다 보면 시각적인 경계로써의 경험, 촉각의 경험, 더 들어가서 의식적인 감지感知(깨어있기 용어)를 이야기합니다. 시각적인 감지, 촉각적인 감지, 의식적인 감지를 얘기하는 것입니다.

의식적인 감지란 무슨 형태가 있는 것이 아니라 마음으로, 생각이 아니라 느낌적인 측면에서 구분해 내는 것을 말합니다. 그래서 '나는 여기 있다'는 생각과 '나는 저기 있다'는 생각을 떠올렸을 때, 그 두 개의 생각이 어떤 느낌으로 구분이 되면 그것이 의식적인 감지인 것입니다.

분별없는 외부 세계

저 밖의 세계는, 분별이 사실 없습니다. 내 감각기관이 분별해내지 못하면 밖의 세계는 분별이 없다는 거예요. 분별이 있다는 것은 뭐에요? 이 가시광선을 분별해 내도록 만든, 감각기관으로서의 눈, 이것이 밖의 세계를 분별해 내도록 만드는 것이지, 밖에는 분별이 없는 것입니다.

그러니까 개의 눈과 사람의 눈은 시각적인 분별이 다르죠? 개는 움직이는 것은 잘 분별하는데요, 잔디밭에 공이 멈춰있으면 찾지 못합니다. 사람은 시각이 훨씬 더 발달해 있습니다. 그래서 분별하는 능력이 그만큼 민감하다는 것입니다.

그러니까 밖의 세계는 사실은 하나가 아닌 것입니다. 밖의 세계는 '있다/없다'를 떠나있어요. 내 감각기관에 반응하는 세계를 경험하는 것뿐입니다. 개들은 자기 시각에 반응하는 세계를 경험하는 것입니다. 개의 세계는 그냥 흑백의 세계에요. 눈으로는 움직이는 것만 잘 찾아냅니다. 반면에 인간은 아주 다채로운 색깔을 보지요.

그래서 밖의 세계는 분별이 있는 것도 아니고 없는 것도 아닙니다. '있다'라고 말하자니 감각기관에 따라 달라지니까 밖의 세계가 고정적으로 있다고 말할 수 없고, '없다'라고 말하자니, 감각기관에 따라 차이는 나지만 그 차이나는 뭔가가 분명히 있기는 있습니다. 따라서 밖의 세계에는 분별이 없는 것입니다. 분별은 우리가 하고 있는 것입니다. 특히나 마음으로 아주 세밀한 분별을 하고 있는 것입니다.

마음이 이것과 저것을 분별해서, 이것과 저것이 있는 다음에, 이것 때문에 저것이 있다는 인과관계를 설정할 수 있겠지요. 그래서 우리 마음이 분별을 해내지 못한다면, 십이인연설 같은 인연법은 있을 수 없습니다.

그런데 저 밖의 세계는 분별이 원래 없는 것 아닙니까. 그래서 공空이라고 합니다. '충만한 공', '텅 빈 충만' 이런 얘기를 합니다. 충만이라는 것은 수많은 색으로 나뉠 수 있다는 것입니다. 텅 비어있다는 건 뭐에요? 이런 감각을 떠나서는 비어있다는 것입니다.

텅 빈 충만인데 우리 감각기관을 통해서 나뉜 마음의 흔적을 통해 이것과 저것을 나누어놓고, 말하기를, '이것이 있으므로 저것이 있다'라고 분별해 놓는다는 것입니다.

물과 인체를, 물과 나무를 나눌 수 있습니까? 우리가 물과 나무라고 이름 붙여놓았기 때문에 물과 나무가 다른 것 같지만, 이 세상에서 물을 다 빼버리면 나무도 죽고 사람도 죽고 모든 생명체는 죽겠죠. 물기를 머금어야만 살 수 있는 모든 생명체는 다 죽고 없을 것입니다. 그런데 어떻게 물과 생명체를 나눌 수 있겠어요.

그래서 분별이라는 것은 세상에 있는 것이 아니라 내 마음에 있다는 거예요. 실제로 나눌 수 없는 것을 이름 붙여서 나누고 있다는 것입니다.

이렇게, 저 밖에 세계라는 것은 감각기관과 대상과의 관계에 의해서 생겨납니다. 그러면 물질세계 그 자체는 어떨까요? 물리 세계에 깊숙이 들어가면 최초로 발견한 것이 원자죠. 원자 안에 양성자, 중성자가 섞여있고 밖에 전자가 구름처럼 돈다고 나왔다가, 이제는 이 양성자도 생겨났다가 사라졌다가 한다고 설명합니다.

다시 말하면, 생겨났다 사라졌다 하는 것을 볼 수 있게 되었다는 말이지요. 그것도 실제로 봤다기보다는 전자총으로 쏴서 튀어나온 것을 보고서 '이것은 입자가 있다'라고 본 것입니다. 실험을 통해 나온 것을 시각적으로 재구성해서 보고 있다는 것입니다. 그래서 이제는 양성자들도 나타났다 사라졌다 한다고 해요. 다시 말해서 더 깊숙이 바라볼 수 있다는 거예요.

양자 세계의 신비

그래서 더 깊숙이 바라보면 양자, 양자세계가 되는데 이 양자라는 것이 뭡니까? 특정한 양量이 되면 도약을 하고 움직임이 일어나고 특정한 양量이 일어나지 않는다면 뭔지 모른다는 의미에서 에너지량의 양量입니다. 이것이 양자에요. 모든 소립자와 쿼크는 양자죠. 에너지량입니다.

에너지량이 특정 수준 이상이 되면, 이것이 모여 양성자가 되거나 중성자가 됩니다. 그러니까 이 양자 수준으로 내려가서 양이 자꾸자꾸 줄어들면서도 관찰해낼 수 있는 장치들이 생겨나면 이것들이 존재한다고 보게 되는 것이고, 그것을 발견하지 못하면 큰 양성자 수준으로만 볼 수 있는 것입니다.

그런데 양자수준까지 내려가 보니, 이제 그곳은 양자진공이라 할 정도가 됩니다. 진공이면 진공이지 왜 양자진공 또는 양자수프 상태라 할까요? 아주 미세한 양자들이 찰나적으로 생겨났다 사라졌다 하는 것이 마치 수프가 끓어 기포가 생겨났다 사라지는 것과 같은 상태라서 그렇게 부릅니다.

이렇게 양자는 끊임없이 나타나고, 아주 짧은 순간에 사라집니다.

그러면 우리가 감지할 수 없는 순간에 나타났다가 사라졌다가 하는 것은 과연 존재하는 걸까요? 존재라는 것이 뭡니까? 일정 시간동안 나타나 있는 것을 우리가 존재라고 이름 붙여놓은 것입니다.

자, 그러면 일정시간 누구한테 나타나 있는 것입니까? 나에게 나타나 있는 것입니다. '나에게'라는 것은, 내 감각기관에 나타나 있는 것입니다. 그래서 존재는 내 감각기관과 대상과의 관계라고 하는 것입니다.

존재라는 것이 특별히 있는 것이 아니라는 말입니다.

존재의 패턴적 본질

그래서 저 밖의 세계 역시 감각기관과 대상 간의 관계에 의한 것인데, 감각기관과 대상 이 두 개가 나뉘는 것이 또 재미있습니다. 감각기관이라는 것도 깊숙이 들어가 보면 소립자겠죠. 대상도 소립자입니다.

감각기관은 그 감각기관을 이루는 소립자들이 특정 얼개를 띠고 있는 것입니다. 대상을 구성하는 소립자들도 어떤 얼개를 띠고 있겠죠. 얼개라는 것은 특정한 패턴으로 움직인다는 말입니다.

이 감각이 이런 패턴으로 움직일 때 이 패턴에 걸리면 대상이 되고, 다른 패턴으로 움직여 이 패턴에 걸리지 않으면 그것은 이 감각의 대상으로 존재하지 않는 것이 됩니다. 마치 이 그물에는 걸리고, 저 그물에는 걸리지 않는 것과 같습니다.

그러니까 패턴의 문제입니다. 서로 반응하는 패턴의 문제라는 거예요. 존재라는 것은 서로 반응하는 관계가 있는 패턴들의 모임이라고 할 수 있습니다.

그런데 그 패턴은 에너지 패턴입니다. 그런데 에너지는 이상하게도 실체가 없습니다. 움직이는 건데 뭐가 움직이죠? 에너지의 실체가 뭐죠? 에너지는 힘 아니에요? 힘은 어떻게 볼 수 있죠? 뭔가가 움직이면 힘이 있다고 생각합니다.

자, 그런데 미시세계로 들어간다면 도대체 뭐가 움직입니까? 움직일 실체가 없는데 움직임이 있을 수 있어요? 그러면 에너지의 본체는 뭘까요? 말로 할 수 없는 것입니다. 세상이 신기하게 돌아가고 있는 거예요. 이상해요. 우리가 이해할 수 없어요.

이해는 못하지만 현상은 있으니까 우리는 현상을 가지고 이야기를 합시다.

그래서 현상적으로 설명할 수 있는 한 가지는 감각기관과 대상 간의 관계에 의해서만 존재로 표현되는 느낌의 세계라는 것입니다. 촉감의 대상인 소립자는 예를 들면 오른쪽으로 돌면서 움직이고, 내 감각기관을 구성하는 소립자는 왼쪽으로 돌면서 움직이고 있어요. 그러니까 이렇게 움직임이 다르니까 부딪혀 서로 튕겨져 나가는 것. 이것이 서로와 서로에게 존재하는 것이라고 우리가 말하는 것입니다.

그러니까 느낌이라는 것은, 서로 충돌해서 튕겨나가 반응하는 것을 말합니다. 내가 촉각인 손으로 이 마카펜을 만지면 촉감이 있어요. 이때 손이라는 에너지 패턴과 마카펜이라는 에너지 패턴이 서로 충돌하여 튕겨져 나가는 반응을 하고 있는 중입니다.

만약에 이 공기 중에 10㎐의 주파수가 지나간다면 그 주파수는 이 마카펜을 그냥 통과할 것이고, 그러면 이 마카펜에게는 그 10㎐가 존재하지 않죠. 10㎐의 주파수와 마카펜은 반응하지 않는 관계니까 이 둘은 서로에게 존재하지 않습니다.

진공묘유와 존재의 본질

그러니까 존재라는 것은, 텅 빈 충만, 진공묘유眞空妙有라고 합니다. 진공이지만 묘한 움직임을 띠고 있다는 것입니다. 존재는 뭐냐면 소용돌이 A와 소용돌이 B를 존재한다고 말하는 것뿐입니다.

존재라는 게 깊숙이 들어가다 보면 있는 것도 아니고 없는 것도 아니라는 대승기신론大乘起信論의 말과 맞아 떨어지죠. 있고 없음마저 떠나 있는 것, 이것이 존재라는 것입니다.

그래서 빛에 반응하면 시각적 느낌의 세계이고, 촉각에 반응하면 촉각의 세계이죠. 그렇게 빛을 반사한 대상과 빛에 반응하는 망막, 이 둘은 근저에서 보면 에너지적인 패턴이 다를 뿐 차이가 없으며, 그 패턴은 일시적인 시간동안만 유지되는 모습일 뿐입니다.

이런 임시적인 모습인 의식적인 내용이 다 사라진 것이 순수의식입니다. 그렇지만 순수의식 역시 미묘하게 있는 것입니다. 여전히 미미한 분열이 있다는 뜻입니다.

지복Ananda는 이유 없는 기쁨

지복은 이유 없는 기쁨입니다. 끊임없는 우주적 흐름이 양극성을 띤다는 것은 주체 대 대상 또는 ⊕와 ⊖, 구심력과 원심력, 좌선과 우선, 위로 흐르는 흐름과 떨어지는 흐름, 이런 흐름의 차이죠. 이것이 양극성입니다.

본질적으로 두 개의 질은 차이가 없는데 그것이 움직이는 패턴에 차이가 있는 것이라고 말할 수 있습니다. 양극성이 분열을 이루며 분열과 분열 없음을 왕래할 때 나타나는 것이 지복이고, 가슴의 전율입니다. 그것이 에너지원입니다.

아이들을 보세요. 아이들은 아무 이유 없이도 웃고 하루 종일 재미있게 놉니다. 에너지가 넘치죠.

이유 없는 기쁨의 경험

의식적으로 찾아보면 잘 찾지 못할지도 모르지만, 여러분들도 아마 이런 경험이 있을 거예요. 어느 날 아침 일어나니 명치끝이 뻐근하며 커다란 기쁨이 몰려왔습니다. 놀라운 것은 거기에 아무런 이유도 없었다는 것입니다. 이 기쁨의 이유를 아무리 찾으려 해도 찾을 수 없었습니다.

처음엔 방안을 서성이며 이것이 어디서 온 것인가 생각하며 약간 당황하였습니다. 이유 없는 기쁨이 생소했습니다. 그렇지만 곧 그 커다란 기쁨에 휩싸여 그날 아침을 온전히 보냈습니다.

존재 자체가 기쁨

지금은 느낍니다. 무의식이 깨끗이 청소되고, 인생에 어떤 해야 할 것도 없고, 자신은 안전한 세계에 살고 있음을 알며, 아무런 내적인 압력도 느끼지 않을 때 우리 존재는 늘 기쁨 자체라는 것을…

그동안 붙잡고 있었던 것들, '이래야 돼'라고 믿었던 것, '어떻게 살아야 돼' 또는 '누구한테 빚을 졌는데 갚아야 해', '누가 나를 욕했는데 기분 나빠' 등 이런 수많은 것들이 가벼워지고 흩어지고 사라져 갔을 때 나타나는 현상입니다.

그러다보니까 나라는 것이 희미해졌고, 나라는 것의 무게가 가벼워져서 자기를 지키려고 하는 힘이 줄어드니까 나는 안전합니다. 참 역설적이죠. 자기를 지키려고 하니까 안전한 삶을 살 수 없는 것입니다. 자기를 지키려고 하는 마음이 사라지면, 지킬 게 없기 때문에 오히려 안전해져요.

자기를 지키려는 마음과 안전

이상하죠? 밤중에 무덤 옆을 지나갈 때 되게 무섭잖아요? 그런데 '모르겠다, 날 죽여라'라는 생각을 갖고 갔더니 두려움이 없어졌다고 해요. 자기를 지키려는 마음이 없으면 안전한 세계가 된다는 것입니다. 역설이죠.

그걸 알았고 그리고 내적인 압력이 없어요. 내적인 압력이란 긴장입니다. 무언가를 해야 된다는 긴장이 사라졌다는 것을 나중에 알게 되었어요. 그것이 이유 없는 기쁨이 나타난 기반이 되었던 것입니다. 그래서 이미 우리 존재는 늘 기쁨 자체라는 것입니다. 어린아이한테도 볼 수 있듯이.

존재 자체에 대한 감사

여러분들도 살아가면서 기뻐할 수 있는 이유 중에 제일 작은 이유가 뭘까요? 그냥 존재 자체가, 살아있다는 것 자체가 감사하고 고맙다고 느끼는 것이 거의 이유 없는 기쁨에 가깝습니다. 우리는 이미 살아있으니까.

그런데 '거의'라는 말을 붙인 이유는 '그래도 그것 때문에 감사하고 기뻐!'라는 생각이 어쨌든 이유가 되기 때문입니다. 실질적으로는 이유가 안 되더라도 내 마음이 '존재하는 것이 감사하고 얼마나 기쁘나'라고 한다면 존재한다는 것에 이유를 여전히 삼고 있는 것입니다.

그런 이유마저도 없는 것, 그것이 진정한 지복입니다.

지금 이 순간의 지복

여러분들이 살아보면서 한번 느껴보세요. 아무 이유 없이 또는 그냥 살아있는 것만으로도 감사하고 기뻤던 순간을 떠올려 보세요. 지금도 그런 거 아니에요? 이미 살아 있잖아요? 그렇다면 이미 커다란 지복 속에 있는 것입니다.

그런데 주의가 거기에 안 가는 거예요. 그것을 의식화하지 못합니다. 지금 엉덩이가 의자에 붙어있죠? 이제야 의식되죠? 주의가 가야 의식이 되고 느껴집니다. 그런데 살아있는 것 자체의 기쁨과 감사에 우리는 주의를 주지 않습니다. 그러니까 의식이 안 되고 느껴지지 않는 것입니다.

주의가 향하는 곳

이루지 못한 것, 이뤄야 할 것에만 늘 주의가 가 있습니다. 우리는 지금 이 순간 아무것도 필요 없이도 가장 커다란 기쁨 속에 있을 수 있는데, 자꾸 다른 곳을 보고 있는 거예요.

그런데 "다른 곳을 보면 어떤 욕망이 생겨서 움직여갈 힘을 얻게 되지 않겠느냐?"라고 말할 수도 있겠죠. 그렇지만 그건 약한 힘밖에 나오지 않습니다. 나에게 해야 할 것이 없고 이뤄야 할 것이 없으면 지금 이 남아도는 에너지가 정말 아무 불안, 초조함 없이 제대로 쓰일 수가 있습니다.

진짜 에너지를 쓰는 법

그것이 진짜 에너지를 쓰는 것입니다. 뭘 해야 되기 때문에 에너지가 나오는 것은 한계에 부딪힙니다. 해야 하는데 자꾸 부딪히면 좌절하게 됩니다. 그런데 해야 할 것이 없는 사람들은 좌절이라는 게 없어요. 안 되면 멈추면 되고, 돌아가면 되니까. 그런데 해야 될 게 있는 사람은 해야 되는 것을 누가 막으면 좌절이 일어나거나 화가 납니다.

경계를 없애기

이유는 마음속의 경계

그래서 이유라는 것은 마음속의 경계입니다. '이러한 이유가 있으면 나는 기쁠 거다'라고 이미 마음에 상정해 놓았어요. 마음에 이렇게 만들어 놓았습니다. 그런데 이것은 마음의 이유 아닙니까? 조금 전에 보았듯이 흐름이 생겨난 거예요. 마음의 경계, 즉 이유를 지워버리고 기쁨만 느끼면 되겠지요.

경계가 없으면 충분히 기쁠 수 있는 건데 마음에 이유가 있어야 기뻐하는 것, 이것은 마음의 경계를 사실이라고 믿고 있는 것, 경계를 이미 인정하고 있는 것입니다. '이래야지 기뻐'라고 인정하고 있는 것입니다.

전기장의 비유

앞서 전기장의 움직임에서 봤듯이 전기장이 일어나는 것이 경계입니다. ⊕에서 ⊖로 에너지가 흐르고 있습니다. 움직이고 있을 때 이 두 개가 존재할 수 있어요. 내 마음에 주체로서 어떤 대상을 향해 움직임이 일어날 때 이 둘이 존재해요.

즉 '어떤 이유가 있어야 기뻐'라고 이유가 생기면 기쁨의 느낌이 일어나요. 이것이 경계에 의해 일어나는 세계입니다. 그 경계만 허물어 버리면, 즉 그 움직임을 멈추면 우리는 이유 없이 기쁨 속에 있을 수 있다는 것입니다.

경계의 실체

지금 여러분들이 뭔가를 느낀다면 지금 마음속에 경계를 그리고 있는 중이라는 것입니다. 지금 그 경계에 힘을 뺀다면 어때요? 즉각 느낌이 없는 상태로 가죠.

역시 이유를 느낄 때, 아까 '내가 한 달에 천만 원을 번다면 정말 기분이 좋을 것 같아.'라고 생각한 다음에 천만 원을 벌게 된다면 어떨 것 같아요? 처음 한두 달은 기쁠지도 모르지만 계속 천만 원을 번다면 기쁨이 사라지죠.

그냥 내가 갖고 싶은 물건 하나만 생각해도 똑같아요. 그거 하나 갖게 된다면 얼마나 기쁘겠어요. 그리고 딱 사면 얼마나 기뻐요? 그런데 하루 지나면 별거 없게 됩니다.

통찰의 힘

이처럼 이거 하나 경험해보면 몇 억을 벌든, 몇 천억을 벌든 똑같은 거 아니에요? 통찰은 여기서 일어납니다. 작은 경험으로 모든 경험에 적용할 수 있게 되는 것입니다. 이것이 통찰입니다.

자, 그렇게 지금 마음에서 어떤 것이 일어났다 하는 것이 경계가 그려진 거예요. 경계가 그려졌기 때문에 느낌이 일어나는 것입니다. 그래서 경계 없애기를 연습해볼 것입니다.

해야 할 일이라는 굴레

어릴 때는 작은 일에도 기뻐하고 웃음을 터뜨렸죠. 아이에게는 걱정도, 해야 할 일도 없었어요. 스무 살 넘고, 대학 졸업하고 취직 안 하고 있으면 사람 구실 못한다고 욕을 먹죠. 그때부터 해야 할 일이 생깁니다. 의무가 생기죠. '해야 할 일'이라는 굴레 속으로 들어가는 것입니다. 자기 스스로 짐을 지는 것이라는 말입니다.

해야 할 일이라는 것을 잘 살펴보십시오. 해야 할 일이 없어도 우리한테는 에너지가 있기 때문에 우리는 자연스럽게 뭐라도 하게 돼요. 마음속에 '해야 된다'라는 경계를 그려놓고 할 필요가 없다는 것입니다. 하지만 그것이 잘 안 됩니다. 에너지가 안 난다고 생각하니까.

나를 위한 일에서 벗어나기

할 일이라는 것이 무엇입니까? 나를 위해 하는 것입니다. 나를 위해서 할 일이 사라지면 밖을 향해 눈이 가게 되고, 그냥 내가 잘 하는 것을 통해서 기여하며 살다 보면, 또 다른 사람들이 나한테 주고 이러는 것입니다. 이러면서 사람들과 얽히면서 살아가는 것이지요.

그래서 생명의 진정한 발현인 경계 없는 기쁨을 느껴보려고 합니다. 경계 없는 기쁨을 느끼는 그 상황에서는 뭘 해도 에너지가 나오게 되죠. 그래서 먼저 몸의 경계 없애는 것부터 시작해서 마음의 경계를 없애는 것, 그때 나오는 존재 자체의 기쁨, 존재한다는 것 자체가 기쁨이라는 것을 발견하려고 합니다.

존재, 의식, 지복

그러니까 인도에서 얘기되는 존재Sat, 의식Chit, 지복Ananda이라는 것은 본질의 가장 투명한 표현이고 우리가 이미 그 상태에 있다는 것입니다. 존재하려면 이미 의식과 지복이 갖춰져야 한다는 거예요. 이미 갖춰져 있다는 뜻입니다. 그래서 몸의 경계를 없애는 연습을 해보려고 합니다.

이유 없는 기쁨과 경계 없음

논리와 이유는 마음의 경계

생명력은 이유 없는 기쁨과 긴밀하게 연결되어 있습니다. 그런데 모든 논리와 이유는 마음속에 경계 지어진 모습이죠. 마음에 한 파도가 일어난 거예요. 어떤 모습을 띠고 있는 것입니다.

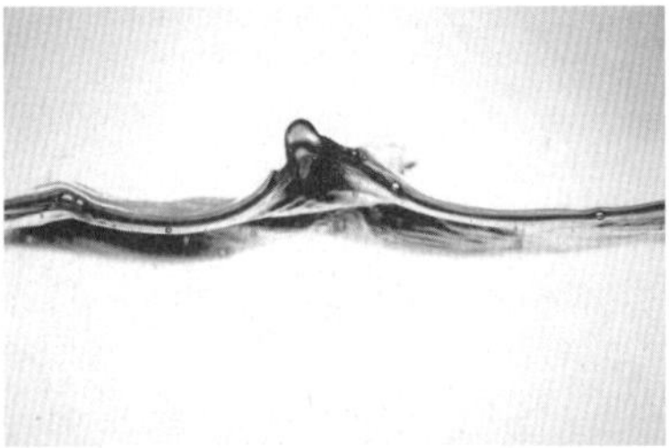

그림38 지금 일어난 마음이 바로 경계지어진 마음이다.

그림39

지금 마음속을 들여다보세요. 지금 현재 어떤 감지(깨어있기 용어)입니까? 어떤 느낌이죠? 어떤 느낌이 잡히면 손을 들고 표시합니다. 그 느낌이 바로 마음에 이런 파도(그림38)가 하나 생겨난 것입니다. 경계 지어진 모습이죠. 지금 일어난 마음은 바로 경계 지어진 마음이고 그러니까 느껴지는 거예요.

바라보는 마음도 또 다른 파도

이제 그 느낌을 바라보세요. 그 느낌이 바라보여지는 것이 느껴지면 손들어 표시합니다. 그 파도를 바라보려는 마음을 가지면 또 다른 파도가 또 생겨납니다. 또 다른 경계가 지어진 것입니다.

경계라는 것은 무엇입니까? 마음이 구분해낸다는 뜻이라 했습니다.

그것은 마음속에 파도가 일어난 것과 똑같습니다. 때로는 아주 큰 파도가 일어나기도 하죠? 이것은(그림39) 아주 서핑하기 좋은 파도입니다. 아주 흥분된 상태, 분노 또는 희열. 분노나 희열은 에너지가 아주 강합니다. 이런 상태일 때는 이런 경계가 일어나는 것입니다.

주의제로와 경계의 사라짐

그러다가 그 경계에서 힘을 풀고 주의제로(깨어있기 용어)를 하면 어떻습니까?(그림 40) 마음에 구분이 없어지고 점점 고요해지죠. 마음에 구분이 없는, 경계가 없는 상태가 됩니다. 그러니까 여러분들이 지금 마음속에서 무언가가 느껴진다면 항상 어떤 파도가 일어나는 중입니다.

그림40

그런데 그 파도는 영원불변하거나 고정되어 있거나 변함없는 것이 아니라 끊임없이 변하는 것입니다.

이유와 논리의 실체

그래서 모든 이유라는 것은 그와 같이 마음에서 일어나는 하나의 파도라는 거예요. 논리도 마찬가지로 마음속에 있는 경계입니다. 그 이유와 논리에 붙잡혀 있기 때문에 그 이유에 맞아야만 기뻐하고 있는 거예요.

스스로가 짐 지어 놓은 이유와 논리 속에 있을 때만 기쁨을 느낀다는 것이 얼마나 우습습니까? 그 이유와 논리는 자기도 모르게 짐 지워진 것이죠? 주변을 둘러보니 이유가 있어야만 기뻐하는 거예요. 이유 없이 기뻐하면 미친놈이 되어버리죠. 그러니까 나는 미친놈이 되고 싶진 않은 것입니다.

묶여있는 에너지

이유와 논리가 있어야만 기뻐하는 것은 에너지가 묶여있는 거라고 봅니다. 그래서 먼저 그럼 경계란 무엇인가를 알아야 한다는 것입니다. 지금 어떤 느낌인지 살펴보았어요. 그것이 바로 경계, 일어난 마음입니다.

알겠습니까? (참가자들: '네') '알겠다'는 느낌이 일어나죠? 그것이 바로 일어난 마음입니다. '모르겠다'는 느낌이 들면 그것도 일어난 마음입니다. 그런데 우리는 '알겠다'는 내용과 '모르겠다'는 내용 속에 빠져서 둘 다 똑같은 '마음의 일어남'이라는 것을 파악하지 못합니다.

알고 모름을 넘어서

알면 어떻고, 모르면 어떻습니까? 하지만 우리는 앎과 모름에 너무 묶여있습니다. 그냥 마음에 일어난 것뿐입니다. 현대인의 생활, 이유와 논리의 세계는 알고 모르는 것을 되게 구분합니다. 천지차이라고도 합니다. 하늘과 땅처럼 큰 차이라고 말해요.

하지만 일어난 마음이라는 측면에서는 똑같습니다. '아, 난 잘 모르겠어' 이러고 있는 그것이 전부라고 믿고 있는 것과, '아, 난 알아'라고 우쭐해지는 마음이 일어난 마음이라는 것은 다 똑같다는 것입니다.

구분 없는 마음

그래서 지금 어떤 느낌 있는 마음은 경계 지어진 마음, 즉 구분된 마음입니다. 똑같은 파도의 움직임인데, 구분된 마음입니다. '안다'는 느낌의 구분된 마음과 '모른다'는 느낌의 구분된 마음이라는 것입니다.

그러나 마음의 본질은 구분 없는 마음이라는 거예요. 그러니까 구분 없는 마음에 뿌리박고 앎과 모름을 사용하면서 살아가야 합니다. 너무 슬픔에 빠지지도 말고, 너무 냉혈하게 살지도 말고.

느낌의 소멸과 경계의 사라짐

그래서 그 느낌을 확인한 다음에 '주의에 주의 기울이기'라든가 '전체 주의'나 '주의제로'(이상 깨어있기 용어)를 하면 즉각 마음의 경계가 흐려지거나 사라지죠. 어떤 느낌이 있다가 그 느낌에 대해서 주의제로를 하면 느낌이 사라져요. 그건 뭘 의미합니까? 느낌이라는 것은 일시적이고, 잠깐 일어난 마음이라는 것입니다.

자, 이 컵이 보이죠? 이제, 감각(깨어있기 용어)으로 들어가세요. 그러면 어때요? 보이지만 보이지 않아요. 눈에는 보이지만 마음의 상은 없습니다. 눈만 작용하고 있고 마음은 멈춘 상태죠. 마음의 경계가 사라진다는 거예요.

그러다 다시 주의를 기울여서 봅니다. 컵과 손이 완전히 구분되죠? 그것이 경계로 나온 상태의 마음입니다. 잘 바라보면 순식간에 된단 말입니다. 우리 마음이란 게 그러니까 얼마든지 변화가 있을 수 있는 것입니다. 얼마든지 끊임없이 흔들리고 움직이는 것이 우리의 마음입니다.

관찰자의 등장과 소멸

자기 관찰을 시작하게 되면, 자기에 대해 공부하게 되면, 전에는 파도가 제멋대로 반응하다가 파도 자체를 바라보는 놈이 하나 생겨나게 되고, 최종적으로는 이 관찰자마저도 하나의 파도라는 것을 알아차리게 됩니다. 그리고 모든 노력을 멈추죠.

그 전까지는 노력을 해야죠. 노력한다고 해서 되는 게 아니지만 그래도 노력은 해야죠. 그러다보면 뒷걸음질 치다가 쥐 잡게 되거든요. 아무것도 안하면 쥐는 안 잡혀요.

모든 느낌은 경계에서 생겨난다

그래서 주의에 주의 기울이기, 전체주의, 주의제로(이상 깨어있기 용어)를 하면 느낌은 사라지죠. 왜냐하면 주체와 대상 간의 관계가 애매해지기 때문입니다. 느낌이 사라졌다면 경계가 사라졌다는 것입니다. 모든 느낌은 경계 지어서 나눠놓은 마음에서 생겨납니다.

파도와 경계

마음의 파도와 경계의 본질

파도와 경계는 아주 유사한 현상입니다. 일어난 마음이죠. 마음이 이럴 때가(그림38) 어떤 느낌이 일어난 거예요. 그렇다고 마음이 항상 평평해야 된다는 말이 아니에요. 완전히 거친 파도가 일어나도 그 파도는 아무런 변화가 없는 것이라는 것을 터득하고서 이 일어난 마음을 쓰면서 살아가는 거예요.

그러려면 우선 이것이 경계 때문에 일어난 파도라는 것을, 그것이 단지 바다에 금을 그어놓은 것과 같다는 것을 깨달아야 해요. 물 위에 배가 지나가면 물살이 생겼다가 잠시 뒤면 사라지죠? 물살이 왜 생기나요? 배가 바다에 금을 그어 놓았기 때문이죠. 그런데 그것은 잠시 뒤에 사라집니다.

자아의 연속성과 패턴

그런데 우리가 '나'라고 느끼는 이 느낌이 있죠? '나는 어떤 사람'이라는 느낌이 느껴지죠? 그 역시 경계 지어진 일시적인 마음인데도 어제의 나나 오늘의 내가 똑같다고 느껴지는 이유는 무엇입니까? 비슷한 패턴으로 경계 지어지기 때문입니다. 패턴이 비슷한 것입니다.

이 컵이 계속해서 이 컵으로 있잖아요. 지금 이건 소립자들의 끊임없는 움직임입니다. 가만히 있는 게 아니에요. 그래도 이 컵은 계속 유지되고 있습니다. 소립자들, 분자들, 원자들이 계속해서 이 패턴을 유지하면서 움직이니까 이 컵이 유지되는 것입니다. 심지어 제가 이 컵을 이렇게 두드려도 깨지지 않아요. 그 정도로 강하게 고정된 패턴으로 움직이는 것입니다. 움직임이죠.

마찬가지로 나라고 느껴지는 이 느낌도 어제와 오늘 아주 유사한 패턴으로 경계 지어진 마음이라는 거예요. 똑같은 게 아닙니다. 관성적인 것입니다. 우주적인 법칙이죠. 최소한의 에너지를 쓰면서 살아가라고.

자아의 장단점

그래서 이런 부작용이 일어나는 것입니다: 어제의 나, 오늘의 나가 똑같이 느껴지는 것.

그런데 어제의 나와 오늘의 내가 매일 다르게 느껴지면 어떻겠어요? 당황하겠죠? 생각해 보세요. 다중인격이 되는 거예요. 다중인격자는 몸의 현상도 변화합니다. A라는 인격적 특징을 보일 때는 건강했어요, B라는 인격적 특징을 보이면 갑자기 당뇨병이 생겨요. 그 다음날 A로 돌아가면 당뇨병이 없어집니다. 실제로 일어난 물리적인 현상입니다. 다중인격자는 몸의 현상도 바뀝니다. 마음이 달라지니까.

그러니까 어제의 나와 오늘의 내가 새롭고 다르다는 게 좋은 것만은 아닌 거예요. 어제는 쉽게 했는데 오늘은 어렵게 할 수도 있는 겁니다. 그러니까 이 점을 보면 이 자아라는 현상은 우주가 우리에게 편안하게 살라고 준 좋은 도구입니다.

하지만 단점도 있어요. 똑같이 느껴지니까 지루합니다. 그리고 자기를 지키려고 하는 데서 갈등이 일어나고 상처를 받습니다. 그러니까 장단점이 있습니다. 재미있는 삶 속에 들어와 있는 것입니다. 아주 편안하게 살아가라는 것과 동시에 지루함과 괴로움을 머금고 살아가는 것입니다. 동전의 양면입니다.

물과 파도의 비유

그래서 왜 이러한 모습의 움직임이 있는지를 파악하면 '아, 그런 게 있어도 괜찮아'가 됩니다. 왜냐하면 내 본질은 물이지, 일어난 경계, 파도가 아니기 때문입니다. 이 모습은 조금 있으면 사라지죠. 하지만 물이 사라진 것은 아니잖아요?

마찬가지로 내 느낌은 나타났다 사라지지만 내 본질은 한 치의 흔들림도 없음을 발견하면 내 마음에 무슨 파도가 일어나도 괜찮습니다. 파도를 잠재우려고 하는 것이 명상이 아닙니다. 파도의 본질이 무엇인가를 발견하는 것이 진정한 명상입니다.

고요한 마음으로 가려고 하지 말라는 것입니다. 고요하고 편안하고 평온한 마음으로만 가려고 한다면 에너지가 자꾸 떨어집니다. 에너지는 갈등 속에서 일어납니다. 고요와 평안을 즐기되 그것에 집착하지 말아야 합니다. 집착이 괴로움을 일으켜요.

파도타기의 지혜

이런 파도(그림39)도 탈 줄 알면 얼마나 좋은 건데요. 서퍼들은 파도가 클수록 좋아합니다. 자기가 파도를 탈 수만 있다면요. 그래서 '폭풍 속으로'라는 영화를 보면 주인공이 이런 파도를 타려고 바다에서 허리케인을 기다려요. 백 년 만에 오는 허리케인이 정말 오니까 주인공이 범죄자인데도 '이 허리케인을 꼭 한번 타고 싶다'고 해서 경찰이 보내줬어요. 파도를 탈 줄 안다면 그렇게 재미있다는 것입니다.

그렇게 우리 내면의 파도도 잘 탈 줄 알면 됩니다. 파도가 없기를 바라지 말고, 파도를 타는 법을 배우거나 파도가 나타났다가 사라진다는 것을 철저하게 확인하면, 나는 파도가 있는 중에도 물로 존재할 수 있습니다. 물은 여전히 물이죠. 물의 모습이 잠깐 바뀌었을 뿐입니다.

무의식의 긴장과 해방

'해야 돼, 이래야 돼, 저래야 돼, 저것은 꼭 있어야 돼, 저것은 의무적이야, 이렇게 살아야 해' 같은 파도들이 무의식에 깔려서 나를 긴장하게 만듭니다. 무의식으로 가라앉으면 내 의식은 편안해도 무의식은 항상 긴장 속에 있습니다. 인생에서 해야 될 게 있는 사람은 무의식이 항상 긴장하고 삽니다.

그래서 목적이 분명한 사람은 꿈속에서도 해결책이 나오잖아요. 목적이 분명하다는 것은 꿈속에서도 긴장하고 있다는 뜻입니다. 물론 무의식이 긴장할 필요도 있습니다. 그러나 긴장할 때는 긴장하고, 풀 때는 풀 줄 알면 기쁨이 있습니다.

기본적으로 무의식이 깨끗하면 아침에 눈을 뜰 때 기쁨이 옵니다. 부족함이 없고 충족되며 이유 없는 기쁨이 오는 것입니다. 우리의 존재 자체가 기쁨이기 때문입니다.

이유 없는 기쁨의 발견

이렇게 한번 이유 없는 기쁨이 느껴지면 이제 무언가 부족한 일이 생겨도 그냥 기쁠 수 있습니다. 왜냐하면 그 부족함이란 비교에 의한 것이고 비교 기준은 언제나 변할 수 있기 때문입니다. 즉, 그것이 믿을 만하지 않다는 것을 알게 되면 그것에 의존하지 않게 됩니다. 그리고 그냥 기뻐할 수 있게 되는 것입니다.

그러니까 주의를, 내 의식적인 에너지 흐름을 지금 이 순간 존재 자체에 주게 되면 우리는 늘 기쁜 것입니다. 물론 그 기쁨을 계속해서 '느껴야 한다'는 말은 아닙니다. '느껴야 한다'라고 하면 긴장이 들어가죠. 이미 기쁨 속에 들어가 있다는 것을 알고 있으면 기분 나빠도 괜찮아요.

이렇게 한 번만 의식적으로 이유 없는 기쁨을 확인할 수 있다면, '아, 이유가 없어도 기뻐질 수 있구나!'를 확인한다면, 어떤 순간에라도 이유 없이 기쁠 수 있겠죠? 자기가 기뻐하려고 하기만 한다면. 저는 그날 아침에 그걸 발견했던 것입니다. '이유 없이 기쁨이 느껴질 수 있구나!'

여기서 말하는 기쁨은 일반적인 감정적인 기쁨이라고 볼 순 없습니다. 흔히 파도로써 산과 골로 이루어진 기쁨, 슬픔, 흥분, 두려움 등의 오르고 내리는 감정과는 조금 다릅니다. 그래서 맨 앞에서 존재, 의식, 지복을 말한 것입니다. 그런데 이 기쁨이 감정적인 기쁨으로도 느껴질 수 있어요. 감정적인 기쁨과 연결되어 있어요. 그래서 기쁨이라는 용어를 쓰는 것입니다. 그렇지만 희로애락의 기쁨과는 깊이가 다르다고 볼 수 있습니다.

그러니까 기준을 느껴보면 됩니다. 이유 없이 기뻐진다면, 철저하게 살펴봤지만 일상에 아무 일도 없는데 이유 없이 기뻐진다면, 존재의 기쁨으로 다가가는 것입니다.

약한 이유에서 이유 없는 기쁨으로

또는 미묘하게 아주 약한 이유, 예를 들어 '하나님의 섭리가 나를 이렇게 건강하게 존재하게 해주시는 거구나' 같은 생각만으로도 기뻐진다면 이런 것도 사실 되게 약한 이유죠. 이유는 이유지만. 강한 이유에서 이런 약한 이유로 내려올수록 이유 없는 기쁨으로 다가가는 것이지요.

이런 일이 없는 것이 아니라 분명히 있다는 것입니다. 이런 걸 발견할 필요가 있다는 것입니다. 그걸 통해서 살아간다면 내가 굳이 어떤 목적을 가지고 욕망의 열차를 탈 필요가 없습니다. 물론 욕망의 열차는 에너지원이 되지만 그 욕망을 추구하고 채우려고 하지 않더라도 에너지는 충분히 쓰일 수 있다는 것이 발견됩니다.

그래서 이유 없는 에너지가 한번 의식적으로 느껴진다면 무언가 부족한 일이 생기더라도 기쁠 수 있게 됩니다. 왜냐면 그 부족함은 비교에 의한 것이고 비교 기준은 언제든 변할 수 있기 때문입니다. 즉, 그것이 믿을 만하지 않다는 것을 알게 되면 그것에 의존하지 않게 됩니다. 그리고 그냥 기뻐할 수 있게 되는 것입니다.

비교의 허상과 이유 없는 기쁨의 힘

내가 비교 기준이라는 경계를 마음에서 일으켰어요. 그걸 통해서 나타난 부족감이고 슬픔입니다. 이것은 이유 없는 기쁨에 비하면 되게 힘이 없습니다. 기준만 사라지면 그 부족감과 슬픔도 사라지게 되거든요. 그런데 이유 없는 기쁨은 사라질 수가 없습니다. 이유가 없으니까.

그래서 이유 없는 기쁨을 '발견'할 필요가 있다는 것입니다. '의식적으로' 주의를 줘야 합니다. 엉덩이가 의자에 닿아 있다는 게 지금은 느껴지죠? 조금 전까지도 느낌은 계속 있었고 감각은 계속 있었지만 내가 주의를 주지 않아 느끼지 못했던 것처럼, 우리가 존재한다는 것 자체가 기쁨인데도 거기에 주의를 주지 않기 때문에 느끼지 못하고 있는 것입니다.

의식적으로 한번이라도 발견한 적이 없기 때문이에요, 경험은 했겠지만. 경험은 지금도 하고 있습니다. 무의식적으로는 이유 없는 기쁨을 경험하고 있는데 의식적으로 주의가 가지는 않죠. 마음에서 주의가 어디로 가야 할지를 모르는 것뿐입니다. 엉덩이가 의자에 닿은 것에는 주의를 바로 보낼 수 있는데 이유 없는 기쁨은 아직 발견하지 못했기 때문에 주의를 어디로 보내야 할지 모르는 것뿐이죠.

한 번만 발견하면 언제든 느껴질 수 있습니다. 무슨 일이 생겨도, 어떤 상황 속에서도 그냥 기쁠 수 있다는 거예요.

할 일이 없는 사람

무사인無事人의 상태

그래서 중요한 것은 이유 없이도 기쁠 수 있음을 '발견'하는 것입니다. 그래서 준비 과정이 필요합니다. 먼저 해야 할 것이 아무것도 없을 때, 즉 인생에서 해야 할 것이 없으면 이유 없는 기쁨이 오기 쉽습니다. 하지만 해야 할 일이 있다면 그것을 해야만 기쁨이 오겠죠.

그래서 불교에서는 무사인無事人이라는 것이 있습니다. 인생에서 꼭 해야 할 일이 없는 사람, 더 이상 자기를 위해서 할 일이 없는 사람을 뜻합니다. 내일은 해야 할 일이 있어도 좋아요. 오늘만 없으면 되잖아요. '지금 이 순간, 해야 될 일이 없다'라고 자기 마음의 경계를 풀어버리면 됩니다.

지금 10분간만 그렇게 해보자는 것입니다. '10분 동안 나는 해야 할 일이 없어'라고 경계를 풀어버리는 것입니다. 깊이 심층까지. 그리고 사실 정말 지금 이 순간 여러분들이 해야 할 일이 없잖아요. 해야 할 일이 아무것도 없음을 인식하는 것입니다. 사람에게나 사물에게나 그 모든 것에 있어서 말이죠. 그러면 긴장이 풀어집니다.

의무감에서 자유로워지기

물론 해야 할 일이 있지만 그 어떤 것도 반드시 해야 할 것은 없습니다. 내가 태어날 때 꼭 죽기 전에 마쳐야 할 것을 가지고 태어나지 않잖아요. 그런데 정말 마음속 깊숙이 그것을 인식하지는 않았던 것입니다. 그래서 아무것도 안 하면 바보 같고 이렇게 살아도 되나 싶지만, 그렇게 살아도 됩니다.

이것이 분명하면 이제는 무의식이 안도를 합니다. '그렇지, 하고 싶으면 하고, 말고 싶으면 마는 것이지, 꼭 해야만 하는 것은 아니잖아.' 그것이 분명하다면 사명이란 없는 게 아니에요? 그렇지 않고 '사명이 분명히 있어'라고 여기는 마음은 의무감 아닙니까? 그것이 없어진 다음에 자기 할 일을 하면 되죠. 사명 같은 일을 하면 되는 거 아닙니까.

태어날 때부터 진정 해야 할 일을 갖고 태어나는 것은 아니라는 것입니다. 이런 것을 자문해 보고 아주 깊숙이 살펴보고 그때 '그래, 할 일은 없는 거지.'라면 무의식은 안도하게 된다는 것입니다. 정말 자기가 더 깊숙이에서 인정하는 것입니다.

무의식까지 닿는 깊은 인식

정말 깊숙이 스스로에게 질문해보면 무의식까지 닿습니다. 무의식에는 절실한 느낌으로 가닿는 거예요. 강한 느낌이 든다면 무의식에 닿은 거라고 볼 수 있습니다. 표면 의식이 아니라 무의식이 안도할 정도로 깊이 이것을 인식하면, 그래서 할 일이 없다는 것이 분명해진다면 긴장이 풀어집니다.

기쁨의 종류

진리 발견의 기쁨

기쁨에는 어떤 종류가 있을까요?

우선, 인생을 꿰뚫어보는 통찰을 발견할 때의 기쁨이 있습니다. 심오하고 거대한 우주적 이치를 발견할 때, 마치 아르키메데스가 유레카를 외치며 온 아테네 시내를 벌거벗은 줄도 모르고 기뻐서 뛰어다니는 것보다 더 큰 기쁨이 온몸을 관통하고, 우리 뇌파는 감마파로 공명하며 전율을 일으킬 것입니다.

그것이 바로 우리 정신이 우주적 이치와 하나로 통합되는 데서 오는 의식적 전율입니다. 지극한 복락이라 할 만하지요. 이것은 진리가 정신에 포착되어 드러날 때 오는, 개인의 정신과 우주적 법칙이 합일된 느낌입니다.

창조적 몰입의 기쁨

또 무언가에 열정적으로 몰입하며 창조성을 발휘할 때에도 기쁨을 느낍니다. 앞의 기쁨이 수동적이라면, 이때는 능동적 활동을 통한 기쁨입니다. 몰입과 창조를 일으킬 때의 기쁨이지요.

왜 우리는 뭔가를 창조할 때 기쁨을 느끼는가? 창조란 없던 것이 새롭게 나타남을 의미합니다. 앞에서 발견한 이치에 기반하여 새로운 것을 창조하는 것은 능동적 몰입을 일으킵니다. 거기 커다란 창조적 몰입의 기쁨이 있습니다.

익숙함과 새로움의 조화

우리는 어느 정도 익숙하면서도 새롭게 느껴지는 것에 기쁨을 느낍니다.

익숙한 것, 이미 아는 것은 음성陰性이요, 새로운 것은 양성陽性입니다. 즉, 음성에 기반한 양성에 기뻐하는 것입니다. 전혀 모르는 것에는 두려움이나 어색함을 느끼고, 다 아는 것에는 지루함을 느낍니다.

적당히 아는 것에 기반한 새로운 것의 가미, 익숙한 것에 기반한 감당할 만한 어려움에 도전의 기쁨을 느끼는 것과 같습니다.

이유 없는 기쁨, 존재 자체의 기쁨

기쁨이란 늘 새롭고 신선한 데서 옵니다. 그것이 관계이든, 앎이든, 움직임이든 그 속에서 에너지를 쓸 때의 기쁨도 있습니다.

기쁨은 비교에서 옵니다. 내 몸과 마음이 있다는 것은 크게 감사할 일입니다. 비교의 기준을 낮추면 낮출수록 많은 기쁨이 생겨납니다.

그런데 그런 비교기준마저도 없을 때 지복至福, 이유 없는 기쁨이 있습니다. 존재와 의식과 지복은 여전히 본질의 '표현'입니다. 본질 자체는 아닙니다. 가장 근접해 있습니다.

이유 있는 기쁨이 본질에서 한참 멀리 있는 것이라면, 이유 없는 기쁨은 본질에 아주 근접해 있습니다. 그렇지만 여전히 본질의 '표현'이죠. 왜냐하면 드러난 현상이니까요.

백색광과 같은 기쁨

그래서 이유 없는 기쁨은 아무런 비교도 닿을 수 없는 백색광과 같습니다. 빨주노초파남보, 이 일곱 가지 빛을 다 더하면 백색이 되죠. 아무 색도 아닌 것과 같습니다.

아무 색도 아닌 색이 사실은 모든 기쁨의 총합이라는 것. 이런 이유로 인한 기쁨, 저런 이유로 인한 기쁨 등을 모두 합치면 드디어 존재 자체의 기쁨에 이르게 된다는 뜻입니다.

그래서 이런 저런 이유와 전혀 상관없이 우리는 이미 백색광과도 같은 존재입니다. 이미 이유 없는 기쁨을 띠고 있습니다.

어린아이의 원초적 기쁨

어린아이들이 얼마나 즐거워합니까. 어린아이는 생각과 감정에 경험에 물들어버린 이 20세 이상의 성인들에 비하면 더 원초적입니다.

더 원초적인 아이들이 우리보다 더 많은 기쁨을 느낀다는 것은, 이유 없어도 더 많은 느낌을 느낀다는 것은, 이유 없는 기쁨이 더 원초적이고 더 근본적이라는 뜻입니다.

아이들이 괜히 슬퍼하고 평화스러워하는 것을 봤습니까? 애들은 그냥 기뻐합니다. 평화는 혼돈을 겪고 소동을 겪다가 고요해질 때 느끼는 것이 평화입니다. 그러나 이유 없는 평화는 그런 평화와 좀 다릅니다.

기쁨의 기록

【 연습 6 】 나만의 기쁨 목록 만들기

아래 각 항목에 대해 자신만의 기쁨을 기록해본다

- 인생을 꿰뚫어보는 통찰을 발견할 때의 기쁨
- 무언가에 열정적으로 몰입하며 창조성을 발휘할 때의 기쁨
- 어느 정도 익숙하면서도 새롭게 느껴지는 것의 기쁨
- 이유 없는 기쁨, 존재 자체의 기쁨
- 어린아이의 원초적 기쁨
- 가장 기뻤던 일을 떠올려 실제 느껴본다.
  - 그래서 이유는 잊혀지고 기쁨만 남도록 거기에 초점을 맞춘다
  - 심장호흡을 하면 느낌이 증폭되는 데 도움이 된다.
  - 강렬한 기쁨이 느껴지는 기억의 실마리를 하나 잡는다.
  - 그래서 그것만 생각하면 강렬한 증폭된 기쁨이 나타나도록 한다.
  - 그 기쁨을 느끼면서 그 느낌이 몸으로는 어떻게 오는지 살펴본다. 속속들이 느끼면서.

기쁨의 종류를 각 항목별로 봤습니다. 이제 여러분이 지금까지 살면서 정말 커다란 기쁨을 느꼈던 경험을 기록해보겠습니다.

여러분들이 기쁨을 느꼈던 사건, 무엇을 할 때 혹은 누구를 만났을 때 강한 기쁨을 느꼈는지 써보세요.

가장 약한 이유로 가장 강한 기쁨을 느꼈던 때를 찾으면 좋고, 아무 이유 없이 강렬한 기쁨을 느꼈던 때를 찾으면 더 좋습니다. 그때를 회상하면 그 기쁨이 지금 이 순간 다시 올 수 있다면 제일 좋습니다. 그것을 제일 먼저 쓰세요.

이유 있어도 좋습니다만 가능한 한 갈수록 약한 이유, 별 이유도 아닌데 기쁨을 느꼈던 때를 기록해보세요. 그래서 기쁨을 재연할 수 있는 것을 쓰는 것이 제일 좋습니다.

이런 것을 열 가지 이상 기록해보세요. 알고 있는 것과 기록하는 것은 다릅니다. 기록하면 좀 더 현상화가 됩니다. 글로 쓰는 것 자체가 생각하는 것보다 드러내는 데 더 도움이 됩니다.

기쁨의 강도와 실마리 찾기

기록한 항목들 중에서 우선 가장 강렬한 기쁨이 느껴지는 것을 찾아보세요. 그 항목 중에서 이유가 약한데도 기쁨이 강렬한 것이 있나요?

여러분들이 가장 강렬한 기쁨을 느꼈던 순간으로 들어갑니다. 그때 느꼈던 느낌과 유사한 느낌을 재현하는 게 중요합니다.

그때 상황을 떠올리고 관계된 사람, 그때 입었던 옷, 주변 사물의 색깔이나 소리, 향기 그 무엇이든지 사용해서 그 느낌이 강렬하게 오도록 해보세요. 그리고 무엇을 생각하면 혹은 무엇을 하면 그런 강렬한 기쁨이 떠오르는지 하나 붙잡아보세요.

기쁨이 나오게 만드는 기억, 부분을 찾아내보세요. 기쁨 속으로 침잠해서 기쁨의 파도에 휘말려보세요.

기쁨의 증폭과 몸의 반응

그때 느꼈던 기쁨의 강도에 머물지 말고 더 깊숙이, 증폭시켜 보세요. 심호흡을 하거나 심장에 초점을 맞추면서 호흡을 하면, 느낌을 증폭시키는 데 도움이 됩니다.

그래서 이유가 있었던 기쁨이라 할지라도 이유가 생각나지 않을 만큼 기쁨 속으로 들어가 봅니다. 이유는 잊어버리고 기쁨만 남도록 해봅니다.

그 기쁨이 느껴질 때 내 몸의 어디에서 어떤 반응이 일어나는지, 그 기쁨의 느낌이 몸으로는 어떻게 오는지 느껴보세요.

그 기쁨을 다시 불러올 수 있는 실마리를 하나 찾아봅니다. 그 하나만 생각하면, 그 느낌만 떠올리면 강렬한 기쁨이 되살아나도록. 이유는 있어도 좋고 없어도 좋습니다. 강렬한 그 느낌이 되살아나도록 해봅니다.

그 느낌이 발견되고 몸에서 어떻게 진행된다는 게 느껴지면 천천히 눈을 뜨고 돌아옵니다.

저 같은 경우에는 그날의 아침만 떠올리고, 가슴이 뻐근한 느낌이 있었기 때문에 그 가슴의 느낌에 집중하면서 몸의 느낌을 떠올리고, 마음의 상은 그 날의 아침, 이유 없이 방을 서성거렸던 것을 떠올리면 그 느낌이 바로 와요.

그러면서 점차 신음 소리 같은 게 납니다. 이것이 내 몸에서 일어나는 반응입니다. 기쁨의 느낌이 그런 식으로 와요. 호흡이 가늘어지고, 일부러 크게 호흡하지 않고 작게 가늘게 호흡하게 돼요. 뭔가 힘들 때 호흡하는 느낌. (참가자를 가리키며) 자, 어떻습니까?

참가자 A: 의식으로 돌아왔는데도 의식은 있는데 몸이 그 느낌을 기억해

요. 그냥 기쁨이란 단어를 떠올리면 몸은 그때 그 느낌을 기억하는 것입니다. 가슴이 꽉 차면서도 역동하는 느낌. 그득한 그 느낌, 그걸 느끼면 몸이 기억하면서 그 상태로 들어가는 것 같아요.

희로애락의 기쁨이 아니라, 눈물이 날 것 같은 기쁨이 있어요. 그런데도 내가 슬픈가 하면 그런 건 아니에요. 이유가 없이 기쁜 것. 눈물이 나지만 그렇다고 슬픈 건 아닌 그런 느낌.

오케이. (다음 사람을 보며) 어떻습니까? 어떨 때 어떤 느낌이 왔고, 내 몸에는 어떤 반응이 있었는지를 얘기해본다면?

참가자 B: 호흡의 결이 느껴지면서 호흡이 깊어지고, 가슴에서 움직임이 있어요. 그걸 증폭시킬 수 있으면 한껏 고양될 수 있을 것 같은데, 그대로 느끼고 있다 보면 이유 없는 충만한 행복감이 느껴지면서 '아, 좋다'는 느낌도 있지만 그건 생각인 것 같아요.

행복감 같은 게 느껴지다가 슬픔으로 가는데 이유 있는 슬픔이 아니라 아름다워서 느껴지는 슬픔 같은 게 있어서 눈물이 나요. 맑아지는 느낌이 들고, 늘 합장하면서 그렇게 마무리가 돼요. 가슴이 고양되면서 열린 느낌이랄까요.

언제든지 그리로 들어갈 수 있나요? 실마리가 있나요?

B: 그냥 올 때도 있고 바람결이나 숨결이 느껴질 때 언제든지 조건 없이 되는 것 같아요. 그런데 그것이 자주 되다 보니까, 항상 경계하는 게, 저는 사실 경험으로서의 느낌에 중독되는 경향이 많거든요.

싫다/힘들다는 감정이 있었기 때문에 그 반대되는 것에 대한 갈구가 있었어요. 그래서 슬픔이 됐건 기쁨이 됐건 의도적으로 빠지고 싶어 하는 면이 있어요. 그래서 '이것도 수시로 되는 것이었지. 그렇다면 이것도 느

낌으로 빠지는 것인가' 싶은 생각이 들었어요.

느낌에서 통찰로

그 느낌과 경험을 통찰로까지 이어갈 것입니다. 그냥 느끼고 경험하는 것으로 끝나는 게 아니라.

B: 통찰인지 모르지만 존재함 자체로 되는 거지 아무 이유를 덧붙일 필요가 없다는 것. 이러한 상태가 되면 항상 마지막에 그런 게 올라오거든요.

그렇죠. 느낌과 상관없이 앎이 생겨납니다.

B: 네, 저절로 올라왔어요. 이렇게 저절로 한번 느껴지고 나면 확실히 달라요. 주변을 볼 때나 사람을 대할 때도, 분별하는 마음, 하려고 한 것도 아니고 없애려고 한 것도 아닌데, 맑은 느낌이 되니까 이유가 필요 없다는 것이 무의식적으로 깔리는 것 같아요.

그러니까 이유 없다는 것. 이유는 항상 마음에 일어난 경계, 한계지어놓은 것입니다. 한계 없이 그것은 늘 가능하고, 일어난다는 것을 발견하면 이것이 일종의 통찰이 되죠.

그래서 한계지어지고 이유가 있어야 되고 그것을 생각해야만 일어나는 게 아니라 늘 밑에 깔려있다는 것을 발견하는 것입니다. 그것이 배경으로 깔려있으면 뭘 하더라도 늘 안전합니다. (다른 참가자를 보며) 어떻습니까?

이유 없는 기쁨의 발견

참가자 C: 이유를 알 수 없는 강렬한 기쁨을 느꼈던 적이 몇 번 있었던 것 같은데 그것을 다시 되살리려고 하니 잘 안 돼요.

백설이라는 시인이 쓴 시가 있는데요. 잘 기억나진 않지만, 밤새 친구들과 놀다가 아침 늦게 이불 속에서 눈을 떴는데 따뜻한 방, 무새우국 냄새가 나고 한다는 내용인데, 그 느낌이 제가 아주 어릴 때, 취학 전인가 느꼈던 그런 기쁨과 가장 근접하지 않을까 싶어요.

이후로도 살면서 그런 것을 몇 번 느꼈는데 어린 마음에도 말로 형언할 수 없는, 전율이 이는 느낌이랄까요. 그것을 다시 떠올려보려 하니까, 지리산 쓸쓸하고 외로운 곳에서 동네 아주머니들과 모여 있는 자리에서 그런 느낌을 느꼈던 것 같기도 하고요. 이유를 알 수 없는 전율과 같은 느낌. 그 느낌을 몸으로 기억하고 있는 것 같아요.

그리고 이것은 어떻게 보면 큰 이유라고 할 수 있는데요. 아까 설명하신 무사인, 아무 할 일이 없는 사람과 관련해서 소개하자면, 이번에 제가 인도 여행 갔을 때 가이드북을 보다가 갈 데가 너무 많아서, 오히려 계획 없이 가게 됐어요.

공항에서 바라나시를 갔었는데 아무런 일정이 없으니까 지금까지 살아오면서 뭔가 뿌듯한 느낌이 들더라고요. 한 달이 온전하게 내 마음대로 해도 되는 기간이라고 생각하니까 너무 기분이 좋더라고요. 한 달을 내 마음대로 해도 된다는...

그때 그 느낌을 지금 불러낼 수 있습니까? 한번 불러내보십시오.

C: 그 느낌을 지금 불러낼 수는 있습니다. 그런데 너무 명백한 이유가 있어서...

괜찮습니다. 바라나시에 도착했을 때인가요? 정해진 스케줄 없이 한 달을 마음대로 쓸 수 있게 된 시점, 그때 느껴진 감정으로 들어가봅니다.

C: 혼자서 하면 되는데 누가 해보라고 하면 잘 안 들어가져요. 기계적인

것 같고.

왜 안 됩니까? 기계적이라고 생각하는 것 아니에요? '이건 부자연스러운 거야'라는 생각이 혹시 밑에 있습니까? 들어가보세요. 그 느낌이 있습니까? 어디에 어떤 느낌이 있습니까?

C: 뿌듯함이… 온몸에…

그 느낌 속으로 들어가보세요. 뿌듯한 그 느낌. 온몸에 가득찬 그 느낌. 내가 뭘 생각하면 그 느낌으로 들어가는지 잘 잡아놓으세요. 지금은 뭘 생각하면 그 느낌이 강렬하게 옵니까? 지금 그 느낌이 가장 강렬하게 오는 데가 몸에서 어디입니까?

C: 가슴 쪽으로…

가슴 쪽에서 시작되는 뿌듯한 느낌입니까? 그 느낌의 회오리가 온몸을 가로지르는 것을 느껴보세요. 30일을 온전히 내 마음대로 쓸 수 있게 된 그 시점의 느낌. 그 느낌으로 온몸을 가득 채워보세요.

그때 그런 느낌이 있었잖아요. 그 느낌의 회오리로 내 온몸을 감싸보세요. 그래서 이유는 사라지고 느낌만 남게 해보세요. 강렬한 기분 좋은 느낌.

지금은 느낌이 어느 정도 차 있습니까?

C: 저는 선생님이 유도를 하면 항상 잘 안 되더라고요. (웃음)

이런 때 잘 들어갈 수 있게 하는 길은 느낌에 민감해지는 것입니다. 자꾸 설명하려 할 필요가 없습니다. 말로 하면 글이 될 뿐이죠.

C: 그런 것을 일부러 떠올리려고 하는 게 아니라, 어느 순간 떠올라서 혼자 미소 지을 때가 있거든요. 선생님이 이렇게 앞에서 하면 잘 안 돼요.

그러니까 자꾸 제한되는 것입니다. 그때 무슨 이유로 촉발이 됐겠죠, 그 이유가 있어야만 들어가는 게 자연스럽다고 생각하는 걸 수 있어요.

왜 그것이 자연스러운 겁니까? 그냥 들어갈 수 있는 게 더 자연스러운 것입니다. 이유가 있어야 된다고 생각할 필요가 없습니다. 마음에 제한을 두지 마세요. 그 이야기는 이따 밥 먹을 때 다시 듣기로 하고… (다른 참가자를 보며) 자, 어떻습니까?

참가자 D: 가슴이 뿌듯한 느낌이 들면서 미소가 지어지고 온몸에 에너지가 충전되는 느낌이 들었어요. 거꾸로 그 느낌에 집중하니까 다시 올라오더라고요.

이제는 이유가 있어야만 이런 느낌이 올라온다는 생각을 내려놓고 이유 없이도 그 느낌이 올 수 있는 것입니다. 그 이유가 느낌을 촉발시킨 것이지 이유 때문에 기쁨이 생겨난 게 아닙니다.

언제든지 느낄 수 있는 기쁨인데 그 이유가 방아쇠를 당겨준 것뿐이죠. 이후부터는 방아쇠 없이도 느낄 수 있게 됩니다.

첫사랑을 경험하면 강렬한 사랑의 감정에 빠져서 느끼게 됩니다. 사랑이라는 건 내가 죽는 것, 사라지는 것입니다. 그걸 한번 경험하고 나면 사랑이라는 감정이 어떤지 알죠. 경험했으니까. 그러면 그 느낌 속으로 언제든지 들어갈 수 있게 되죠. 누군가가 있어야만 들어가는 건 아닙니다.

그러나 우리는 누군가가 있어야만, 이유가 있어야만 그 느낌으로 들어갈 수 있다고 믿습니다. 한 번 경험해보면, 한번 자전거를 탈 줄 알게 되면, 그냥 탈 줄 아는 거 아닙니까?

내 안에서 불러일으켜진 느낌, 이 느낌을 한 번 경험해보면 언제든지 다시 할 수 있는 것입니다. 느낌이 강렬한 게 중요합니다. 이유는 있어도 좋고 없어도 좋습니다. 강렬한 느낌을 가지고 작업을 할 거예요. (다음 사람을 보며) 어떻습니까?

참가자 E: 기쁨이 온몸의 세포에 있는 것 같아요. 흰빛으로 샤워하는 듯한 느낌. 활력을 받는 것 같은 느낌.

뭘 생각하면 그렇게 되는지 잡아봤어요?

E: 의도적으로 했던 건 아닌데 저한테 원래 그런 공간이 있는 것 같아요. 어릴 때 경험일 수도 있고 지금도 아무것도 할 일이 없을 때, 오전 시간에 밖에서 창밖에서 빛이 들어오고 하늘이 맑고 반짝일 때 커피 마실 때 그런 느낌. 하늘이 맑고 바람이 좋은 이런 날. 저는 별로 우울하지 않은데 가끔 우울하면 그 영상이 떠올라요. 그리고 그 영상이 떠오르면 우울이 사라지더라고요.

오케이. 좋습니다.

이유가 없으면서 강한 기쁨의 느낌이 있었던 경우를 맨 밑에 쓰고, 위로 올라올수록 기쁨의 이유가 커지는 경우를 씁니다. 그리고 위로 올라갈수록 기쁨의 느낌의 강도는 줄어들고, 이유는 자꾸 커지는 거예요. 10가지 정도 써 보세요. 10가지가 안 되면 맨 밑에 '0'에 해당되는 것을 우선적으로 쓰세요.

보통은 큰 이유가 있을 때 큰 기쁨이 오잖아요? 그것을 맨 위에 쓰고, 맨 밑에는 이유가 거의 없이 큰 기쁨이 오는 것을 쓰세요. 중간중간에도 하나씩 쓰고요. 그동안 있어왔던 것 중에 느낌의 강도가 강했던 것을 위주로 쓰고, 약한 것이 있다면 항목별로 쓰세요.

기쁨의 체험과 증폭

이유 없이 느낌을 그냥 불러낼 수 있다고 하니까 되게 부자연스럽게 느껴지죠? 보통 이유가 있어야 기쁨이 생기는 것이 자연스러운데요. 자, 눈을 감고 여러분들이 지나온 삶에서 가장 행복했던 때, 즐거움만 있었던 한 순간을 떠올려서 느껴보세요. 그 느낌이 느껴지면 손을 들어 표시합니다.

그러면 이제 그 느낌 속으로 깊숙이 들어가 보세요. 그 느낌은 원래부터 있었는데 우리의 주의가 가지 않아서 잊혀 있었던 그저 저 깊숙한 곳에 저장되었던 느낌입니다. 그 느낌을 한번 경험해 봤으면 언제든지 다시 경험할 수 있습니다. 그리고 그 느낌 속으로 깊숙이 들어가면 들어갈수록 더 커질 거예요.

느낌을 증폭시킨다는 것은 느낌을 억지로 키우라는 말이 아니라, 주의를 더 주어 세밀하게 보면 느낌 자체가 커진다는 것입니다. 사물을 자세히 들여다보면 더 생생하게 보이듯이 어떤 느낌도 더 깊이 들여다보면 그것이 더 생생하고 느낌이 커지는 거예요.

느낌을 키운다는 것은 그렇게 거기에 주의와 관심을 쏟아서 세밀하게 느끼려하면 그것이 내 의식의 대부분을 차지하면서 크게 느껴지는 것입니다. 이것이 느낌의 본성입니다.

내가 그 느낌이 되어버리는 것입니다. 내가 거기에 주의를 기울여 관심을 가지면 가질수록 느낌은 더욱 커지게 되어있습니다. 왜냐하면 느낌은 에너지가 투입된 만큼 느껴지는 것이기 때문입니다. 억지로 없는 느낌을 키우는 것이 아닙니다. 좀 더 깊숙이 들어가고 더 맛보면 느낌은 커집니다.

그리고 느낌을 내가 느끼는지, 아니면 내가 그 느낌인지 모를 정도로 느낌 속으로 더욱 더 몰입해 들어가 보세요. 나는 따로 없고 느낌만 남도록 하는 것입니다. 느낌을 느끼는 내가 따로 있는 것이 아니라 그 느낌만 남도록 그 느낌에 깊숙이 들어가서 느낌의 바다 속으로 들어가 '나'는 사라지도록 합니다.

느낌에 집중하는 하나의 방법으로서 심장을 부풀리고 가라앉히는 심장호흡을 하면, 내가 그 느낌 속으로 더 몰입됩니다. 깊은 숨을 들이마시면서 어떤 에너지적인 느낌이 더 커지는 듯 느껴진다면 그 속으로 더 몰입되고 있다는 뜻입니다.

숨을 들이마실 때에는 그 느낌이 깊이 몰입되어 더 커지고, 내쉬면 그 느낌이 세상을 향해 퍼져나가고, 다시 들이마시면 느낌에 몰입되어 커지고, 내쉬면서 세상을 향해 퍼져나가고 퍼져나가면서, 느낌이 사라지는 것이 아니라 내 안에 있는 느낌 역시 커지는, 이런 과정을 진행해 보면 점차 느낌이 더 진하고 커지고 느낌을 느끼는 나는 사라지는 현상이 벌어집니다. 자, 이제 눈을 뜨고 돌아오세요.

이 작업을 했는데 억지로 한 것 같이 부자연스럽게 느껴지나요? 만약에 조금이라도 그렇게 느껴진다면 생각이 끼어들어 있었을 거예요. 혼자 스스로 하려고 했으면 생각 때문에 억지로 만들어내려는 것이 부자연스럽게 느껴질 뿐입니다. 지금은 제 멘트에 따라오니까 자연스럽게 느껴질 수 있었겠죠.

자연스럽다는 것은 자신의 생각이 애쓰지 않았다는 거잖아요? 하지만 그냥 그대로 따라왔다는 것은 어떻게 보면 여러분이 스스로 생각으로 증폭시키려고 하는 것과 크게 다르지 않아요. 밖에서 들려오는 말이니 생각이잖아요. 그런데 밖에서 들려오는 말대로 따르면 내 생각을 할 필요가 없으니 스스로 애쓰지 않고 자연스럽게 흘러갈 수 있다고 여길 수 있겠죠.

결국 자연스럽다 혹은 부자연스럽다고 여기는 것은 생각 때문입니다. 내 안에 있는 생각이 애쓰면 내 마음 안에 있는 어떤 물결이 일어난 거죠? 그것 때문에 부자연스럽게 느껴지는 거예요.

이유 없는 기쁨의 본질

그래서 이유 없는 기쁨은, 느낌을 불러내서 아무 이유 없이 느끼려고 하는 것이 아니라, 여러분들이 경험한 이유 없는 기쁨, 그것이 가능하다는 것을 깊이 인식하는 것입니다. 이 말이 중요해요. 지금 제가 하는 말이 제대로 전달되고 있는지는 의문입니다. 이 말은 경험이 있는 말이니까요, 말에 그치는 게 아니라. 그러니 여러분들이 이 경험을 했던 기억을 떠올리면서 들어보세요.

이유 없는 기쁨이란, 이유 없이도 기쁠 수 있다는 것을 아는 것, 이미 존재 자체가 기쁨이라는 것을 알아채는 것입니다. 그것을 깊이 의식적으로 인식하는 것입니다. 내 마음 속에서 이유가 있어야 기쁘다고 여긴다면 그것을 작업을 통해 넘어가려고 하는 것입니다. 사실, 모든 기쁨은 이유가 없지만 이유를 붙인 것뿐이죠.

어느 날 아침에 일어났는데 아무 이유 없이 기뻐요. 이런 일이 한 번도 없었는데 이것이 무슨 일이지 하다가 그것이 일어난 현상이니 그냥 받아들입니다. 잘 보십시오. 모든 과학적 원리는 현상이 있은 이후에 그 메커니즘을 찾아내는 과정입니다. 메커니즘이 먼저 생겨나고 현상이 일어나지 않았습니다. 원리를 먼저 발견한 후에 현상이 나타난 것이 아니라 대부분이 현상이 있은 이후에 논리를 찾아냅니다. 그것이 과학이 하는 일입니다.

마찬가지로 이유 없는 기쁨이 현상으로 드러나면, 그냥 그것이 그것으로 있다고 받아들이는 것이 되죠. 그러고 나서 논리를 찾죠. 그 뒤에 무의식이 깨끗이 청소되고 태어날 때부터, 또는 엄마 뱃속에서 묶여져 왔던 것, 이래야 한다고 여겼던 것, 어떻게 해야 한다는 것이 사라졌기 때문에 찾아왔어 라는 등 갖가지 이유를 붙여 여기는 것뿐이죠.

그러나 현상은 이유 없이 왔습니다. 그냥 기쁨이 온 거예요. 우리가 스무 살 넘어서까지 경험한 바는 이유가 있을 때에만 기쁨이 왔다는 것인데 그것은 의식이 형성되었을 때, 마음에 분리가 일어나고 의식 현상이 일어났을 때 이후로 겪은 경험들입니다.

어렸을 때에는 이유 없이 기뻤지만 그때는 분리되는 의식이 정리되지 않았으니까 이유 없이 기쁨이 온다는 것을 의식적으로 확인하지 못했죠. 그런데 분별의식이 일어난 이후의 기쁨은 이유가 있다고 우리가 분별하는 것뿐이라는 것입니다. 분별의식이 생겨나지 않았을 때에는 이유 없이 기뻤는데, 분별의식이 정리되고 나니까 이제 기쁨에 이유를 붙일 수 있게 된 것입니다.

합리적이지 않을 때에는 비합리적인 기쁨을 많이 느꼈어요. 그런데 합리적으로 된 이후에는 기쁨을 항상 합리적인 틀 속에서 느끼려고 하게 된 거예요. 우리가 합리에 갇혀있다는 뜻입니다. 이유에 갇혀있습니다.

근본적 차원에서의 이유 없음

근본으로 내려갈수록 이유 없는 일들이 많이 일어나요. 물질적으로도 그렇습니다. 기둥을 세워야 지붕을 얹을 수 있다고 여기는 것이 거시적인 물질세계입니다. 그런데 양자적으로 내려가면 이유가 사라집니다. 소립자들이 이유가 있어서 나타나는 것이 아니죠.

마찬가지로 의식의 세계는 물리적인 소립자의 세계보다 더 미묘합니다. 의식에는 이유 없는 기쁨이 있는 것입니다. 그것을 여러분들이 그저 마음속 깊숙이 인정할 수 있게 되면 이제 아무 때에나 기쁨이 일어날 수 있는데, 그렇지 못하다면 생각으로 막고 있는 것입니다.

기쁨이 일어나지 않는 이유

이유 없는 기쁨이 일어나지 않는 또 한 가지 이유는 내가 늘 '이래야 해, 무엇을 해야 하고 뭘 얻어야 하고 무엇을 이뤄야 해!'라는 긴장 속에 있기 때문에 의식적인 주의가 그 긴장 속으로 가 있어서, 기쁨으로 주의가 갈 여유가 없기 때문입니다. 우리가 지금 방석에 앉아 있지만 방석의 촉감이 의식적으로 느껴지지 않는 것과 마찬가지로 우리는 늘 기쁨 속에 있습니다.

기쁨이라는 것은 간단히 말하면 잔잔한 진동입니다. 우리 존재는 진동입니다. 에너지 차원으로 내려가면 존재는 진동이죠. 우리는 항상 진동 속에 있어요. 그러기 때문에 늘 기쁨 속에 있는 것입니다. 살아있는 것 자체가 움직임이잖아요. 움직임이라는 것은 가장 밑바닥으로 내려가면 진동입니다.

우리가 기쁠 때 '전율'이라 표현합니다. 전율은 진동이라는 뜻입니다. 우리 존재 자체가 이미 진동이고 파동입니다. 기쁨의 본질은 진동입니다. 그래서 우리 몸이 진동의자에 앉아 있으면 이상하게도 기쁨이 와요. 몸이 좋아합니다. 마음도 마찬가지죠.

마음은 이미 진동 속에 있기 때문에 기쁨 속에 있는 거예요. 그런데 그 기쁨은 늘 경험하고 있기에 너무 당연하니까 우리가 주의를 주지 않는 것뿐입니다. 늘 있는 것을 우리는 귀하게 여기지 않죠, 공기처럼. 진동은 늘 있는 것입니다. 기쁨의 진동은 태생적인 거예요. 그런데 늘 있는 것에는 관심을 기울이지 않죠. 귀하게 여기지 않아요.

이제 거기에 주의를 쏟을 수 있게 되면 존재 자체가 기쁘다는 것을 경험할 수 있게 되죠. 다시 경험한다는 것은 '재경험'이죠. 다시 거기에 주의를 기울일 수 있게 되었다는 거예요. 그래서 그런 마음을 깊숙이 그냥 인정할 수 있게 되면 기본적으로 되었다고 볼 수 있겠죠.

그런데 그것이 되지 않는 것은 계속해서 생각이 올라오기 때문에 그 진동하는 느낌 자체에 있지 못하는 것입니다. 그래서 그 진동에 주의가 가지 못하게 막고 있는 움직임을 무력화해야겠지요. 즉, 간단히 말하면 그것은 분별없음 속으로 들어가는 것입니다.

마음의 물과 파도 비유

자, 다시 화면을 보시면, 파도가 있어요.(그림39) 마음에는 원래부터 경계가 없습니다. 물에는 경계가 없어요. 물과 파도를 같이 보고 있습니다. 파도는 치지만 파도 자체가 본질이 아니라는 것을 압니다. 왜냐하면 파도는 나타났다가 사라지니까요.

그런데 우리는 우리 마음속에 일어나는 파도를 잘 보지 못합니다. 왜냐하면 내가 나라고 여기는 것이 하나의 파도기 때문입니다. 지금 나라고 여기는 것이 이런 파도란 말입니다. 이런 파도로서 다른 파도를 보고 있는 거예요. 이 파도가 조금 더 강한 파도일 뿐입니다. 그러니까 자기 자신이라고 여기는 마음이 하나의 일어난 파도임을 보지 못하기 때문에 다른 파도들을 그냥 단순한 파도로 보지 못하고 실존한다고 여기는 것입니다.

그런데 마음은 물이라는 것입니다. 물은 파도 속에도 있고, 파도 밑바닥 근저에도 있습니다. 파도 자체가 물이기도 합니다. 다만 파도는 모양이 있는 거예요. 물은 모양이 있지도 않고, 없지도 않죠? 물은 모양과 상관없다는 것입니다.

여러분 마음속에 일어나는 '나'라는 마음은 경계 지어진 마음입니다. 모든 경계는 경계가 없는 마음에 기반을 두고 있습니다. 원래부터 마음 자체에는 경계가 있지 않아요. 그러니 애써서 경계를 내서 지울 필요가 없다는 것입니다.

착하고 선한 마음은 훌륭한 마음입니다. 악하고 이기적인 마음은 나쁜 마음입니다. 그러나 착한 마음과 나쁜 마음 역시 '마음'입니다. 지금 자신의 마음이 '일어난 마음'이라는 것을 아시겠어요? 지금 무언가가 마음속에서 의식되고 분별되고 느껴진다면 그것이 무엇이든지 경계 지어진 마음이죠.

눈으로 구별할 수 있는 것은 시각적인 경계입니다. 촉감으로 구별해 낼 수 있는 것은 촉감의 경계죠. 여러분들 마음속에 지금 무언가가 일어나 있다면, 어떤 느낌이라도 어떤 생각이라도 나타나 있다면 그 역시 마음으로 경계 지어진 느낌입니다. 그 무엇이든지. 경계 지어진 것이기 때문에 차이가 느껴지는 거예요.

그런데 그 경계는 그냥 금 그어놓은 것이지 마음에 어떤 변화가 일어난 것이 아닙니다. 금 그어 놓고 이쪽은 '나', 저쪽은 '너'라고 이름 붙여 놓고 내가 너를 본다는 현상이 일어난다는 것입니다. 금을 그어 놓았기 때문에 에너지에 흐름이 생겨나기 시작하는 것입니다. 앞서 살펴본 플러스 전하와 마이너스 전하처럼.

지금 어떤 생각이 일어난다면(그것이 어떤 생각이든지), 지금 어떤 느낌이 일어났다면(그것이 어떤 느낌이든지) 그것은 경계 지어진 것뿐이라는 것입니다. 왜냐하면 지금 '주의에 주의 기울이기'(깨어있기 용어)를 하면 그것이 사라지잖아요? 즉시 느낌이 없어지지 않습니까? 즉시 생각이 없어지죠.

마음에 서울에 있는 집을 떠올렸다가 다시 지금 앉아있는 자리로 돌아오면 마음에 떠올라졌던 집은 금방 사라지고 없어지죠? 금방 없어집니다. 내 마음에 떠올렸던 어떤 느낌도 주의만 다른 곳으로 돌리면 금방 사라집니다. 내 마음에 떠오른 어떤 강력한 감정이라 할지라도 주의가 다른 곳으로 가면 즉시 사라집니다. 그것은 고정불변이 아니에요. 수시로 파도처럼 나타났다 사라집니다.

마음의 작동 원리

자, 화면을 보세요. 지금 마음은 이처럼 텅 비어있다가(그림40) 이제 집을 생각합니다. 그러면 집을 향한 '나'라고 여겨지는 것은 잘 보이지는 않지만 집을 떠올리는 순간 생겨납니다. 그러면서 비어있는 마음에서 집을 향해 에너지가 움직입니다. 여러분들이 집을 떠올렸을 때 바로 이런 상태가 된다는 것입니다.

그러다가 '주의에 주의 기울이기'(깨어있기 용어)를 하면 그 에너지 흐름이 거의 없어집니다. 애쓰고 있으면 약간의 에너지가 남습니다. 그러나 거의 대부분 사라집니다. 그러다가 이 애씀마저도 사라질 때에는 마음에 상이 전혀 없는 감각상태가 됩니다.

물리세계에서 일어나는 일과 마음의 세계에서 일어나는 것이 크게 다르지 않아요. 경계 짓는다는 것, 마음에 경계가 일어나는 것은 바로 에너지 흐름이 생겨났다는 거예요. 그래서 느껴지는 것입니다.

여러분 마음속에 어떤 감정, 생각, 느낌이든지 일어나서 구별된다면 에너지 흐름이 일어나고 있는 것입니다. 왜냐하면 주체와 대상으로 나누어진 에너지 흐름이 생겨났기 때문입니다. 이것이 마음의 최초 움직임입니다.

그리고 자기가 자기를 계속 관찰하면 점차 주체가 대상을 향하여 몰입해 나가죠. 점차 대상이 더 궁금하고 관심이 가니까 모든 에너지 흐름이 다른 곳, 이런 저런 생각으로 가지 않고 오직 '도대체 나라는 것이 뭐지?'라고 하는 '나'라는 느낌에 더욱 집중해서 들어갑니다.

그리고 점차 거기에 가까워질수록, 몰입될수록 에너지 흐름이 멈추죠. 거기에서 거기로 가는 것이니까. 내가 바로 '나'니까. 그리고 에너지 흐름이 툭 끊어집니다. 이때에는 플러스와 마이너스가 없는 상태죠. 그러다가 아주 미묘한 존재감마저도 사라지게 되죠.

이처럼 마음의 경계란 주체와 대상으로 나눠져서 뭔가 지금 움직이고 있다는 뜻입니다. 내가 기쁨을 느낄 때 그것이 어떤 이유 때문이라면 이유가 바로 나눠진 마음입니다. 이 나눠진 마음이 이유가 돼서 기쁨을 일으키고 있는데 사실 이 나눠진 마음은 마음에서 일어나는 움직임인 것입니다. 즉각 사라질 수 있어요.

지금 여러분들 마음속에 뭔가가 떠올랐다면, 그것이 무엇이든, 그것이 바로 마음에 어떤 경계가 생긴 거라고 할 수 있습니다.

생명력의 흐름

그래서 '생명력'이라는 것은 이렇게 나눠진 것 속에서 어딘가에서 어딘가로 흐르고 있는 흐름입니다. 생명력은 진공 속에서 늘 나타날 수 있는 것입니다. 진공 속에서 뭔가 나눠지면 드디어 흐름이 생겨납니다. 이러면 이제 마음에서 뭔가가 느껴지고 생각되고 일어나있는 상태가 되죠.

혹시 지루함이 느껴진다면, 그 또한 하나의 일어난 느낌입니다. 또는 뭔가 와 닿는 느낌이 일어난다면 그 또한 일어난 느낌입니다. '아, 알겠어!' 또는 '아, 모르겠어', '와 닿지 않아' 등 이 모든 것은 마음속에 일어난 느낌이고 마음속에 일어난 경계입니다.

몸 느끼기

그래서 이제부터 할 것은 우선 우리가 몸이라고 여기는 그것이 일종의 촉감의 경계라는 것을 살펴보고, 그 다음에 마음의 경계를 살펴보고, 그 경계가 어떻게 생겼다가 사라지는지를 살펴보려고 해요. 생겨났다가 사라지는 것을 살펴보면 그것이 에너지를 좌우하는 중심이 되지 않고 스스로 중심 자리에서 물러날 것입니다.

【 연습 7-1 】 무의식을 청소하기

- 무의식을 청소하고 기쁨으로 일어나기
- 마음의 경계를 없애는 것이 무의식을 청소하는 것이다.
- 그를 위해 먼저 몸 느끼기를 한다.
- 이후 경계 지우기를 한다.

【 연습 7-2 】 몸 느끼기

- 시각적 경계인 상을 지우기
- 촉감적 경계에만 주의의 초점을 맞추기

- 촉감의 경계는 시각적 경계보다 훨씬 애매하다
- 청각적 경계를 느껴보기
- 청각적 경계가 사물을 구별하듯, 마음의 경계도 내적 느낌을 구별한다
- 마음의 경계를 느껴보기
- 마음의 경계를 허물어보기

【 연습 7-3 】 마음의 경계 없음을 알아채기

- 생각과 느낌으로 경계지어진 마음
- 마음에는 원래부터 경계가 있는 것이 아니므로 경계를 애써서 지울 필요가 없다.
    - 애쓰는 것이 또다른 파도를 만든다.
- 그저 원래 경계없음을 알아채라.
    - 지금 즉시 감각으로 들어가본다.
    - 지금 즉시 주의에 주의 기울이기

【 연습 7-4 】 경계 없음을 알아채기

- 시각적 경계 – 손가락 끝
    - 손을 펴서 손가락 끝에 주의를 주고 느껴본다.
    - 주의를 많이 보낼수록 뭔가 기운이 느껴지고 손가락 끝이 욱신거릴 것이다. (안 느껴지면 손가락을 움직이기 직전까지 마음을 쓴다.)
    - 이때 손가락이라는 마음속 시각적 상을 지운다.
- 촉감 감지적 경계 – 욱신거림
    - 시각적 상을 지워도 남는 욱신거림을 느낀다.
    - 그 욱신거림이라는 생각을 지운다. 그 생각의 마음에 그려놓은 몸

의 경계이다.

- 촉감 감각적 경계 – 느낌
  - 그래도 뭔가 느낌이 남는다.
  - 그 '느낌이 있다'는 생각도 지운다.
- 마음의 경계 – 의식하기
  - 그 느낌이 사라져도 '뭔가 있다'는 '의식현상'은 남는다
  - 뭔가 있다는 것을 '의식한다'는 생각도 지운다.
- 무언가 '욱신거림이 몸에서 일어난다'는 현상은 미묘한 마음의 경계에 의해, 즉 생각에 의해 분별된 나누어진 마음일 뿐이다.
- 그 경계를 모두 사라지게 하면 '욱신거림이 일어난다'는 것은 따로 없다.

【 연습 7–5 】 상을 지우기

- 두 손을 합장한다.
  - 두 손이라는 시각적 상인 경계를 지운다.
  - 느낌에 집중한다.
- 어떤 느낌을 느낀다.
  - 촉각적 느낌인 경계를 지운다.
  - 아는 느낌을 지우고 감각적 자극에 집중한다.
- 감각적 자극이 있다.
  - 감각적 자극이 있다는 것을 느끼고 지운다.
  - 무언가 '있다'는 것에 집중한다.
- 무언가 있다는 것을 '의식'한다.
  - '있다는 의식'을 지운다. 마음의 경계를 허문다.

【 연습 7–6 】 시각적 상을 지우기

다섯가지 동작을 하며 각각의 동작에 대해 시각적 상을 지우기 연습

- 양손을 들며 느낀다.
- 얼굴을 좌로 돌리며 느낀다.
- 양팔을 위로 올리며 느낀다.
- 팔을 다시 내리며 느낀다.
- 얼굴을 다시 정면으로 움직이며 느낀다.

【 연습 7–7 】 아는 느낌 지우기

- '손바닥이 닿았어'라는 아는 느낌 지우기
- 다섯가지 동작에 대한 아는 느낌 지우기

【 연습 7–8 】 감각적 자극을 지우기

- 그냥 있는 감각적 자극 지우기
- 손바닥이 닿았다는 느낌을 지우면 그냥 있는 촉감적 자극이 남는다. 이때 그 촉감적 자극을 지운다.

【 연습 7–9 】 있다는 의식을 지우기

- 촉감적 자극을 지우면 이제 뭔가 있다는 의식이 있다.
- 그 '있다'는 의식을 지운다.
- 그 의식 역시 일종의 마음의 경계인 미묘한 생각이다.

시각적 상과 촉감의 분리

우선 눈을 감고 똑바로 앉아서 손을 펴서 무릎에 놓으세요. 힘을 다 빼고 가볍게.

눈을 감고 손의 느낌에 집중합니다. 그러면 손의 윤곽이 느껴지죠? 그렇다면 그것은 시각적인 상과 촉감의 느낌이 지금 합쳐져서 마음에 떠올라 있는 상태입니다. 이럴 때 두 손가락과 손바닥, 손등에 대한 시각적인 상을 지워버립니다. 주의제로나 그냥 잊어봅니다. 상에 힘을 주지 않는 것입니다.

그러면서 촉감의 느낌에 집중하세요. 뭔가 명확하게 나눠진 것이 느껴진다면 그것은 시각적인 상이라고 봅니다. 촉감은 경계가 명확하지는 않아요. 그렇지만 우리는 그 촉감이 있다는 것은 알죠.

지금 우리가 하는 것은 경계라는 것이 어떤 차원에서 생겨났다가 사라지는지를 확인하는 것입니다. 지금은 몸의 차원이죠. 촉각적인 느낌에 집중하고 시각적인 상이 사라지면 고개를 끄덕여 주세요. 시각적인 상이 사라지면 조금 애매하게 느껴지죠?

자, 그러면 이제 오른손을 가볍게 들어보세요. 그러는 순간 시각적인 상이 다시 나타나지 않아요? 잘 느껴보세요. 시각적인 상이라는 것은 손이 어떻게 생겼다는 것을 아는 것입니다. 힘이 들어가면 시각적인 상에 가까워지죠. 왜? 다른 것과 명확하게 구분해야 하니까. 그 부분에만 힘이 들어가게 하기 위해서는 다른 것과 구분이 돼야겠죠. 그러면서 다시 시각적인 상이 명확해지죠.

그러면 그 상태에서 시각적인 상을 지워봅니다. 촉감의 느낌에 집중하는 것입니다. 촉감의 느낌만 남고 시각적인 상이 사라지면 고개를 끄덕여 주세요. 시각적인 상에 주의제로를 하면 됩니다. 그리고 촉감에 집중하세요. 손 전체가 하나인 느낌으로. 촉감은 항상 한 덩어리입니다. 손가락 하나하나가 촉감에는 따로 없어요. 마치 두터운 에너지장갑을 낀 것처럼 손가락 끝에서 멀리까지 느껴지는 게 촉감이죠. 열감까지.

우리가 시각이 아닌 촉감의 세계에서만 산다면 자신이 몸이라고 느끼는 것이 지금보다 더 멀리 퍼져나가게 될 것입니다. 그래서 촉감의 느낌으로 살아가게 된다면 누군가가 내 옆에 1m 가까이 온다고 하면 내 몸에 닿은 듯한 느낌이 들 거예요. 즉, 우리가 촉감으로만 살아간다면, 내 몸의 경계가 많이 확장될 것입니다. 그래서 촉감이 민감한 사람은 이 방 전체를 자기 몸처럼 여길지도 모릅니다.

촉감을 통해 내 손을 느끼는 것이 분명하다 싶으면 이제 손을 무릎에 내려놓고 거기에 집중하고 고개를 끄덕여주세요.

그 느낌에 계속 집중하면서 따라오세요. 지금 상태에는 시각적인 상은 떨어져 나갔어요. 촉각의 느낌에 집중하고 있습니다. 촉감의 느낌이라는 것은 무엇입니까? 내가 '알고 있는' 느낌입니다. '이것은 어떤 느낌이지'라는 것이 있습니다. 그런 느낌을 지우고 즉, 촉감의 느낌마저도 주의제로(깨어있기 용어) 하고 이번에는 그냥 손이 있다는 느낌에 집중해 봅니다.

촉감의 느낌에도 미묘하게 형태가 있습니다. 시각적인 형태는 아니지만 어떤 촉감의 경계가 있어요. 시각적인 경계와는 다르지만 촉감의 경계는 어때요? 왼손의 촉감의 경계와 오른손의 촉감의 경계가 구별되죠? 구별된다는 것이 바로 촉감의 경계라는 것입니다. 그 촉감의 경계, 촉감의 감지(깨어있기 용어)마저도 내려놓습니다. 그때는 왼손, 오른손의 구분이 없어지겠죠? 촉감의 경계까지 없어지니까 구분이 점차 없어지는 것입니다.

감각적 자극만 남기기

이제는 감각적으로 뭔가 자극이 있다는 것만 남고, 나머지 아는 느낌은 다 사라집니다. 거기에 촉감의 아는 느낌에 주의제로(깨어있기 용어) 합니다. 감각적 자극이 있다는 것만 남습니다. 그것이 무엇이라거나 어떤 느낌이라는 것은 없어요. 그냥 감각적 자극이 있다는 것만 남습니다. 느낌으로 구분되는 마음은 없어요. 촉감의 느낌으로 구분되는 마음은 없습니다. 감각적 자극이 있다는 것만 남고 다른 촉각의 느낌이 사라졌다면 고개를 끄덕입니다.

'있다'만 남아있어요. 구별되는 느낌은 모두 사라집니다. 내 온몸에 시각적인 상은 사라지고 그저 있다는 느낌만 남을 때 우리는 감각적 자극만 있는 상태가 됩니다. 구별은 없어지죠. 분별은 없어져요. '있다/없다'에서 '있다'만 있어요. 자꾸 분별되려고 하는 것들이 올라오면 주의제로 합니다. 이것과 저것을 나누는 마음이 있다면 주의제로.

주의를 계속 쏟으세요. 자꾸 분별이 없어지면 마음이 희미해져 갑니다. 주의를 놓지 말고 쏟아 붓습니다. 주의는 끊임없이 계속 움직여야 해요. 다만 어디로 갈지 모를 때 헤맨다는 느낌이 들겠지만 무언가 감각적인 자극이 '있다'는 것에만 초점을 맞추고 다른 모든 구분과 분별은 지워버립니다. 그 작업을 하는 데에 에너지를 쓰세요.

감각적 자극만 있습니다. 그러나 손가락 하나하나, 왼손과 오른손의 구별, 이런 것들은 없어요. 발, 얼굴, 가슴, 몸 이런 구분은 없습니다. 그저 뭔가가 있다는 것만 알 수 있어요. 이것과 저것을 구분하는 마음이 없고 오직 뭔가 자극만 남아 있는 그런 느낌이 들면 고개를 끄덕입니다.

자, 이제 그 '있다'고 여겨지는 그 느낌마저도 주의제로(깨어있기 용어)

합니다. 손의 느낌이 있다는 것마저도 주의제로 합니다. 지금 마음에 어떤 모습이라도 올라와 있다면, 마음으로 인식되는 무언가가 있다면, 그것이 다 어떤 경계가 지어져 있는 것입니다. 거기에서 주의제로 합니다. 모든 나눠진 경계들은 나눠지기 위해 거기에 에너지가 쓰이고 있습니다. 거기에 주의제로 합니다. 천천히 눈을 뜨고 돌아옵니다. (참가자를 보며) 자, 어떻습니까?

참가자 A: 지금까지 주의제로를 계속해서 연습해 왔는데 일상생활에서 별로 활용하지 않았던 것 같아요. 처음에 배울 때에는 사용하다가 잊어버리고 했었어요. 모든 것에 주의제로를 하면 마음의 경계가 지워짐으로 인해서 더 자유로워지는 느낌이 들어요.

네, 어쨌든 경계가 지워집니까?

A: 네.

오케이. 그 다음 분.

참가자 B: 주의제로를 했더니 대상이 내 안으로 들어온 느낌이 들었어요.

뭐가 내 안으로 들어와요?

B: 주의제로 되면서 주의가 내가 된 느낌이 들었어요.

오케이. 그러면서 경계는 없어졌고요?

B: 네.

오케이. 일단 경계가 없어지면 됩니다. 그러면 손이라고 여겼던 마음이 사라져요?

B: 있어요.

손의 느낌이 있어요? 손의 느낌이 있다는 것은 느낌의 경계가 있다는 뜻입니다.

B: 주의제로를 했다고 느낌이 사라지는 건 아니고 안으로 모아졌다고 해야 하나요? 표현을 잘 못하겠는데..

그럼 천천히 정리해 보세요. 그 다음.

참가자 C: 주의제로를 하니까 느낌이 없어지는 데 시간이 오래 걸리더라고요. 계속 하다보니까 느낌들이 점차 없어지고 텅 빈 마음만 느껴졌어요.

내가 특별히 한 건 없는데 손의 느낌, 몸의 느낌이 사라지죠? 계속해서 자극이 있기 때문에 사라져서 없어진 상태로 있기는 쉽지 않을 거예요.

다만 중요한 것은 주의제로를 하면 느낌에 있던 경계가 사라진다는 거예요. 내 마음에서 잡혔던 것이 없어진다는 것입니다. 다시 올라올 수는 있지만요.

그것을 볼 필요가 있습니다. 지금 올라온 마음도 언제든지 사라질 수 있는 마음이라는 것입니다. 그 또한 경계 지어진 마음이라는 것입니다. 오케이. (다음 사람을 가리키며) 어때요?

참가자 D: 사실 졸려서 마지막에는 따라가지 못했는데요, 저는 어디를 의식해서 없애려고 하면 거기에 더 의식이 되니까 오히려 의식하고 있는 것을 느꼈어요. 몸 전체에 대한 주의가 없어지면서 전체적으로 섞이면서 또렷해지는 느낌을 받았어요.

오케이. 자, 어떻습니까?

참가자 E: 경계를 지우니까 전체적으로 하나 된 느낌이 들었다가 텅 빈 느낌이 되었어요.

지금 몸이 이런 모습으로 있다고 여기는 것 자체가 마음에 그려 놓은 그림이라는 것, 손으로 몸을 대고 있을 때에는 촉감의 그림이죠.

눈을 감으면 시각적인 상이 잘 사라지지 않죠. 팔을 위로 들면 시각적인 상이 또 생겨납니다. 우리는 우리 몸에 대해서 시각적인 느낌으로 깊이 각인되어 있는 것입니다. '내 몸은 이런 모습이야'라는 시각적인 모습의 생각이죠.

E: 나중에는 경계가 흐려져서 없어져 버렸어요.

오케이. 그 다음 분.

몸의 경계와 마음의 경계

참가자 F: 손의 느낌이라든가 몸의 느낌은 안 느껴지고, 주의제로 중간 중간에 생각이 떠오르더라고요.

몸의 경계가 생겨났다가 사라지는 것이나, 마음의 경계가 생겨났다가 사라지는 것이 다르지 않습니다. 왜냐하면 몸의 경계라는 것이 마음에서 일어나고 있기 때문이죠.

내 마음으로 이유를 만드는 것 역시 일종의 마음의 경계죠. 손의 느낌이 생겨나는 것이나 어떤 이유가 생겨나는 것이나 마음의 파도가 생겨났다는 측면에서는 하나도 다르지 않습니다.

이것을 지금 몸부터 시작하는 것입니다. 아주 구체적이니까요. 몸에서 경계가 있는 것과 없는 것을 구별해내고 이것이 한 순간에 나타난 어떤 마음의 모습이라는 것을 알면 이유라는 것 또한 똑같다는 것입니다.

합리적인 것도 마찬가지입니다. '합리'라는 것도 마음이 그려놓은 틀이죠. 하나의 파도라는 것입니다.

우리가 눈을 감고 몸의 그림을 시각적으로 상상하면 잘 지워지지 않듯이 마음의 틀도 하나 생겨나면 잘 지워지지 않습니다. 왜냐하면 거기에 습관적으로 에너지가 갔기 때문입니다.

우리 몸이 지금 이런 모습이라고 상상하며 살고 있죠? 이런 모습이라고 여기고 있는 것일 뿐입니다. 태어날 때부터 실명된 사람은 이런 몸을 상상하지 않을 것입니다. 옆에서 누군가 걸어오는 것이 촉감으로 느껴지겠죠. 그렇게 촉감으로만 산 사람은 그 몸의 모습이 다르겠죠. 오케이. (그 다음 분) 어떻습니까?

참가자 G: 저는 오랫동안 단전호흡을 해올 때 몸이 거미줄 같은 망으로 된 느낌을 많이 느꼈었어요.

몸의 느낌이 거미줄 같은 마음으로 느꼈다면 그것도 시각적인 상입니다.

G: 그렇죠. 그런데 그것도 일시적인 현상이고 그렇게 되었다가 또 다른 시각적인 상으로 바뀌었다가 하니까 이것이 고정불변하는 것이 아니라는 것은 알겠는데, 이제 조금 경계가 흐릿해지니까 약간 저린 느낌, 감각적인 느낌이 계속 있었어요.

계속 자극이 있으니까 그렇습니다. 괜찮습니다.

G: 그것은 시각적인 느낌보다는 무언가 자극이 계속 오는 느낌이었어요.

오케이. 좋습니다. (그 다음 분) 어떻습니까?

참가자 H: 오늘 계속 뱃속에 불편한 느낌이 있었는데 이 연습(몸의 경계 없애기)을 하면서 사라졌어요. 이렇게 몸의 느낌은 구분되는데 마음의 느낌을 모르겠어요.

구분이 사라지는 것은 됩니까? 그 구분이라는 것이 마음에 생겨났다가 사라지는 것을 아시겠습니까? 몸에 일어난 일들을 인식하는 것 자체가 마음에서 하는 것입니다. 예를 들어 내 몸이 이런 모습이라면 이 모습 자체가 마음에 그려진 시각적인 상이라는 것입니다.

지금 우리가 하려는 것은 내가 지금 의식하는 것이 시각적인 상과 촉각적인 상, 그리고 마음의 상임을 발견하고, 그것을 하나하나씩 지워나가고 있는 중입니다. 그것을 한꺼번에 지우지 않고 단계별로 지우는 이유는, 각각의 차이를 구별하게 하기 위해서입니다.

시각을 가장 많이 사용하기 때문에 시각적인 상을 지우기가 가장 어렵죠. 시각적인 상은 명확합니다. 시각적인 상은 이 사람과 저 사람의 몸이 명확하게 다르다는 것을 알 수 있어요.

촉감적인 상을 지우게 되면 촉각의 느낌마저도 사라집니다. 촉감적인 상은 경계가 명확하지 않아서 구별하기가 애매합니다. 애매하지만 어떤 느낌이 있는 것입니다. 열감이 강하면 저쪽까지 늘어날 수도 있어 변할 수 있습니다. 그런 촉감적인 상이라는 것이 구별이라는 것을 알라는 것입니다.

마음의 구별은 더 애매합니다. 지금 우리가 그것을 하나하나 밟아가고 있는 중입니다. 마음의 상은 촉감적인 상보다 더 애매하기 때문에 느낀다고 여겨지지 않습니다. 촉감보다 더 애매한 것이 마음의 의식적인 상입니다. 그래서 마음의 느낌이라는 것은 이름과 생각을 떼어내고, 말로 할 순 없지만 차이를 느낄 수 있는 것으로 정의해 볼 수 있습니다.

왼쪽을 볼 때와 오른쪽을 볼 때 시각적인 느낌이 완전히 다르죠. 그런데 여기서 몸의 시각적인 상을 떼고서 마음의 느낌으로만 한번 확인해 보세요. 그 둘이 어떤 차이가 나는지. 이것이 구별되면 마음에서 일어나는 그 많은 것들이 분별되기 시작해요. 이유라는 것도 그런 마음의 분별로 이루어진 거예요. 그런데 이것이 구별되지 않으니까 그냥 이유 속에 묶여있는 거예요.

지금 그것을 알아보려고 하는 것입니다. 단순히 몸 느끼기를 하는 것이 아니에요. 경계 없애기가 어떤 것인지 몸을 통해서 지금 해보는 것입니다. 오케이. (그 다음 분) 어떻습니까?

참가자 I: 몸의 경계가 흐릿해지면서 촉각적인 느낌이 사라졌어요.

촉각의 느낌은 사라지고, 그럼 '있다'는 느낌은요?

I: 없어요.

있다는 느낌이 있다는 것을 어떻게 압니까?

I: 깨어나니까 알게 되었어요.

네. 어떻습니까?

참가자 J: 시각적인 느낌은 잘 없어진 것 같고, 촉각적인 느낌은 한 손을 위로 올려 움직였을 때 뭔가 촉감의 변화에 따라서 의식이 변하는 것까지는 느껴졌어요. 그런데 마음의 의식을 구분하는 것은 감이 안 왔어요. 생각은 없고 그 생각을 들여다보는 마음은 있는 것 같은데 그 마음의 경계는 잡히지 않았어요. 경계를 잡고 그 경계에 따른 이 경계와 저 경계의 차이를 잡지 못했어요.

옆에 있는 분이 말씀하실 때와 자신이 말할 때에는 차이가 있습니까? 상대의 말을 들을 때와 자신이 말할 때 마음의 상태에 차이가 있나요?

J: 네. 구별은 되는데 그냥 뭔가 다르긴 다르다는 정도에요.

마음의 구별이라는 것이 바로 그런 거예요.

J: 그런데 확연히 잡히지는 않아요.

마음의 구별은 확연히 잡히지 않아요. 희미한 것입니다. 구별해낼 수 있으면 되는 거예요. 잡힌다는 것은 특별한 것이 아니에요.

지금 손으로 잡는 것처럼 이렇게 잡는 것이 아니라, 마음으로 구별해 낸다는 것이 이미 마음으로 잡아냈다는 것입니다. 차이를 느끼는 것입니다.

J: 시각적 촉각적 상을 분별하는 것은 뭔가 애매해요.

내가 그 느낌 속에 중심이 들어가 있으면, 예를 들면 마음이 이런 상태일 때와 이런 상태일 때는 끝나고 나서는 구별을 하는데 지금 당장 구별하지 못한다는 것은 이 속에 들어가 있으니까 구별되지 않는 거예요. 끝나고 나면 구별이 되는 것입니다.

앞으로는 끝나고 나서 구별하지 마시고 그 자리에서 말하면서 구별해 내면 됩니다. 말하면서 느껴보고 조금 있다가 차례가 지나가면 상대의 말을 듣겠죠? 그때는 들으면서 구별해 보세요. 말할 때와 들을 때의 느낌의 차이를요.

지금 항상 자기 마음이 이 자리에 있어야 해요. 그러면서 밖에서 일어나는 일 즉, 밖이라는 것은 내 몸과 이 밖도 밖이지만 마음에서 일어나는 것도 잡힌다는 측면에서도 밖입니다.

내 손으로 잡을 수 있는 것은 모두 밖에 있는 거죠? 마찬가지로 마음으로 잡을 수 있는 모든 것들도 마음의 밖이라고 할 수 있겠죠.

그래서 마음에서 일어나는 모든 것들은 마음의 밖인 것입니다. 마음에서 느껴진다는 것은 마음의 밖입니다. 의식적인 느낌의 바깥에 있으니까 느껴지는 것입니다.

그것이 모두 밖입니다. 그러면 마지막 하나 남는 것은 무엇이겠어요? 느껴지지 않을 때에는 내가 밖이 아니라 안이 되어있는 것입니다. 느낌이 '안'이 되어버린 것입니다. 그러니 느껴지지 않는 것입니다.

그러니까 마음에서 밖과 안은 따로 있지 않고 내가 그 속에 푹 빠져 있나, 빠져있지 않느냐 이 차입니다. 빠져 있으면 모두 '안'이 됩니다. 느껴지지 않아요. 빠져있지 않으면 밖이 되죠. 다 느껴지니까. 그런 차이가 있습니다. 그 다음 분.

참가자 K: 시각적 상은 눈만 감으면 사라지구요, 눈 감은 상태에서 몸을 움직이면 경계가 그려졌어요. 그다음에 촉각적인 상의 경계를 지워보라고 하셨을 때에는 조금 시간이 걸렸어요.

촉각적인 상은 경계를 어떻게 그립니까?

K: 느낌이..

촉각적 상은 이렇게(왼손의 경계를 오른손으로 따라 그리며) 경계를 그리는 것이 아닙니다. 그것은 시각적 상의 경계가 그려진 모습이죠. 촉각적 상은 애매하게 느낌으로 구별되는 것입니다.

마음으로 그리는 모든 것은 시각적인 상입니다. 촉감의 상은 그저 촉감적인 느낌으로 구별해내는 것입니다.

K: 그것은 시각적인 경계를 지우는 것보다 시간이 더 오래 걸렸어요. 그리고 있음은 계속 있어요. 어쨌든 계속 진행되니까 몸의 경계는 없어지고요.

그러면 몸의 경계가 있다가 없어지는 것을 통해서 마음의 작업을 조금 했다고 몸의 경계가 사라지는 것은 무슨 뜻이겠습니까?

마음의 파도와 본질

우리 마음이 모든 것을 비추는 거울과도 같은 것인데 그 거울의 파도가 사라졌다는 것입니다. 마음에서 뭔가 일어난, 또는 마음에 뭔가 느껴지고 구별되고 차이가 있다고 여겨지는 순간 이미 파도는 일어난 것입니다.

그런데 그것이 파도라는 것입니다. 마음이 어디 달라진 것이 아닙니다. 그저 경계선 하나가 그어진 것입니다. 크게 달라진 것이 없어요.

이 흰 백지가 마음입니다. 지금 이럴 때에는 마음에 어떤 느낌도 없어요. 그런데 여기에 금을 하나 그으면 청팀과 백팀으로 나눠져 교류가 생기죠. 그러니까 마음에 선이 그어진 것이지 마음이 바뀐 것은 하나 없다는 것입니다.

마음의 느낌이라는 것은 마음에 선이 그어진 상태로 나눠져서 거기서 자기들끼리 주고받음이 일어나요. 이 선이 그어지고 나눠지지 않으면 움직임이 일어나지 않는 것뿐이죠.

마음에 움직임이 일어나면 우리가 무언가를 느끼는 것입니다. 마음이 움직이지 않으면 아무것도 느껴지지 않아요. 마음에 무언가가 느껴지려면 우선 어떤 식으로든 나눠져야 해요.

지금 계속 파도의 비유를 드는 이유는 파도는 나눠진 것이 없기 때문입니다. 늘 바다 그 자체죠. 모습만 나타났다가 사라져요.

우리에게 어떤 느낌, 생각, 감정이 일어난다는 것, 그 모든 것은 다 잠시 나타난, 어떤 나눠져서 주고받음이 일어나는 움직이는 모습이라는 것입니다.

마음은 달라진 것 하나 없어요. 변한 것도 없고 더 늘거나 줄어들지 않았어요.

지금 고개를 끄덕이는 그 순간 또 다른 마음의 파도가 일어나는 중이죠. 그래서 고개를 끄덕이면 어떤 말을 받아들여서 그 파도와 같은 '물말뚝'을 박는 거예요. 그리고 그 말뚝에 묶이기 시작합니다.

마음이라는 게 참 이상합니다. 매 순간 마음에 무언가가 느껴진다는 것은 마음에 무언가가 일어난다는 것입니다. 특별히 달라진 것은 아무 것도 없어요.

그 일어난 마음이 가라앉으면 고요죠. 그런데 고요한 마음이 본질이 아닙니다. 그냥 고요한 마음이지 마음 자체는 아닙니다.

격랑 치든 고요하든 마음은 변함없다는 것을 발견하는 것이 본질을 발견하는 것입니다. 격랑 치는 마음에서 고요한 마음으로 가는 것은 그저 마음의 형태가 변한 거예요.

우리가 발견하려는 것은 마음 자체지 마음의 모습이 아니에요. 격랑 치는 모습에서 고요한 마음으로 갔을 때에는 움직임이 거의 없어졌으니까 본질에 가까울 수는 있지만 고요한 모습이라는 측면에서는 본질이 아닙니다.

참가자 L: 올라오는 마음을 주의제로 하면, 잠깐씩 비워지는 느낌은 있지만 그 상태가 지속되지 않고 순간순간 끊어져요.

오케이. 관찰하는 마음도 하나의 올라온 마음이라는 것을 알겠죠?

L: 네. 생각이 올라올 때 주의제로를 하고, 또 올라온 마음을 주의제로 하고 하니까 순간적으로는 텅 빈 마음이 느껴졌는데 순간순간 자다 깨다 했어요.

손의 시각적인 상이 사라지고, 촉감적인 상 또한 사라졌나요?

L: 네. 그 상태를 유지하면서 선생님께서 이야기를 하시니까 그것이 계속 유지가 되는지도 의문스러웠어요. 그것이 순간순간 되었던 것 같아요.

참가자 M: 손이라는 시각적인 상뿐만 아니라 여기저기도 시각적인 상이 잖아요. 처음에는 눈을 감으면 형태가 지워지는데, 느낌이 여기에 있어라는 상이 잡히지 않았어요. 그러고는 온전히 촉감으로 갔는데, 그 촉감

이 여기에 있지라는 마음이 남아 있더라고요. 주의제로를 계속 하면 지워지긴 했어요.

그때 그 단계마다 시각적인 상이 있다가 촉각적인 상만 남고 촉각의 상마저 사라지고 그저 자극으로서 있다는 상태로 가는 과정에서, 그 과정 하나하나가 마음의 모습이라는 것을 알겠습니까?

이상하지 않아요? 시각적인 상이 마음에서 일어나는 어떠한 파도가 아니라 정말로 실재 존재하는 거라면 계속 유지되어야 하는데 마음에 힘을 빼거나 관심을 다른 곳에 주거나 하면 사라지잖아요. 그것이 나타난 마음이고 그 나타난 마음이 사라지듯이, 지금 '나'라고 여겨지는 마음 또한 다르지 않다는 거예요.

시각적 상을 떠올리는 그 느낌이나 지금 자기가 자기라고 여기고 있는 마음, 그것이 바로 의식적인 상이죠. 그것들이 나타나고 잡힌다는 측면에서 다르지 않다는 것입니다. 마음의 바다에 그저 경계선이 그어진 것, 파도가 일어난 것과 다르지 않다는 것입니다. 그 다음 분.

참가자 N: 시각적인 상이 떠올랐다가 다시 내려놓았을 때에는 금세 없어졌고 시각보다는 촉감이 조금 더 애매했어요. 미세하게 그런 느낌이 없었는데 점점 깊이 들어가니까 제가 어디에 있는지를 모르겠더라고요. 아무 느낌이 없고...

아무 느낌이 없을 때에는 뭘 하고 있었어요? 그 순간에는 뭐가 있어요?

N: 그냥 앉아 있어요.

마음은 무엇을 했어요?

N: 잠시 마음에 뭔가 올라 왔을 때에도 주의제로를 하니까 없어졌는데 계속 그 상태가 계속 유지됐는데...

그럴 때, 자신은 뭘 하고 있었어요?

N: 보고 있었죠.

바로 그 보고 있는 그 파도가 남아 있었던 것입니다.

N: 네. 다 없어지진 않았고 있었어요.

그런 겁니다. 파도가 여전히 남아서 지켜보고 있습니다. 그런 것도 파도라는 것을 알겠어요?

N: 네. 잠깐 살짝 올라왔다가 다시 주의제로 하면 가라앉았어요.

주의제로 하는 그 의도 또한 일종의 파도라는 것이 느껴져요?

N: 네.

주의제로 하려는 그 의도가 항상 맨 뒤에 남아있죠? 왜냐하면 연습하려는 의도가 남아있으니까요. 그놈이 맨 마지막에 남아 있는 파도죠. 그것이 파도라는 것을 주의제로라는 그 의도를 직접 보지 않고도 알아내는 것이 바로 통찰입니다. 왜냐하면 보려고 하면 또 다시 보려고 하는 놈이 생기기 때문입니다. 최종적인 그 놈을 보지 않고도 파도라는 것을 알아차리는 것이 바로 통찰입니다.

돼지 열 마리 우화와 마지막 한 마리의 발견

돼지 열 마리가 있는데 항상 마지막 한 마리는 세지 못하고 있습니다. 밖에서 찾으니까. 그 우화는 아주 훌륭한 우화에요. 마지막 한 마리인 자기는 세지 못하잖아요. '한 마리 어디 있어?' 계속 그러고 있습니다.

우리도 모든 연습에서 하고 있는 것이 바로 그것입니다. '아, 지금 마음은 텅 비었는데'는 뭐에요? '돼지 한 마리가 없어'와 똑같은 것입니다. 세고 있는 그 자기 즉, 주의제로를 하려는 의도가 있습니다. 그 놈이 역시 돼지 한 마리임을 알아차리는 것. 돼지가 자기도 돼지라는 것을 알아차리는 것, 돼지가 마음의 현상입니다.

의도의 본질과 최종적 통찰

의도는 마음의 현상입니다. 주의제로를 하려는 의도를 가지려고 하는 것. 맨 마지막에 한 놈을 주의제로를 통해 지웠어요. 지우는 이 과정을 통해 저 대상과, 주의제로를 하고 있는 자기 자신도 알아차리는 것, 대상이 사라지는 것을 통해 자기가 그러고 있음을 알아차리는 것, 그리고 자기라는 것도 마음의 현상이라는 것을 마지막 순간에 알아차리는 것입니다.

【 연습 8–1 】 경계없는 기쁨

- 기쁨 속에 있을 때 생명력은 온전히 발휘된다.
  - 기쁨이란 아무 걱정도 긴장도 초조도 없는 상태이기 때문이다.
- 몸의 경계가 사라질 때 알아채면 마음의 경계를 사라지게 할 수 있다.
  - 눈을 감고 몸의 촉감의 느낌을 느끼며 그 느낌에 주의제로 한다.
- 마음의 경계가 사라질 때 이유없는 기쁨이 일어난다.
  - 이유란 일종의 마음의 경계이기 때문이다.
  - 이유없는 기쁨, 경계없는 기쁨이 일면 이제 제한받지 않은 생명력이 발휘된다.
  - 마음의 경계에는 모든 '이래야 한다'가 포함된다

【 연습 8–2 】 무의식 청소

- 무의식을 깨끗이 청소하기

- 해야 할 일을 없애기
- 지금 내가 하고 있는 일이 진정으로 '해야 할 일'인가 자문해본다.
- 이때 '해야 할 일이지'라는 생각이 들면 그 생각의 의식적 느낌에 경계짓고 주의제로 한다
- 그래도 남으면 경계를 허물기를 한다.
- 인생에서 해야 할 일이 있는지 살펴본다.

● 불안은 경계 속에서 온다
- 경계 없는 마음을 연습하기

● 경계가 사라진 마음 속에 기쁨을 불러와 느낀다
- 약한 이유, 이유없는 기쁨을 이때 불러온다

● 이제 에너지를 기쁨에 쓰기
- 우리는 애초에 기쁨의 존재이다.

【 연습 8-3】 이유없는 기쁨 느끼기

● 감사했던 때, 기뻤던 때를 떠올려 느껴보기
- 커다란 기쁨이 어떤 느낌인지 확인한다

● 현재 상황에서 감사할 일, 기뻐할 일을 떠올려 느껴보기
- 현재 기뻐할 만한 일을 생각하고 적어본다:

  ____

- 현재 자신의 상황이 크게 기뻐할 만한 일인 이유 찾기

  ____

- 이유를 대며 감사하고, 그것이 왜 감사하고 기뻐할 일인지 서로 나누기

  – 생각하지 못했던 이유를 발견하기

【 연습 8-4 】 기쁨의 그라데이션

- 강한 이유의 강한 기쁨(10)에서 약한 이유의 강한 기쁨(0)까지 나열해 놓고, 이유가 약한 쪽으로 차례로 내려가면서 기쁨을 느낀다.
  - 빈 용지에 10에서 1까지 기록한 후, 10에는 강한 이유로 기뻤던 사건을 기록하고 점차 약한 이유로 크게 기뻤던 경우를 하나씩 기록해 1에는 가장 약한 이유로 기뻤던 경우를 기록한다.
  - 맨 마지막 0에는 아무 이유없이 크게 기뻤던 경험을 기록한다.

  10.

  9.

  8.

  7.

  6.

  5.

  4.

  3.

  2.

  1.

  0.

- 위 각각의 항목에 해당하는 기쁨을 느낀 후, 마지막에 그것에서 이유를 빼고 기쁨만을 느낀다.
- 이유없는 기쁨이 '가능하다는 것'을 의식한다.

【 연습 8-5 】 기쁨을 증폭시키기

- 위의 항목 하나를 선택하여 (예: 어떤 일이 잘되어 기쁘다)

- 그 이유의 강도를 점차 작게 하되 기쁨의 강도는 유지하거나 더 크게 하기
  - 그냥 존재하는 것만으로도 기쁘다
- 자신이 보기에 중간 정도 이유이지만 기쁨은 크게 느끼기
- 자신이 보기에 아주 작은 이유이지만 기쁨은 크게 느끼기
- 이 각각의 항목에 대하여 걸리는 마음이 올라오면 즉각 '경계 없애기'를 한다.
- 최종적으로 아무런 이유도 없지만 큰 기쁨을 느끼기
- 오래된 일이라도 이유없이 기뻤던 때를 떠올려, 그때 이유없이도 기쁠 수 있음을 머리로 이해하기
- 이제 커다란 기쁨의 느낌을 느끼고, 그 느낌을 이유없이 기쁠 수 있음에 덧붙여, 이유 없이 커다란 전율의 기쁨을 느끼기
  - 즉, 이유가 강하게 있는 감사나 기쁨에서 이유가 약한 감사나 기쁨으로 가기
  - 최종적으로는 이유없이 기쁨 느끼기 ;
- 존재한다는 것 자체가 기쁨이 되기
  - 지금 상황이 너무 기쁘다는 것을 확인하기
  - 전율이 올 정도로.
- 걸림이 올라오면 경계없음을 알아차리기
- 우주의 섭리에 기뻐하기
- 우주의 섭리에 의해 아무 탈없이 이렇게 흘러간다는 것에 기뻐하기
- 싫음에 대비된 좋음이 아니라 '그냥 좋음'을 먼저 발견한다
- 지금 엉덩이가 의식되는가? 그 이유는? 주의가 갔기 때문이다.
- 그와 같이 그냥 좋음, 이유없는 기쁨에 주의가 가야만 그때서야 기쁨

이 '느껴진다'.

- 지금 그 그냥 좋음, 그냥 기쁨에 주의를 보내라.

【 연습 8-6 】 이유 없는 기쁨과 경계없음

- 이유없는 기쁨은 경계없음을 기반으로 한다.
  - 이유가 있어야 기쁨을 느끼는 것은 마음의 경계 속에 있을 때만 기쁨을 느낀다는 것이다.
- 몸의 경계 없애기
  - 손과 바닥과 의식의 경계없음을 발견하기
  - 마음의 경계를 느끼고 없애기
- 이유가 없거나 약했던 큰 기쁨 느끼기
- 이유가 있다면 그것이 일종의 경계임을 보기
- 그 경계를 없애고 이유없이 기쁨을 느끼기
- 존재한다는 것만으로도 커다란 기쁨임을 느끼기
- 기쁨이 몰려오면 생명력은 약동한다.
- 기쁨이 느껴질 때 몸의 반응을 잘 기억한다. 또는 과거에 기쁨의 순간에 몸의 느낌이 어땠는지 명확히 기억해낸다. 몸의 느낌과 기쁨을 링크시킨다.

【 연습 8-7 】 존재는 이유 없는 기쁨

- 존재는 이유없는 기쁨으로 가득 차 있음을 즐긴다.

제4장

느낌은 일종의 꿈과 같다

캡그라스 망상증이 보여주는 진실

우리는 내적인 느낌의 세계 속에 살고 있습니다. 그것을 단적으로 보여주는 예가 있습니다. 바로 캡그라스 망상증입니다.

이 환자는 어머니를 보고도 가짜라고 생각합니다. 왜냐하면 시각피질과 감정을 주관하는 편도체 간의 연결고리가 끊어져서, 시각적 인지는 있지만 그에 연결된 감정과 느낌이 약하거나 없어서, 어머니의 느낌이 없기 때문입니다. 그래서 그 환자는 어머니를 실체가 없는 가짜라고 여깁니다.

느낌이 담고 있는 방대한 정보

느낌은 복합적이고 방대한 정보를 단번에 보여줍니다. 그러므로 느낌은 일종의 정보이면서 동시에 에너지 덩어리입니다.

예를 들어 당신에게 '어머니'라는 느낌은 어머니라는 사전적 정보를 넘어 그녀와 함께 한 세월이 주는 느낌이 포함되어 있습니다. 어머니와 함께 놀러간 경험(이것은 방대한 정보를 포함한다), 어머니가 나를 씻긴 경험, 어머니가 초등학교 졸업식 때 사준 짜장면과 그 식당, 졸업의 느낌, 내가 슬프고 좌절했을 때 나를 따뜻하게 감싸안아준 어머니의 다정한 느낌, 내가 무엇을 하다가 실패하고 집으로 돌아왔을 때 아무 말 없이 점심상을 차려주며 따뜻한 된장국을 내 앞으로 내미는 모습…

이 모든 정보, 경험, 감정적 느낌들이 모두 '어머니'라는 느낌 속에 포함되어 있으니, 만일 어머니라는 느낌이 없다면, 단지 시각적으로 어머니의 모습을 띠고 있고, 사전적으로 어머니라는 의미를 안다 해도 결코 그를 어머니라고 여기지 않을 것입니다.

이것이 바로 우리가 느낌의 세계에 살고 있다는 의미입니다. 우리는 결코 시각적 정보로 이루어진 메마른 세계에 살고 있는 것이 아닙니다.

일상 속에서 경험하는 느낌의 꿈

지금 눈을 감아보십시오. 여기 사방이 벽으로 둘러쳐진 공간 안에 자신이 앉아있다는 느낌이 들 것입니다. 그것은 일종의 꿈입니다.

내일 어떤 일이 벌어질지 생각해보십시오. 그러면 내일 일어날, 오늘과 거의 비슷한 상황이 떠오르며 그 느낌 속에 있는 느낌이 들 것입니다. 그것도 일종의 꿈입니다.

어제 어떤 일이 벌어졌는지 생각해보십시오. 어제 일어났던 일들이 떠오르며 그 상황이 주는 느낌 속에 있게 될 것입니다. 그것도 역시 일종의 꿈입니다.

일상이 지루한가요? 그것은 마음의 저변에 어제와 오늘과 내일이 비슷한 상황으로 이루어질 것이라는 느낌이 깔려있고 그 속에 '내'가 들어앉아있기 때문입니다. 그것은 느낌으로 된 일종의 꿈입니다. 그것도 진짜 같은 느낌의 꿈입니다. 그래서 지루함이 생기는 것입니다.

그러니까 이 부분이 분명해야 '아, 내가 스토리 속에 있구나' 하는 것이 생각이 아니라 느낌으로 분명한 것입니다. 그래서 우리가 느낌이라는 꿈속에 살고 있다는 것이 명확해야 합니다.

우리의 오감五感, 안이비설신의耳鼻舌身意를 통해서 들어오는 모든 감각적인 경험은 내 몸이 느끼는 것임이 분명하지요. 촉각, 내가 이렇게 만져야 느껴지죠. 이 느낌은 내 몸 안에서 일어나는 일이죠? 청각, 소리가 이 고막을 흔들어야 내가 청각적인 느낌을 느끼죠. 소리가 달려오다가 고막 바로 앞에서 멈춰버려서 내 고막을 흔들지 않았다면 나는 그 청각적인 느낌을 못 받겠죠. 즉, 소리도 내 몸 안의 뭔가(고막)를 건드린 것입니다. 후각도 마찬가지죠. 냄새 분자가 내 코 점막의 후각세포를 건드려야 냄새를 느끼죠. 맛도 마찬가지죠.

시각도 하나의 느낌이다

그런데 왜 유독 시각만 내 느낌이 아니라 사실이라 믿습니까? 시각도 내가 저 밖에 있는 것을 보는 게 아니라 시각적 느낌을 느끼는 것이라고 해야 맞지 않겠습니까?

사실 시각도 광자가 어떤 사물에 부딪혀 내 눈으로 들어와 자극을 해야 그 결과로 보게 되므로, 광자를 눈이 '느낀' 것이 됩니다. 그런데 왜 눈으로 본 것은 '사실'이라고 믿을까요?

영어에는 '보는 것이 사실이다Seeing is believing'라는 속담이 있습니다. 이 말은 '본 대로 믿는다'는 의미로 사용되지만 말 그대로 하면 '본다는 것은 일종의 믿음이다'라고 해석할 수도 있습니다. 말 그대로의 의미가 더 진리인 것입니다. 왜냐하면 우리가 보는 모든 것은 마음의 상을 통해 느껴진 것을 '믿는 것'일 뿐이기에 그렇습니다.

느껴진다는 것은 사실이 아니라는 것입니다. 그리고 보는 것도 일종의 느낌이라는 것입니다.

시각이 사실로 여겨지는 이유

시각적 느낌을 사실로 여기는 것은 우리가 가진 감각기관 중 시각보다 더 민감한 장치가 없기 때문입니다. 예를 들어 우리 이마 한가운데 3000배 현미경이 있다고 해봅시다. 그러면 이 탁자를 눈으로 보면 매끄럽지만 3000배 현미경으로 보면 울퉁불퉁할 것 아니겠습니까?

그럴 때 탁자를 매끄럽다고 '보는 것'은 일종의 정확하지 않은 '느낌'

이라고 의식할 것입니다. 마치 눈을 감은 채 무언가를 만지고선 뱀이라고 믿은 후 눈을 떠보니 밧줄임을 알았을 때 손으로 만진 뱀의 '느낌'을 느낌으로 여기는 것과 같습니다.

더 세밀한 정보가 있고 그것을 통해 거친 감각으로 확인한 것이 다르다면 후자를 우리는 '느낌'이라 합니다. '사실'이 아니라는 것이지요. 이렇게 시각이 '사실'로 여겨지는 이유는, 시각보다 더 정밀한 감각기관이 우리에게 없기 때문입니다.

그러나 시각적 이미지 역시 느낌에 속합니다. 사실은 있다고 할 수 없습니다(물론 없다고 할 수도 없습니다. 우리 눈과 반응하는 무언가는 없지 않으니까요).

믿음의 강도가 현실감을 결정한다

덧붙여, 관습과 선입견을 이루는 강한 믿음이 실린 것에는 실제적이라는 느낌이 있습니다. 내가 지금 이 강의장에 있다고 '상상'할 때와 실제 여기 있다고 여길 때는 느낌이 다르죠?

눈을 감고 지금 여러분들이 자기 집 안방에 앉아 있다고 생각한다면 그것은 상상입니다. 그러나 지금 이 자리에서 눈을 감고, 이 강의장에 앉아 있다고 '느끼는' 것은 비교할 수 없을 정도로 강렬하겠지요. 여기 이 강의장에서는 상상할 수가 없죠? 이미 내가 지금 '여기 있다'고 강렬하게 느끼니까요.

그렇게 만약 '난 지금 내 집 안방에 있어'라는 생각에다가 지금 이 강의장에 있다고 여기는 그 강한 느낌을 덧붙일 수만 있다면 '안방에 앉아 있다'는 그 상상이 사실처럼 '느껴질' 것입니다.

이것이 바로, 지금 있는 곳이나 상상으로 떠올린 것이나 '믿음의 느낌'의 강도만 차이날 뿐이지 그 느낌의 질에 있어서는 아무런 차이도 없다는 것을 뜻합니다.

물론 그 느낌의 강도가 얼마나 세냐 하는 문제가 있겠는데, 느낌의 강도는 주의력의 강도와 생각을 얼마나 치밀하게 하느냐에 달려있기 때문에, 그에 따라 내가 그것을 현실로 느끼는가, 상상으로 느끼는가가 결정되는 것이지요.

그래서 오늘은 바로 그런 느낌의 세계 속에 있다는 것이 무엇인지를, 그리고 그것을 기반으로 한 스토리 속에 있다는 것이 무엇인지를 철저히 경험해보려 합니다.

리理

스토리에 갇힌 생명력과 인식의 전환

우리가 지금 주제로 삼고 있는 것이 생명력입니다. 생명력은 스토리의 한계, 즉 내가 스스로 제한시켜 놓은 '나는 이런 사람이야'라는 생각 등으로 구성된 스토리의 세계 속에 갇혀서 쓰이고 있습니다. 어떤 이야기의 세계입니다.

나와 나 아닌 것이 있고, 그것들과의 관계, 주고받음 속에서 삶이 이뤄지고 있다는 생각 속에서 살아가죠. 그 생각이 대부분 스토리이고, 그 속에서는 스스로가 만들어낸 제한들 속에 묶인 것이 되죠.

스토리 속에서 살아가는 것은 상관없는데, 스토리가 진실이고 변할 수 없는 고정된 사실이라고 여기면서 살아가는 것과, 그것은 내 마음이 만들어낸 느낌의 세계라는 것을 분명히 파악하면서 그 속에서 살아가는 것은 다릅니다.

우리는 그것을 파악하고, 스토리 밖에서 그 스토리를 경험하고 살아가자는 것입니다. 그것이 바로 불변에 뿌리를 두고, 변하는 상대 세계 속의 삶을 살아가는 것입니다. 절대에 뿌리를 두고 상대를 살아가는 것입니다.

그런데 대부분은 상대세계가 사실이라고 믿고 살아갑니다. 상대적인 세계는 내 마음이 만들어낸 느낌의 세계인데, 그 느낌의 세계가 변함없고 고정화돼서 내가 어쩔 수 없는 세계라고 여기니까, 거기서 힘든 일이 생기면 스스로 굴레를 매고 힘들어하는 것이지요. 그냥 힘만 빼면 되는데...

아는 사람의 자녀가 학교를 잘 다니다가 태국에 놀러 가서 자기보다 한두 살 더 많은, 스물 예닐곱 정도 되는 친구를 만났는데, 그 친구는 태국에서 자기 사업을 크게 해서 상당한 성취를 이룬 상태였어요. 그런데 얘는 자신의 아버지가 잘 사니까 그 덕분에 안정적으로 생활해오다가 그 친구를 만나고 나서 '나는 지금까지 무엇을 했나'라는 생각으로 자신감이 확 떨어지며 기가 죽게 되었어요.

그런데 이 아이가 어릴 때는 게임을 너무 잘해서 게임회사에서 인터뷰도 오고 그랬다 하고, 지금 대학에서도 축구 선수로 알아준다 합니다. 그렇게 자기가 하려고 그러면 뭐든지 할 수가 있는 애예요. 그런데 스스로 '하~ 나 이때까지 뭐 했지?'라며 사업의 측면에서 비교를 하는 것입니다.

'저 친구는 나보다 한두 살밖에 안 많은데도 외국에 나와서 이렇게 큰 일을 벌이고 있는데 나는 지금 뭐하고 있나? 할 줄 아는 것도 없고 기껏해야 게임, 축구 같은 것이나 하고.' 이렇게 생각하는 것입니다. 그러니까 자기가 하려고만 하면 할 수 있는데 자신감이 확 떨어진 것입니다.

자신'감'이란 뭡니까? '느낌' 아니에요? 눈앞에 철벽을 보고 어떤 사람은 '넘어가면 돼. 어떻게 방법을 찾지? 대포라도 가져와서 뚫을까?' 이렇게 생각하는 사람이 자신감 있는 사람이죠.

그런데 자신감 없고 좌절한 사람은 아무런 장벽이 없는 평탄한 아스팔트를 보면서도 '하... 이 뜨거운 태양빛 아래 아스팔트를 언제 걸어가나? 어떻게 하나?' 이렇게 생각한다면, 장애가 문제입니까, 내가 느끼는 '어렵다는 느낌'이 문제겠어요?

결국 자기가 스스로 '힘들다, 못하겠어. 어려워'라고 제한한 느낌이 자기를 축소시키는 것이지, 실제로 축소시키는 건 없다는 말입니다.

그렇게 스토리 속에 있으면 생명력이 제한받아서 제한 속에 끌려다니게 됩니다. '나는 할 수 있어' 이것도 일종의 스토리입니다. 무언가에 부딪혀서 스스로 극복해봤는데 '별거 없구나' 이렇게 느끼면 역시 가라앉거나 좌절하겠죠. '나는 할 수 있어'도 마찬가지로 스토리 속에 있는 것입니다.

하지만 '나는 할 수 있어'라는 스토리 속에서 다 해본 사람은 알렉산더 대왕처럼 됩니다. 알렉산더는 세계를 제패하고 나서 '아, 더 이상 내가 정복할 땅이 없구나.' 하고 좌절합니다. 그것도 자기 생각 아닙니까?

정복했다는 게 뭡니까? 자기가 땅을 하나하나 다 살펴본 것도 아니고, 그냥 그 나라의 왕한테 항복받고 '이건 내 땅이야'라고 생각하는 것입니다. 그러고는 정복했다고 여기는 것입니다. 자기 생각 속에 있는 것입니다.

'할 수 있다'는 것도 마찬가지. '할 수 없다'는 더 강한 제한이고요. 그런 제한에서 벗어나 스토리를 자유롭게 쓰면서 살아가기 위해서는 우선 스토리에서 벗어날 필요가 있습니다.

모든 스토리는 양극성을 통해 생겨납니다. 내가 있고, 나 아닌 게 있고, 나와 나 아닌 것 사이에 주고받음이 생기면서 희로애락도 생기고 '나는 커지고 성장하고 있어', '나는 잘 되고 있어', 또는 '상대방은 저렇게 크고 있는데 나는 뭐하고 있어' 등이 생겨납니다.

이것이 다 내 마음 안에서 나와 너를 나눠놓고 만들어지는 이야기라는 것입니다. 이것이 이론으로는 와 닿는데 실제로도 와 닿습니까? 이것이 중요합니다. 우리가 느낌의 세계 속에 살고 있다는 것이 분명하면 그것이 느낌으로 온다는 말이지요. 내가 만들어낸 스스로의 제한이라는 것이 느낌이라는 것이요.

우리가 지금 생명력을 다루고 있는데 생명력은 결국 스토리 속의 극성을 통해서 옵니다. 이 양극성이라는 건 우리 전에 가끔 이야기했는데, 유럽 같은 경우에는 오랜 자본주의를 겪으면서 자본주의의 폐해와 여러 상황들을 다 겪어서 이제는 굳이 애써서 발전하려 한다거나 하지 않고 그냥 아껴가면서 산다고 합니다. 거기는 바자회가 그렇게 많대요. 10년 전에 쓰던 숟가락 하나까지 내놓고 판다 이겁니다. 버리지 않고... 우리는 새로운 것을 끊임없이 만들잖아요.

우리는 그렇게 역동성이 있는데 양극화가 되어있다고 합니다. 극성이 강하게 나누어져 있으면 이 둘 사이의 갈등이 심합니다. 갈등이라는 것은 결국 에너지원이죠. 우리 내면에서도 마찬가지이죠.

누군가를 미워하는 마음이 강하면 그놈을 쳐부수려는 힘이 나오고, 내가 무언가를 이루어야 될 게 있으면 그 욕구나 욕망이 강하게 올라와서 그 힘으로 새벽 4시에 일어나서 조깅하고, 한두 시간 열심히 책 보고 또 나가서 낮에 한 여덟 시간 열심히 일하고 돌아와서 학원 다니고 이러는 거 아니에요.

그 욕망과 욕구가 내 안에서 일어난 양극성입니다. '나는 부족해, 나는 무언가를 이루어야 해, 얻어야 돼, 나는 저걸 꼭 갖고 싶어' 이런 마음입니다. 나와 대상을 만들어놓고 그 둘 사이를 아주 강하게 벌려 놓으면 그걸 향해서 가야 할 길이 머니까 의지가 강한 사람은 에너지가 올라오는 것입니다.

양극성은 갈등이나 마찰일 수도 있고, 누군가를 향한 그리움이기도 합니다. 우리가 여기서 이런 공부를 하는 것도 '난 아직 안됐어, 본질이라는 게 뭐지? 나는 본질을 모르겠어.' 이런 마음 때문에 여기 와서 이렇게 앉아 있다는 말이죠. 본질에 대한 그리움이죠.

뭔가를 향해서 벗어나고 싶은 마음, 또는 뭔가와 합일하고 싶은 마음, 그러니까 아직 이루어지지 않은 것, 되지 않은 것을 향한 움직임, 이것이 에너지원입니다. 양극성이죠. 갈등이기도 한 거예요. 다르지 않습니다.

분리가 없으면 에너지도 없다

마음에서 둘로 나누어놓고 그 대상을 향해서 움직여가는, 대상으로부터 벗어나고자 하는 힘이 생겨나는 것. 마음속에서 분리가 없다면 에너지는 나오지 않아요. 크게 움직임이 일어나지 않습니다.

모든 움직임은 어디에서 어딘가로 향한 움직임인데, '어딘가로'라는 대상의 방향이 생겨나지 않으면 움직임은 생기지 않습니다. 생명력은 바로 그런 데서 생겨납니다.

그것이 분명하게 이해되었다면, 이제 우리는 다음과 같은 것을 시도해보려고 합니다.

그동안에는 자신도 모르게 분리시켜놓은 마음의 대상을 향해 '그것은 내가 아니다'라는 인식 때문에 그 대상을 붙잡으려 하고 이루려고 하고 또는 괴로움에서 벗어나려 하는 그 힘에 의존하며 그 속에서 살아왔습니다. 이제는 그러한 양극성의 밖에서 필요에 따라 양극성을 만들어 쓰는 것, 이것을 해보려고 합니다.

그러니까 아프지만 아프지 않음이 함께 있으면서 아픈 것, 이러면 아픔에서 벗어나려는 움직임이 생기죠. 부족하지만 전혀 부족하지 않음을 기반으로 한 부족함, 이러면 부족함을 채우려고 힘을 쓸 수 있잖아요. 이런 것입니다.

뭔가 말이 안 되는 것 같지만 이것이 바로 절대에 기반을 두고 상대를 쓰는 것입니다.

그래서 분리가 생겨난 이후에 일어나는 이 모든 움직임이 양극성이고 양극성은 움직임과 활력과 생명력의 근간이 됩니다. 모든 생생한 생명력을 보세요. 다 아주 강력한 움직임이 있습니다.

움직임은 어딘가를 향해서 달려가는 거예요. 그런데 '어딘가'로 왜 움직이겠습니까? 거기에 도달하려는 힘 때문이죠. 그것이 욕망이든 무언가로부터의 도피든 말입니다.

인간에게는 끌림과 밀침이 있습니다. 끌림과 밀침은 나에게 어떤 기준이 있을 때 일어나는데, 그 기준을 자기라고 믿는 것과 그 기준은 마음의 현상이라고 여기는 것은 커다란 차이가 있습니다.

자기라고 믿으면 끌림과 밀침에 끌려다니면서 매트릭스 속의 캐릭터로 살아가고, 자기라고 믿지 않고 마음의 현상으로 보면 끌림과 밀침이 때에 따라 만들어졌을 때 강한 움직임을 일으키고 사라지면 그냥 고요히 있고, 흘러가는 대로 갈 수가 있습니다.

또 내가 이 길을 왔으니까 이런 길을 오고 있는 사람을 향해서 뭔가 해주어야 되겠다는 방향성을 가지고 내 에너지를 전력투구하는 것, 그래도 되는 것입니다. 이제 더 이상 나 자신을 위해서 살아갈 일은 없는 것입니다. 왜냐하면 나 자신이라는 게 마음의 한 현상이라는 게 분명해지니까요.

그런데 그 나 자신이란 것을 다른 이를 위해서 쓰기 위해서 만들어낸 나 자신은 필요합니다. 이것이 없으면 에너지가 생겨나지 않으니까요.

자유로워진 후의 함정

자기라는 것에서 가벼워지고 자유로워지기는 했지만, 그것이 완전하지 않고 제대로 되지 않으면 오히려 가라앉아버립니다. 우리가 생명력을 주목하는 이유가 바로 여기에 있습니다. 관성을 다루다 보면 감정이 가벼워지는데, 그러면 이래도 좋고 저래도 좋다는 식으로 자신에게 크게 영향을 미치지 않게 되어 에너지가 나오지 않습니다. 그래서 가라앉게 되는 겁니다.

'이건 마음의 현상이지, 마음의 느낌이야'라고 하면 할수록 점점 더 마음의 현상으로부터 에너지 중심이 떨어져 나오게 됩니다. 현상이라는 것은 에너지를 주고받음인데 거기서 자꾸 에너지 중심이 떨어져 나오니까 현상이 안 일어나겠죠. 그러면 생명력 자체가 가라앉는 것입니다. 그래서 자유로워지고 나면 크게 세 부류가 있습니다.

자유로운 자의 세 가지 삶의 방식

첫번째, 바람을 타고 흘러가는 삶

첫 번째는 그저 바람따라 흘러가면서 바람을 즐기는 것입니다. 두려움이 없는 사람은 인생을 그냥 즐기죠. 수중에 돈 한 푼 없어도 그냥 즐깁니다. 두려움이 없는 사람입니다. 죽을 때 돈 가지고 가는 것 아니니까요. 바로 죽을 때를 느끼는 것입니다.

몇 십 년을 쌓아가지고 이 커다란 저택을 지어야 돼, 해봐야 다음날 죽는다면 의미가 없는 거니까요. 그래서 현상이라는 바람에 잘 맞춰서 타고 가는 것입니다. 즐기고 또는 이루기도 하고, 현상이 가라앉을 때는 조용히 있기도 하고, 남들이 보기에는 망한 거 같은데도 마음은 괜찮고 이런 거예요. 또 남들 보기에는 승승장구하는 것 같은데, 그냥 바람을 타는 거예요.

두번째, 목표를 설정하는 삶

그렇게 바람을 타고 가는 게 있고, 또 한 가지는 목표를 설정하는 경우도 있습니다. 석가모니가 그랬다고 합니다. '나는 이제 중생을 공경하겠다'가 석가모니의 목표예요. 그래서 사람들이 아프고 힘들면 나는 하인이니까 아프지 않고 힘들지 않게 해주어야 된다는 것입니다.

윈드서핑에 비유해볼까요. 윈드서핑은 가는 방법이 두 가지입니다. 하나는 바람을 잘 타는 사람이라면 속도를 가장 빠르게 내는 방향으로 가요. 바람이 불어오는 쪽에서 불어가는 쪽으로 45도 방향이 바람을 타고 제일 빠르게 갈 수 있어요. 그 각도로 가는 것입니다. 그것이 그저 바람을 따라가는 사람입니다.

자유로워진 사람은 자기의 능력을 최대로 발휘할 수 있는 길을 따라가는 거예요. 사회에서 말하는 성공이든 실패든 상관없어요. 이리 가도 되고 저리 가도 되는데 바람을 타고 제일 속력을 낼 수 있는 방향으로 가는 것입니다.

두 번째는 '나는 강 건너 저기에 가야겠다, 저기가 목표야' 이렇게 되면 힘듭니다. 왜냐하면 바람은 이쪽으로 불어오고 가장 빠른 속도는 이쪽 45도 방향인데 내 목표는 저 건너편이라서 45도 각도 방향과 안 맞아요. 그럴 때는 갈지자로 힘들게 가야 돼요. 그렇지만 목표가 저 건너편이기 때문에 왔다 갔다 거슬러 올라가는 식으로 한참 돌아서 갑니다. 또는 강한 풍압을 견뎌내면서 건너편으로 천천히 가기도 해요. 그것이 목표를 세운 자유로운 사람이 가는 길입니다.

목표를 세운 자유로운 사람이나, 사회에서 일반적으로 자기 욕심 때문에 목표를 세우고 열심히 사회적인 압력을 견디면서 가는 사람이나 겉보기는 비슷합니다. 그런데 내부는 다르지요.

사회적으로 욕구를 향해서 가는 사람은 좌절이 일어나면 자살하고 싶고 힘든 일이 생기면 초조하고 불안합니다. 하지만 자유로운 사람은 목표를 저기로 삼았지만 안 해도 괜찮아요. 안 가도 됩니다. 다만 할 일이 없으니까 하는 것뿐입니다.

세번째, 침묵하는 삶

이렇게 바람을 타고 가는 경우와 목표를 설정하는 경우, 그리고 마지막으로는 그냥 저 산속에서 혼자 침묵하는 것이 세상에 도움이 되는 경우가 있습니다. 그런데 이런 경우는 정말 드뭅니다.

그런 경우는 잘못하면 아주 무력해지기 쉬워요. 움직이지 않으면 말입니다. 왜냐하면 우주는 움직이지 않는 사람은 빨리 보냅니다. 우주에 현상으로 존재하는 것은 다 움직입니다. 잘 보세요. 움직이지 않고 활동하지 않는 것은 썩거나 부패시켜서 다시 원상태로 돌려놓습니다. 물이 움직이지 않으면 썩잖아요.

사람도 마찬가지예요. 움직이지 않고 무기력하게 가만히 있으면 우주가 "너 에너지 안 쓸 거야? 그러면 그렇게 있다가 죽어라" 무력하게 만들어요.

에너지 사용과 기쁨의 관계

우주의 현상은 움직임이고, 그 움직임은 양극성을 통해 옵니다. 그래서 내가 이루고 싶은 게 없더라도 자신에게 부여된 그 에너지를 최대로 꺼내어 쓰는 것, 여기서 기쁨이 생깁니다.

어린애를 보십시오. 어린애는 목적이 없지만 자기 실컷 놀면 기뻐하잖아요. 어린애는 아무 목적이 없지만 무한히 에너지를 쓰며 즐깁니다. 그런데 에너지를 제대로 안 쓰면 거기에는 기쁨이 없습니다.

모든 움직임은 분리되지 않은 분리에서 일어납니다. 분리되지 않은 것은 물입니다. 분리된 것은 파도예요. 파도는 끊임없이 물에서 분리됩니다. 또, 파도는 다양한 모습을 띱니다.

내가 나라고 여기는 것은 매 순간 다르죠. 이 사람을 대할 때의 나와 저 사람을 대할 때의 나는 태도가 달라지고 끊임없이 바뀌어요. 이것이 바로 바뀌는 모습이죠. 그렇지만 그 근본에 있어서는 변함이 없습니다.

즉시 이 사람을 쳐다보지도 않고 저 사람도 보지 않고 그냥 가만히 있으면 내 마음은 어떻게 됩니까? 대상이 없으니까 '나'라고 할 만한 것이 없는 상태가 되죠. 특별한 생각을 하지 않는 이상 말입니다.

그러기 때문에 마음은 분리되어있지 않습니다. 대상을 보니까 그 대상에 대한 내 태도가 잠깐 올라온 것입니다. 그 대상에 대한 경험, 기억 등이 활성화돼서 잠깐 에너지 주축이 됐어요. 그러다가 다시 대상이 없어지면, 즉시 이 사람을 대할 때의 내 태도는 사라지고 없어지잖아요.

마음은 결코 원래가 특정한 모양이 있는 게 아닙니다. 그렇지만 모양이 없으면 작동하지 않아요. 분리라는 것은 모양이 있다는 뜻입니다. 그렇지만 그것은 모양이지 본질적으로 뭔가 달라진 건 아니에요. 손과 같아요.

손의 비유로 본 마음의 작용

손의 '모양'은 다양합니다. 가위 모양일 때도 있고, 바위 모양, 보자기 모양 등등… 하지만 손 자체는 늘 변함없죠. 손짓만 바뀌죠.

내가 누구에게는 강하고, 누구에게는 부드러워지고 뭐 이런 거 아니에요? 내가 대상에 따라서 바뀌잖아요. 그와 비슷하게 마음도 본질적으로 뭐가 바뀌는 건 아니에요. 어떤 모양이 바뀌는 거지요. 이것이 바로 분리되지 않은 분리라는 말의 의미입니다.

근본적으로는 분리 없음인데, 파도와 같이 드러나 보이는 어떤 현상에서의 분리가 움직임을 만듭니다. 그 분리 없는 분리 중에 대표적인 현상이 바로 스토리입니다.

그러니까 스토리라는 것은 마음이 만들어내는 어떤 손짓과 같아요. 마음이 손이라면 스토리는 손짓입니다. 가위 모양의 손짓을 하고 있으면 보자기 모양의 손짓을 잘 자르겠죠. 그렇지만 가위 모양이 손짓이라는 것을 알고서 그 손짓을 쓰는 거예요. 이것은 그냥 손짓일 뿐이지 가위가 아니잖아요. 가위도 아니고, 바위도, 보자기도 아니고 그냥 손이죠.

손짓에는 주먹이 있고 누군가를 향해서 파괴하려는 마음, 교묘하게 잘 잘라서 구성하려는 마음, 또는 감싸 안는 마음, 이런 게 다 손짓입니다. 그렇지만 손은 손짓이 아니라는 것입니다. 그러니까 손에는 변함이 없죠. 분리 없음입니다.

그런데 가위와 바위와 보자기라는 표현의 분리는 있습니다. 현상의 분리, 기능의 분리가 있습니다. 그것이 바로 분리 없는 분리, 이것이 바로 스토리라는 말입니다.

그 스토리라는, 본질적으로 아무런 분리가 없는 것에 일어난 경계선, 그러니까 가위와 주먹과 보자기라는 손짓은 마음으로 따지면 일종의 경계입니다. '너와 난 달라' 이런 마음을 가지면 서로 남처럼 대하고, '너와 나는 다르지 않아, 하나야'라는 경계를 가지면 하나처럼 느끼고 행동하는 등 태도가 달라지는 것은 바로 경계선이 다르기 때문입니다.

그런 것도, 저런 것도 없는 것이 빈 마음입니다. 스토리의 기반은 마음의 경계입니다.

이 사람을 보면 '저 사람은 내가 아니야'가 분명히 있어야 내가 아닌 저 사람을 향해서 뭘 해줄 수도 있고 뺏을 수도 있고 또는 성장시킬 수도 있고, 십이인연설이 생겨나는 것입니다.

십이인연설이 뭡니까? 내적인 원인에 의해 외적인 인연을 만나면 드디어 어떤 일이 벌어진다. 이런 전 현상을 그것으로 설명한 게 십이인연설인데, 십이인연설이 가능하려면 일단 이것과 저것이 나뉘어져야 되겠죠.

그런데 그걸 나누는 것이 사람 마음입니다. 어린애는 탁자와 의자를 구분 못하는데 우리는 탁자와 의자를 구분해서 적절하게 사용하잖아요. 이렇게 먼저 분별이 일어나야 됩니다. 분별이 의식이 일어나기 위한 기반이 되는 것입니다.

스토리의 기반

의식의 특성: 분별성과 의타성

기본적으로 의식은 분별성과 의타성입니다. 분별은 이것과 저것이 나누어져야 돼요. 나눠지고 나면 이것은 저것에 의존합니다. 이것이 의타성이죠.

모든 느낌은 의타적입니다. 이 네모난 느낌은 둥글거나 곡선인 그런 부드러운 느낌에 기반을 둔 느낌입니다.

모든 느낌은 우선 분별이 일어나야 돼요. 둥근 것과 각진 것이 서로 구분이 일어난 다음에 이 각진 것은 이 둥근 것을 기반으로 하여 느껴지는 것입니다. 내가 각진 느낌을 느낄 때는 마음의 배경에 둥근 느낌이 있는 것입니다.

체온이 36.5℃인데, 이 36.5℃라는 기준이 없으면 뜨거움과 차가움도 없습니다. 세상에는 뜨거움과 차가움이 없는데, 내가 36.5℃에 기준삼고 있으니까 40℃는 뜨겁고 20℃는 차갑다는 느낌을 받습니다.

그 느낌이 일어나려면 분별이 일어나야 된다는 것입니다. 분별이 일어나고 그 둘 사이에 관계가 일어나야 돼요.

시각적 상을 제거한 몸 감각 실험

눈을 감고, 자기 어깨를 한번 의식해보세요. 시각적인 상, 시각적인 자기 몸은 지워버립니다. 내 몸의 모양이 떠오르면 그것이 시각적인 상입니다. 그리고 그 몸의 모양에 연관된 느낌이 있으면 그것이 시각적인 느낌입니다.

그것을 빼고 그냥 촉각이라는 느낌으로만 자기 몸을 느끼면 어깨가 어디 붙어있는지 알겠어요? 어깨가 어디에 있다는 것은 손과 발과 연관된 상대적인 위치죠. 손과 발을 연계시키지 않고 어깨가 어디 있는지를 느낄 수 있는지 한번 찾아보세요.

지금 오른쪽 어깨라는 느낌이 있다면 몸 전체를 상상하고 있기 때문에 오른쪽 어깨란 느낌이 있는 것입니다. 몸 전체를 지워버려요. 그런 다음에 느껴보세요. '내 몸은 이런 모습이야'라는 걸 지워버리고, 오직 촉각에만 관심을 두고 느껴보면 그것이 바로 관계없이, 관계 짓지 않고 느끼는 느낌입니다. 과연 어깨란 느낌이 있습니까?

어깨라는 말만 하면 여러분은 손과 발과 배와 가슴과 이런 게 다 떠오르죠. 떠올리지 말고 한번 해보세요. 이제 자기 마음을 다루는 연습을 했으니까 가능할 수도 있습니다. 내 몸의 시각적인 느낌을 지워버리는 것.

시각적이라는 느낌이라는 것은 양쪽 어깨, 가슴, 배, 팔다리, 머리와의 위치 관계 속에서의 어깨인 것입니다. (손으로 어깨를 가리키며) 이런 위치에 있는 부분을 우리가 어깨라고 이름 붙인 것뿐이잖아요.

어깨라는 말 속에는 몸 전체에서 이 부분이야 라는 위치 관계가 포함되어 있습니다. 그렇게 해서 붙인 이름이 어깨인데, 그런 위치 관계가 빠진 상태에서 어깨를 느껴 보라면 위치적인 느낌, 관계적인 느낌이 없고, 막연한 촉감만 남을 수밖에 없을 것입니다.

그래서 경계 지어 분별된 것은 서로 관계를 맺어야만 의식이 됩니다. 그냥 분별만 된다고 해서 의식이 일어나는 게 아니라는 겁니다. 그 둘 사이에 관계가 맺어져야 돼요.

'이 컵과 물은 달라'로만 되지 않고, '컵은 물을 담아서 마시게 하는 도구야'라는 컵의 의미, 물의 의미가 관계에 의해 정립될 때 비로소 컵으로 물을 마신다는 의식적인 현상이 생겨난다는 것입니다. 즉 의식이 되려면 관계가 맺어져야 합니다.

그런데 우리가 의미를 빼고 보라 그랬죠. 처음에 감지(깨어있기 용어) 연습을 할 때 경계를 그리고 이름과 생각을 뺀다고 했습니다. 이때 생각은 이 컵의 의미예요. '컵은 무엇을 하는 거다'라는 의미. 그 의미라는 것은 다른 것과의 관계입니다.

다른 것과의 관계를 빼버리면 의미라는 것은 없어요. 인생의 의미가 뭐냐? 라고 물어보면 결국 다른 것과의 관계 속에서 설명됩니다. 그런데 그 다른 것은 또 다른 것으로 설명해야 돼요.

그래서 미지가 미지를 설명하게 됩니다. 우리의 본질을 묻는다는 것 자체가 미지로 미지를 설명해달라는 소리입니다. 본질이란 체득되고 증득되어야 될 것이지, 말로 설명될 게 아닙니다. 설명이라는 건 결국 피상적인 것입니다.

수학적 비유: 순환 논리

X+Y=Z입니다. 그럼 Y는 뭡니까? Y=Z-X입니다. 그럼 X는 뭡니까? X=Z-Y. 이런 식입니다. 그럼 X는? 계속 뱅뱅 돌아요. 그런데 X, Y, Z는 다 미지수입니다. X와 Z와 Y가 뭔지 몰라요. Z도 X와 Y로 설명하고, Y도 X와 Z로 설명해요.

이렇게 미지를 일단 X, Y, Z로 분별해놓고, 그들 간의 관계로 설명을 하면 우리는 뭔가 의미가 있다고 느낍니다. 우리의 삶에서 의미라는 것은 다 이러합니다. 우리가 경험하는 모든 의미는 바로 이런 것입니다.

그래서 자기 자신의 본질을 찾는 데 있어서도 어떤 의미로는 결코 찾을 수 없어요. 직관적으로, 직지인심直指人心적으로 지금 이 순간 내 마음에 본질적인 부분을 그냥 턱 파악하는 거지, 이것으로 저것으로 설명해서 알 수 있는 게 아닙니다.

그렇게 의식은 관계를 기반으로 합니다. 이것이 의타성입니다. 다른 것에 의존한다는 것입니다. 분별은 이것과 저것을 나누는 거고, 나눠진 다음에 나눈 것 두개가 서로 의존하는 거예요. 이것이 의타성입니다. 이것이 다 의식의 발전과정에서 일어난 일이죠.

그런 다음에 스토리가 생겨납니다. 의타성을 통해 이것과 저것은 관계를 맺고, 저것은 또 저것과 관계를 맺어서 이것 저것이 전체를 이룰 때 이 둘 사이에서 일어나는 줄거리들이 스토리입니다.

이 전체 관계들이 하나의 이야기를 이루죠. 주어가 있고, 목적어가 있고, 주체가 있고, 대상이 있고, 주체와 대상 사이의 관계에 의해서 어떤 현상이 일어나고, 좌절이 일어나고, 자신감이 일고, 자만심이 오르고, 비굴함이 있고, 겸손함이 일어나고, 이런 스토리들이 일어납니다.

'나'라는 스토리

그래서 '나'라는 것이, '나'라고 느껴지는 이 느낌이 바로 이런 이야기 속에 들어있다는 것을 무의식중에 우리는 알고 있어요. 무의식적으로는 알고 있습니다. 하지만 우리는 의식적으로 알아야 '안다'고 여기죠.

'나'라는 것의 기반인 미지라는 것은 이 의식적인 현상 너머에 있기 때문에 뭐라고 말로 설명할 수는 없어요.

그래서 의식화된 분별과 의타적인 관계를 통해서 스토리가 이루어지면 그 스토리 속에 '나'라는 것이 있고, 그 '나'가 이야기의 경계 안에 머문다는 뜻입니다.

그런데 그것을 사실이라고 여기면, 마음이 만들어낸 일시적인 경계선에 의해서 만들어진 스토리가 아니라 고정불변의 사실이라고 믿으면, 그때부터 문제가 생겨납니다. 생명력이 제한받는 것입니다.

경계를 사용하는 지혜

생명력이 제한받지 않는다는 것은 그 스토리를 언제든지 멈추고 스토리 밖으로 나올 수 있다는 뜻입니다. 그래서 이야기의 경계에서 벗어나 경계를 사용하는 것이 생명력의 발현입니다.

왜 경계를 사용해야 하냐면, 경계가 생겨나야 이 둘 사이의 긴장이나 이완을 통해서 움직이는 힘이 생겨나거든요. 생명력의 발현입니다.

경계에서 벗어났기 때문에 한계가 없어요. 경계에서 벗어난 것에 기반을 두기 때문에 한계는 없습니다. 그러나 실제 현상으로 드러나는 에너지나 힘은 경계 있을 때만 생겨나요. 그래서 경계를 사용해야 된다는 것입니다. 안 그러면 무기력해집니다. 무기공에 빠집니다.

존재는 관계다

에너지의 상호 의존성

물리학자인 헨리 스텝은 "존재는 관계다"라고 말했습니다. 원자는 양성자와 그 주위를 도는 전자구름으로 되어 있다고 합니다. 그런데 이 전자구름은 마이너스를 띠고, 양성자는 플러스를 띠잖아요.

그러면 마이너스인 전자를 다 빼버리면 플러스인 양성자가 스스로 존재할 수 있을까요? 아닙니다. 이 플러스라는 것은 에너지 특성인데 다른 에너지입니다. 둘 다 에너지인데 움직임이 다르고 방향이 다르니까 이 둘이 서로 끌어당깁니다. 하지만 방향이 달라서 합쳐지지는 않습니다. 그런데 끌어당기고 있으니까 양성자와 전자가 만나서 하나의 또 다른 원자를 만들어내요.

그 전자가 8개 있으면 산소고, 1개 있으면 수소고, 같은 원소들이 생겨납니다. 그런데 그 근본은 다 에너지 움직임입니다.

그래서 양성자가 없으면 전자도 전자구름도 존재하지 않고, 전자구름이 없으면 양성자도 존재하지 않습니다. 그러니까 이것이 둘이 아닌 것입니다. 특성이 다른 2개가 모여서 어떤 현상으로 존재하기 위해 관계를 맺고 있는 거예요. 그래서 존재는 관계라고 말하는 것입니다.

관계 맺기 위해서는 분리되어야 합니다. 그래서 플러스, 즉 오른쪽으로 도는 것과 왼쪽으로 도는 것으로 나눠져야 합니다. 이것은 비유입니다. 정말 왼쪽, 오른쪽으로 돈다는 뜻은 아니에요. 물리적으로 이것이 설명된 건 아니에요. 비유를 들자면 그렇다는 얘깁니다.

똑같은 에너지인데 이거는 오른쪽으로 돌고 이거는 왼쪽으로 돌아요. 그래서 합쳐지지는 않아요. 이것이 바로 경계를 긋는 거예요. 분리되는 것입니다. 그런데 그 둘이 서로 관계를 맺고 있으니까 원자라는 하나의 현상으로 존재하게 돼요. 이것이 바로 존재입니다.

모든 존재하는 것은 관계 맺고 있기 때문입니다. 관계 맺기 위해서는 관계 맺을 둘 이상의 것이 있어야 되겠죠. 그래서 관계 이전에 분리가 필요하다는 것입니다. 분리는 단순한 경계입니다.

이건 다 물입니다(그림41). 그중에서 이것은(A) 물결이고, 이것은(B) 물로 만든 물고기예요. 이런 것입니다. 세상이라는 것이 사실 다 물입니다. 그 물에 특정 흐름이 있어서 물결이 생겼습니다.

그 물결은 이런 모양으로 흐르는데, 물로 만든 물고기는 동글동글하게 움직이는 에너지 덩어리라고 해보자고요. 그러면 물결의 에너지 흐름과 물고기의 에너지 흐름이 다르니 서로 섞이지 않고 따로따로 존재하는 것 같겠죠. 그런데 물고기의 에너지 흐름이 물결의 에너지 흐름 속에서 헤엄치고 다녀요. 서로 관계를 맺고 있다는 말입니다.

물과 물결과 물고기가 다 다르지 않습니다. 불이不二의 세계입니다. 둘이 아닌 세계예요. 그런데 각각의 경계에 의해 서로 관계를 맺고 있습니다. 경계라는 건 움직임의 특성일 수도 있어요.

물 자체는 고요한 특성. A는 흐르는 특성, B는 끊임없이 소용돌이를 만들어내는 특성. 그래서 각각의 흐름이 다르죠. 움직임이 달라요. 그것들이 서로 관계를 맺고 있어요. 그러나 그 각각은 결국 경계일 뿐입니다.

마음속에서도 일어나는 것도 똑같아요. 옳고 그름, 좋고 싫음, 희로애락 모든 것이 어떤 경계에 의해, 즉 분리된 어떤 에너지 흐름의 움직임끼리 관계를 맺고 영향을 주고받는 것입니다.

그래서 '전체주의'나 '주의에 주의 기울이기'(이상 깨어있기 용어)를 하면 이런 흐름이 싹 없어집니다. 마음이 비어버리잖아요. 지금 이 순간에 여러분이 전체주의를 하면 어때요? 중심이 없죠. "야, 이 바보 같은 것들아!" 이러면 마음에 거리낌이 있나요? 있다면 중심이 있다는 뜻입니다. 거리낌이 없다면? 전체주의가 잘 되어 에너지 중심이 없으니까 다칠 에너지 덩어리가 없다는 뜻이죠.

자, 다시 돌아옵니다. 다시 돌아온다는 것은 중심과 경계가 있는 마음으로 들어왔다는 뜻입니다. 본질적인 마음으로 돌아온 게 아니에요.

사실은 '자, 현상으로 빠져드세요.'라고 말해야 되겠네요. (웃음)

자, 현상으로 빠져들었죠. 그러면 이것이 의미가 있고, 어떤 느낌이 있고 그렇습니다. 마음에서 지금 일어나고 있는 거예요. '존재'라고 하면 그 말이 가지고 있는 느낌이 있습니다. 그 순간, 물로 만든 물고기 같은, 어떤 현상이 이뤄진 것입니다.

그런데 빈 마음이 되면 어때요? 존재라는 말이 가진 느낌이 없어져버리죠. 마음은 즉시 이렇게 풀어졌다가 또 형성되었다가 합니다. 그런데 원래 마음은 경계가 없는 거예요. 대상과의 관계에서 경계가 생겨났다 사라졌다 한다 이 말이죠. 이 점을 보라는 것입니다. 이 점이 가장 기본입니다.

마음의 힘을 빼기

언제든지 마음은 이렇게 텅 빈 상태로 올 수 있습니다. 그냥 마음의 힘을 빼면 됩니다. 힘을 주면 이런 일이 벌어집니다(그림41).

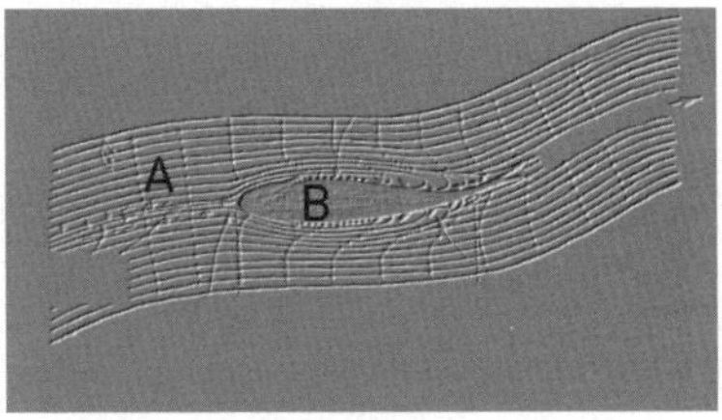

그림41 물과 물결과 물고기

힘을 빼면, 힘을 뺀다는 것이 뭐냐면, 어떤 중심도 만들지 않는 거예요. 잘 봐요. 물이 흘러갑니다. 그러다가 바위에 부딪치면 어때요? 이런 물 소용돌이가 생겨납니다. 중심이 생겨난 거예요.

뭔가 부딪치니까 거기서 살아남으려고 소용돌이가 하나 생겨나요. 존재가 생겨나지요. 그러다가 다시 바위가 없어지면 소용돌이가 다시 풀어지죠.

우리 마음도 늘 그래요. 자신이 이때까지 살아오면서 마음에 쌓인 흔적을 중심 삼기 시작하면 거기에 부딪쳐서 뭔가 소용돌이가 생겨납니다. 그러고는 '내가 있어'라고 여깁니다.

그런데 지금 이 순간 주의제로(깨어있기 용어)를 하면 어때요. 내가 없잖아요. 주의제로는 중심이 없는 것입니다. 전체주의(깨어있기 용어)도 중심이 없는 거고, 뜻 모름이 되는 것이지요.

그러다가 존재라는 글을 보면 존재라는 말이 가지고 있는 의미가 마음속에 딱 형성되잖아요. 주의제로 하면 어때요? 그러면 마음이 또 비어버리죠. 이렇게 마음은 즉시 경계가 생겨났다 사라졌다 합니다.

그런데 20년 동안 살아오면서 '이것이 나야'라는 것이 마음속에 에너지 중심으로 자리잡고 있으면 '어, 저거 아무리 해봐도 안 되는데' 같은 생각을 중심 삼으면 중심이 하나 생겨나서 주인이 되는 것입니다.

'아무리 해봐야 인생에 도움이 되나?'라는 생각 또는 '하, 시간 낭비인데...'라는 생각, '야, 재밌다!'라는 생각, '아, 이젠 무슨 말인지 좀 알겠어'라는 생각, '드디어 감이 좀 오기 시작했네, 이해가 되네, 전반적인 게 다 이해가 돼, 이제는 아무 문제가 없어'라는 생각. 이런 것들이 그때그때 중심이 된다는 것입니다.

그런 것마저 없는 상태로 우리는 언제든지 갈 수 있습니다. 이것이 바로 분리, 경계가 없는 상태입니다. 마음속에 그 무엇이 일어나더라도 그것은 마음의 경계입니다. 그 경계를 통해서 분리가 되면 그 분리가 서로 관계를 맺으면서 존재라는 현상을 일으킵니다. 마음에 존재하는 것입니다. 이것을(그림41) 보면 물질적인 세계도 마찬가지입니다.

지금 이 순간에 여러분의 생각과 느낌이 나타났다 사라지는 것. 지금 어떤 생각이 있어요? 지금 자기 마음을 들여다봐요. 그러면 어떻습니까? 들여다보려는 내가 생겨납니다. 그것이 바로 또 하나의 경계가 생겨난 것입니다. 또 하나의 분리가 생겨난 것입니다.

지금 자신을 보고 있는 자기가 느껴져요? 좀 전에 없었는데 생겨났죠. 없다가 즉시 생겨나잖아요. 즉시 주인이 생겨납니다. 그런데 그런 주인이 생겨났다 사라졌다 하는데 그 주인이 안 보이는 거예요. 왜? 그것을 자기라고 여기고 있으니까요.

거기서 떠나서 모든 걸 바라보면 생겨났다 사라지는 게 보입니다. 뭐, 떠나지 않아도 괜찮습니다, 그냥 나로서 살펴봐도 돼요. 평상시의 '나'라고 여기는 걸 그냥 살펴보자고요. '어, 이놈이 생겨났다 사라지네.' 그건 마음의 경계가 생겨났다 사라지는 것입니다.

경계가 생겨나면 이제 '하, 저놈 봐라' 하면 뭐예요? 저놈과 내가 생겨난 것입니다. '커피, 이거 다 식었는데, 버리지, 왜 아직도 이렇게 두고 있어' 이런 생각은 그 즉시 식은 커피와 '나'가 마음속에서 생겨난 것입니다. 그리고 그 둘 사이의 관계가 일어나잖아요.

이 순간 나타나는 모든 생각과 느낌이 바로 경계 때문에 생겨난다는 것입니다. 그 경계는 분리를 일으키고 그 분리된 마음의 파도들이 서로 관계를 맺어서 스토리를 만들어냅니다. 그래서 '내가 이 강의장에 와서 뭘 듣고 있어'라는 스토리들이 지금 있는 것입니다. 여러분이 믿고 있는 스토리예요. '여기 와서 강의를 듣고 있다'는 그 생각과 느낌 속에 있다면 그것이 바로 스토리 속에 있는 것입니다.

존재와 관성의 메커니즘

존재는 관계가 일정 기간 유지되면 관성을 띠게 되고, 그 관성이 '존재한다'라고 느끼게 만들어줍니다. 거기에는 에너지가 필요해요. 존재란, 관계인 특정 패턴이 관성적으로 움직임을 지속하는 거라고 보면 됩니다. 물리작용도 마찬가지죠.

이 컵을 예로 들면, 이 컵이라는 패턴을 유지하면서 끊임없이 에너지가 움직이고 있는 중입니다. 내 손도 마찬가지죠. 지금 이 상태로 계속 이 손이 유지되고 있습니다. 그러면서 에너지가 지금 진동하고 있는 중입니다. 이 안에서. 그 진동하는 에너지의 힘이 멈춰버리면 이 손은 순식간에 사라지겠죠.

마음도 마찬가지입니다. '꼭 이루어야 돼, 이건 꼭 해야 돼, 아 이거 피하고 싶어' 이런 마음이 일어나면, 그러한 마음의 형태대로 내 마음에 경계가 끊임없이 유지되고 있는 중입니다.

관성적으로 늘 내가 해온 캐릭터, 내 캐릭터라는 게 있습니다. 내가 해온 사고 패턴, 행동 패턴, 감정 패턴이 있어요. 그것이 관성적인 움직임입니다. 그것대로 지금 이 순간에 분별돼서 그 경계가 유지되는 것뿐이지, 거기서 힘만 빼면 즉시 사라져요.

그래서 '나'라고 할 만한 것이 없다고 말하는 것입니다. 힘만 빼면 즉시 사라지니까. 그런데 또 힘을 주면, 관심을 기울이면, 또 그 패턴으로 살아갑니다. 그런데 그 패턴은 좀 전에 있었던 '나'라는 패턴과는 다른, 새롭게 생겨난 패턴인데도 유사하니까 '나'라고 느껴집니다.

빙산 얘기를 많이 했죠. 북극의 빙산이 늘 그 모양 그 모습대로 계속 얼어있는 게 아니라 계속 녹았다 얼었다 하는데 비슷한 모습으로 비슷하게 얼어요. 그래서 그 빙산인 것 같은 것입니다.

'나'라는 느낌도 마찬가지입니다. 대상을 향해서 생겨날 때 늘 주체라는 느낌, 유사한 느낌을 가진 어떤 에너지 덩어리로 지금 이 순간 경계지어서 나타난다는 것입니다. 특정 패턴이, 나라는 느낌, 주체의 느낌이 관성적으로 움직임을 지속하고 있는 거예요. 끊임없이 에너지가 움직이고 있지, 그냥 고정되어 있는 게 아닙니다.

그래서 여러분들이 그 마음을 즉시 내려놓을 수 있는 것입니다. 정말 고정되어 있는 거라면 내려놓을 수가 없겠죠.

관성의 본질: 변화에 대한 저항

관성은 변화와 움직임에 대한 저항입니다. 계속 유사한 움직임으로 움직이려고 하는 것, 내가 걸어가던 방향으로 계속 가려고 하는 힘이 생겨납니다. 그걸 관성이라고 합니다. '나'라고 여겨지는 그 느낌이 일단 생겨나면 계속 유지되려고 하는 힘도 함께 생겨난다는 것입니다. 유지하고자 하는 힘은 또 다른 움직임을 일으킵니다.

느낌의 세계

경계와 분별을 통한 느낌의 생성

이렇게 경계와 분별과 의타依他를 통해 이 둘 사이의 관계 속에서 느낌이 생겨납니다. 그리고 우리는 느낌의 세계 속에서 살아갑니다.

느낌의 세계 속에서 살아간다는 것은 그 안에 내가 있고, 내가 아닌 것이 있고, 그 둘 사이에 관계가 맺어지고 있다는 뜻입니다. 그 관계가 바로 스토리라는 것입니다.

지금 자기 마음을 들여다보세요. 그러면 어때요? 마음에 뭐가 있는지 살펴보는 '나'와 보이는 무언가로 나뉘죠.

눈으로 보는 경계는 아주 명확하게 구분되지만, 이렇게 마음으로 보는 경계는 그렇게 눈으로 보듯이 경계 지어지지 않습니다. 내적인 느낌입니다. 내적인 느낌으로 다르게 느껴지면 그것이 경계 지어진 거예요.

지금 자기 마음을 바라보면 어떤 느낌이에요? (참가자: "아무것도 없어요.") 바라보는 내가 있고 바라보여지는 뭔가, 아무것도 없는 듯한 그 느낌으로 나뉘죠. 바라보는 느낌과 보이는 것이 없고 아무것도 없는 듯한 느낌이 구별된다는 말이죠.

저 스크린이나 그 위에 나타난 글씨 등을 보면 다 느낌의 세계입니다. 스크린에 나타난 저 '느낌'이라는 글자, 화면 윗부분에 파란 물결표시, 나무로 된 스크린 덮개, 그 위에 천장, 벽 이런 것들이 다 구분되고 있습니다.

그것이 벌써 마음이 거기에 물들어서 구분을 하고 있는 중이라는 것입니다. 그런데 그걸 바라보는 '나'가 안 만들어진 것뿐이죠. 그런데도 다 있잖아요. 지나고 나면 내가 그걸 봤다는 것을 다 알죠. 내가 지금 이 순간 그걸 바라보고 있다는 것을 모를 뿐이죠. 왜냐하면 그걸 바라보는 나를 만들지 않았으니까요.

그렇다고 해서 모르는 건 아닙니다. 마음에서 그런 일들이 다 기록에 남았어요. 보는 자가 없어도 다 보고 있다는 말입니다. 우리 마음은 보는 자가 없어도 다 압니다.

그런데 그때그때 순간순간마다 그걸 보고 있는 내가 있지는 않았죠. 지나고 나면 안다고 말하는데 그 순간에는 안다고 말하지 못하냐면 아는 자가 없기 때문입니다. 아는 자가 없을 뿐, 그 순간에도 다 알고 있습니다.

다 기록되고 있고, 마음에 다 느껴지고 있어요. 그러니까 구분되는 것입니다. 구분된다는 것은 느껴지고 있다는 거고, 느껴진다는 것은 경계가 그어졌다는 뜻입니다.

아는 자가 없어도 마음에 의해서 다 알려지고 있습니다. 아는 자라는 건 뭡니까? 그걸 보려고 관찰하는 놈을 마음이 하나 만든 것입니다.

지금 들여다봐요. 이러면 이렇게 바라보려는 내가 생겨납니다. 그것이 바라보려는 마음의 경계가 그어진 것입니다. 그전에는 그런 경계는 없고, 저절로 다 구분되는 그런 경계만 있었죠.

그것도 경계는 경계입니다. 그런데 의식하지를 않았죠. 의식한다는 것은 그걸 보는 놈이 만들어졌다는 것입니다. 마음이 분별되어야 돼요. 주체와 대상으로 분열되어야 돼요. 지금은 그냥 대상 속에 쭉 몰입돼있습니다.

그리고 주체는 특별하게 의식적인 주체가 아닙니다. 그런데 그걸 의식하려고 하면 그때 주체가, 나라는 게 생겨납니다.

무의식적 주체와 의식적 주체

평상시에 우리가 그냥 지나쳐버리는 것은 의식적이지 않잖아요. 의식적이지 않다고 해서 주체가 없는 건 아닙니다. 무의식적인 주체가 있습니다. 자동화된 주체죠.

운전할 때와 같습니다. 처음 운전을 배울 때는 의식적인 주체가 운전합니다. 신경 많이 쓰면서 운전합니다. 완전히 깨어있습니다. 깨어있다는 건 의식적이라는 말입니다. 기어 바꿔야지, 브레이크 밟아야지, 핸들 돌려야지, 액셀 밟아야지, 정신없어요.

그런데 한 1년만 지나도 이제 눈 감고 합니다. 2년 지나면 졸면서도 합니다. 자동적으로 하잖아요. 그때는 내가 운전한다는 생각이 특별히 없죠.

마찬가지로 여러분들이 어려서 처음 글씨를 읽을 때는 얼마나 힘들었어요. 전혀 모르는 러시아어가 저 스크린에 쓰여 있다고 생각해보세요. 그러면 '하, 저게 무슨 뜻이야.' 사전 찾고, 의식적으로 해야 되지만, 지금은 한글로 쓰여 있으니 자동으로 일어납니다.

저 데이터베이스가 내 안에 들어있고, 그것이 자동으로 작동하고 있는 중이죠. 저 '느낌'이란 글씨를 보면 그냥 이 안에 들어가서 '느낌'이라는 단어와 연결되어 있는 많은 상황과 조건들이 저절로 불러내져서 다른 것과 작용하도록 지금 활성화되어 있는 상태예요.

마음은 저절로 그걸 하고 있습니다. 그러니까 우리가 익숙해진 것, 자동으로 일하는 것은 다 무의식적으로 하는 것입니다. 무의식적인 느낌으로 저절로 일어나고 있어요.

다만 거기에 습관적인 패턴이 있습니다. 그 무의식적인 패턴에 어긋난 게 생기면 이제 의식이 일어납니다. '뭐야 이거?' 하고 '내'가 생겨납니다. 의식적인 나가 생겨납니다.

왜? 관성적인 이 흐름에 방해를 받으니까 '뭐야' 하고 저항하는 내가 생겨납니다. 그러니까 나라는 것은 저항하는 에너지 중심 덩어리입니다.

무의식적으로 걸어갈 때는 내가 없어요, 무의식적인 나가 있습니다. 무의식적인 나는 관성입니다. 의식적인 나도 관성이죠. 의식적인 나는, '이건 너고 이건 나야'라는 관성적인 분리가 있고 그 속에 있는 나예요.

그런데 무의식적일 때는 그런 게 특별히 없어요. 너와 나가 특별히 있다기보다는, 관성적인 흐름이 나 역할을 하는 것입니다. 자동이죠.

아무 생각 없이 걷고 있는데 누가 제지하면 멈춰서면서 넌 누구야? 하고 마음에 네가 생겨나고 나도 생겨납니다. 이 과정을 잘 보면 무의식적으로 걸어갈 때는 특별한 나가 없지만 관성적인 나가 있습니다.

그러다가 제지당할 때는 나와 너의 약간 희미한 구분이 생기기 시작해요. '너는 어떻고 나는 누구인데.' 이런 말을 하기 시작하면 이제 너와 나가 명확하게 생겨납니다. 이렇게 너와 나라는 이 흐름이 항상 있는 건 아니라는 것입니다.

내가 이걸 보는 순간 무의식적으로 이걸 보는 내가 생겨나 있는 것입니다. '이건 내가 아니다'라는 게 있으니까. 그걸 보이지 않는 주체라고 이야기하는 것입니다.

그런데 '이건 뭐지? 이걸 바라보는 내가 있다고, 그래 몸은 있네. 몸이 있고, 바라보는 느낌이 있구나. 이걸 나라고 하는 거야.' 하는 순간, 이건 의식화되는 것입니다. 그러면서 이걸 바라보는 무의식적인 내가 또 생겨납니다.

이건 이제 의식이 안 되죠. 그러니까 계속 무의식적입니다. 이 놈을 바라보려면 또 다른 놈을 만들어야죠. 그렇게 되면 끊임없는 반복이니까 이 짓을 하지 말고 무의식적인 나를, 보이지 않는 주체를 대상을 통해 확인하라는 것입니다.

'아, 이놈이 보인다는 것은 이놈을 보는 누군가가 있다는 증거야, 이걸 나가 아닌 걸로 보는 누군가가 있다는 증거다'라고 파악하라는 거예요.

이걸 그냥 말로 듣지 말고 자기 마음에 적용하면서 들어야 됩니다. 그래야 이것이 의미가 있고 와 닿습니다.

마음속에 경계가 일어나고 있어요. 시각적인 경계가 아니라 의식적인 경계는 의식적인 느낌이 차이가 나면 경계가 지어지는 것입니다. 여러분들도 우선 의식적인 경계로는 나와 대상을 우선적으로 살펴보면 돼요.

'그래, 살펴보는 내가 있네. 살펴보는 나라는 느낌이 마음에 다른 어떤 빈 부분과 구별이 되지. 어떤 의도가 느껴지니까. 보려는 나가 있네.' 보려는 나가 느껴지죠. 그것이 느껴진다는 건 뭐예요? 벌써 경계 지어져서 분별되었단 뜻이죠.

경계와 구분의 원리

차이가 나잖아요. 느껴지죠. 구분되는 거예요. 느껴진다는 것은 구분되는 것입니다. 자, 촉감으로 여기와 여기(탁자 위 한 지점과 그 옆부분)는 구분이 안 되지만, 이것과 이것은(탁자와 그 위에 놓인 볼펜) 구분이 되죠.

그러니까 어때요. 나는 여기와 여기는 구분이 안 되니까 이걸 전체를 하나로 느끼는 것입니다. 하나라고 여기는 거예요. 이것과 이것은 구분이 되니까 '이건 두 개구나' 이렇게 느끼는 것입니다.

구분이 안 되면 하나입니다. 둘이 아니에요. 구분이 되면 벌써 경계가 지어진 거예요. '이것과 이것은 다르다'가 되는 것입니다.

마음속에서도 마찬가지이죠. 마음속에서 '아, 바라보는 느낌이 생겨나네.' 뭐예요? 바라보는 느낌이 빈 마음에 생겨났어요. 생겨나는 게 느껴져요. 바라보는 느낌이 느껴지면 마음에 경계가 생긴 것입니다.

그러다가 그냥 또 저기(다른 대상)에 집중하면 얘(좀전에 생겨났던 바라보는 느낌)는 사라지고 없어요. 이것이 마음입니다. 마음은 즉시 경계 지어서 생겨났다가 즉시 사라져요.

그래서 경계라는 것은 매 순간 생겨났다가 사라집니다. 경계를 기반으로 분리가 일어납니다. 분리가 고정화돼서 에너지를 많이 받아서 끝까지 유지되면 이 주체와 대상의 관계가 긴장감을 가지고 유지되고 있다는 뜻입니다.

두 사람이 싸울 때 너와 나가 분명히 유지되잖아요. 우리 마음속에서도 여전히 내가 지켜보려는 마음을 강하게 갖고 있으면 지켜보는 자와 보여지는 마음의 상태가 나뉘어져서, 그 긴장감을 형성합니다.

그래서 지켜보는 놈이 계속 유지되는 것뿐입니다. 그러다가 갑자기 옆집에서 떡을 들고 문을 두드리면 이 마음이 사라지고 없죠. 그냥 마음의 경계입니다. 그런 특성을 가진 마음의 경계선이 생겨나서 그 역할을 하고 있는 중이죠.

관찰의 학습과 습관화

맨 처음에 자기관찰이라는 것을 모르는 사람은 이 경계가 잘 안 생겨납니다. 이 주체를 관찰해본 적이 없는 사람은 이 주체를 아는 이놈이 생겨나지 않겠죠. 관찰해본 적이 없으니까.

관찰하면서 이 마음에 흔적들이 이렇게 생겨난다는 거예요. 관찰해본 적이 없는 사람은 맨 처음에는 관찰자를 만들지 못합니다. '관찰이라는 게 뭐야?' 이러죠. '나 자신이 느껴지는 거야? 나 자신이 어디 있는데... 내 몸, 몸은 눈으로 보는 건데... 마음의 느낌이라는 게 어딨어?'

마음의 느낌과 동일시되어 있으면 마음의 느낌이라는 게 뭔지 모릅니다.

그러다가 이제 자꾸 마음의 작용을 바라보고 느끼려 하면, 느낌이 자각되기 시작합니다. 그때 느낌은 느낌대로 두고 그것을 바라보려는 나가 생겨납니다. 이것이 경계가 만들어진다는 것의 의미입니다. 마음이 생겨나는 거죠. 어릴 때 나라는 게 생겨난 것처럼.

이것이 나고 저게 남이란 것을 모르다가 점차 경험이 생기고 이름을 받고 들으면서 '이것이 나고 저게 남이구나' 하고 마음이 분별되기 시작해요. 그렇게 경계가 생겨난 것입니다.

그렇게 한 20년 계속 반복해왔기 때문에 누구만 보면 나라는 게 생겨납니다.

또는 생각에도 내 생각과 남의 생각이 생겨나요. 누가 '저 형광등 예쁜데' 하니까, '난 별로 안 예쁜데' 하는 생각이 납니다. '안 예뻐'가 생겨난다 이것입니다.

경계란 것은 습관적으로 20년간 반복하다 보니까 대상만 보면, 대상을 보는 내가 생겨납니다. 이제는 습관적이 됐어요. 무의식적입니다.

내가 이렇게 걷게 된 것, 얼마나 힘들었어요. 기어다가 걸을 때. 일어나려다가 모서리에 부딪혀서 턱이 부서져서 피투성이가 됐다는데, 얼마나 힘들었겠어요. 그런데 지금은 아주 자유롭게 움직이죠.

이것이 습관이 된 것입니다. 연습과 훈련에 의해 습관과 자동화가 됐어요. '나'라고 여겨지는 그 마음의 경계도 이제는 자동적, 습관적으로 생겨난다는 말입니다.

옛날에는 그런 물줄기가 쉽게 생기지 않았어요. 하지만 지금은 여러분들이 천장을 보는 순간, '아, 이건 나무로 만들어진 천장이구나.'라는 것을 알고 있는 내가 습관적으로 생겨납니다.

마음은 되게 유동적입니다. 마음은 이렇게 고체처럼 딱딱하게 한 번 생기면 잘 사라지지 않고 고정된 게 아닙니다. 마음은 생겨났다 사라져요. 마음의 흐름은 아주 유동적입니다.

그런데 나이가 들수록 고집불통이라고 하잖아요. 그러면 이런 딱딱한 고체 같은 것이 마음속에 자리잡은 것입니다. '내가 옳아.' 자기도 모르게 생겨나서 자기도 이걸 내리지 못하는 거예요.

우리 아버지, 어머니들이 일부러 잔소리하는 게 아닙니다. 자신도 어쩔 수 없어서 그러는 거예요. 내가 대학 때 시골에 내려가면 외삼촌이 술 먹고 들어와서 맨날 6시부터 7시까지 앉혀놓고 훈계를 했어요. 그

분이 하고 싶어서 하는 게 아니라 자기도 어쩔 수 없어서 그랬던 것입니다.

그러나 본질적으로 마음의 경계는, 이런 고정적인 사물과는 달리, 즉시 사라질 수 있다는 것입니다. 패턴이 고정화된 것처럼 보일 뿐이지만 사실은 물의 흐름처럼 유동적이지요.

그 다음 경계가 지어지면 드디어 분별이 일어나요. 느껴지잖아요. 여러분이 자기의 마음을 바라보면서 내 말을 들어봐요. 자기 마음을 바라보면 바라보는 자기가 느껴지죠. 느껴지면 손들어 표시합니다.

지금 여러분에게는, 바라보는 자기를 느끼고 있는 자기가 생겨나는 중입니다. 내 말은 무심중에 듣고 있습니다. 내 말을 듣고 있는 나는 의식이 안 됐었죠? 그냥 바라보는 나와 그걸 지켜보는 누군가가 있다는 소리만 듣고 한번 살펴보는 중이었어요.

마음이 이렇게 말을 듣고 그 말에 따르는 행동이 일어나는 것도 지금 자동적으로 일어나고 있습니다. 연습해보는 것. 그런데 이제 내 말을 안 믿으면 '정말 그래? 저 말 믿어도 되나? 말투가 마음에 안 드는데.' 이러면, 그걸 듣는 내가 생겨납니다. 신기하지 않아요?

내가 믿는 사람의 말은 그냥 무심중에 들어와서 내 생각처럼 나를 움직입니다. 왜? 저항이 없으니까. 나를 만들지 않아요. 내가 믿지 않는 사람의 말은 항상 의심하는 나를 만들어놓고 들어요. '아, 저 사람 말...? 이 말은 그럴 듯한데? 이건 아닌 거 같은데.' 이렇게 판단하고 재단합니다.

그러니까 여러분들이 한 번 믿기 시작하면 인간의 마음은 바보 되기 쉽습니다. 무조건 받아들입니다. 무엇이든지 마찬가지에요. 우리의 마음은 권위를 가진 사람의 말을 그냥 받아들이고 믿게 되어있어요. 그것이 편하거든요.

권위와 믿음의 경제 법칙

권위라는 건 일종의 '옳다'라서 '저 사람 말은 내가 봤을 때 늘 옳았어.'라고 생각하면 그때부터 그 사람이 옳은지 그른지 판단하고 비판하는 데 에너지를 쏟을 필요가 없어집니다. 얼마나 편합니까. 경제법칙입니다. 간단히 말하면 게으른 거예요.

그래서 석가모니는 항상 '내 말도 믿지 마라'고 합니다. 결코 믿지 말라는 소리는 무심하라는 뜻이 아니라 자기를 살피는 데에 부지런해라는 소리에요. 결코 누구 말도 그냥 쉽게 믿지 말라, 자신을 관찰하고 살피는 데 에너지를 아끼지 말라는 소리입니다.

그런데 우리는 한 번 믿으면 에너지를 아끼고 싶죠. 편하게 가고 싶은 겁니다.

자기의 본질이 파악되지 않았을 때는 결코 에너지를 쉬면 안돼요. 그것이 바로 믿지 말라는 소리입니다. 정말 저 말이 맞아? 하고 계속해서 살피고 실험하라는 것이지요. 저 사람을 의심하라는 게 아니라 저 말이 맞는지 나한테 적용해서 자기 안에서 실험을 해보라는 것입니다.

분별의 상호 의존성: 주체와 대상의 동시 생성

그래서 마음에서 분별이 되면 경계가 지어진 것이고, 경계가 지어지면 드디어 나누어진 것입니다. 나누어지면 그 나누어진 것들이 서로서로 관계를 맺습니다.

가장 최초의 분별과 관계가 나와 대상이잖아요. 그래서 나는 독립적으로 존재하는 게 아니라 대상과 함께 존재한다고 말했죠. 분별이 일어나면 그 둘은 서로 때문에 분별이 일어난 거예요. 어느 하나가 자기 혼자 존재하는 게 아닙니다. 주체가 주체 혼자 존재하지 않아요. 할 수가 없어요. 왜? 그럼 주체란 이름이 붙지 않겠죠. 주체가 뭐에요? 대상에 대비된 주체 아닙니까. 모든 분별은 서로가 서로한테 의지하면서 존재하는 것입니다. 플러스와 마이너스처럼.

의타적 마음의 흐름

매 순간 우리의 마음은 경계가 생겨났다 사라지고 경계가 생기면 분별이 되고 분별되는 것 두 개의 사이에 흐름이 생긴다는 게 의타적이라는 말입니다. 흐름이 없으면 둘은 사라져요. 분별되는 마음은 사라져요. 그 관계 속에서 의타성이란 것은 둘 사이가 서로 의존한다는 거니까 관계를 맺었다는 뜻입니다. 관계 속에서 느낌 또는 감각계의 작용이 일어나는 것입니다. 아까 전기의 흐름이 플러스와 마이너스 사이에 어떤 흐름이 생겨나는 것이 느낌인 것입니다.

우리의 의식은 이런 느낌의 시뮬레이션의 세계 속에서 살아가고 있습니다. 그것은 즉, 감각의 세계가 마음의 상相으로 자리잡은 세계이고 따라서 상대적인 세계이기도 합니다. 왜냐면 느낌이란 관계 속에서 일어나기 때문입니다. 상대적인 세계란 조건과 상황에 따라서 변한다는 뜻이죠. 관계는 항상 변할 수 있습니다.

단순하게 내가 이 손을 40℃의 물에 담그고 있다가 36.5℃로 옮기면 시원하게 느껴져요. 원래 내 몸의 온도일 뿐인데. 그렇죠? 이 손을 40℃에 담그고 있다가 50℃에 넣으면 뜨겁게 느껴지죠. 그러니까 내 손을 담가놓고 얼마나 관성화시켰느냐, 익숙하게 했느냐가 지금의 '나'라고 보면 됩니다.

여러분이 무의식적으로 오래도록 어떤 환경과 조건과 상황과 사고패턴, 감정패턴에 익숙해져 있는 거예요. 40℃에 익숙해져 있는 거예요, 지금 이 순간. 여러분의 캐릭터는 일종의 40℃입니다. 그 40℃에 익숙해져 있는데 50℃로 가려니까 뜨겁고 36℃로 내려가니까 시원하게 느껴지는 거예요. 거기서 희로애락이 생기죠. 익숙해져 있는 40℃가 없다면 희로애락은 없어요.

그런데 40℃에 익숙해진 그 손은 뭐냐. 그것이 바로 우리 감각기가 만들어내는 기본적인 마음의 흔적입니다. 유전적으로 받은 그런 특성들. 그래서 타고난 어떤 특성과 0세~3세 사이에 무차별적으로 받아들인 어떤 정보와 느낌들, 이런 것들이 내 기준이 됩니다. 그때부터 나라는 기준이 생겨나니까요.

그 기준이 어디에 익숙해졌다고 해서 변함없는 나가 있는 건 아니죠. 0세~3세 사이에 생겨난 마음의 흔적도 끊임없이 수정되고 바뀌잖아요. 마음의 내용은 다 바뀌었으니까. 네 살 때의 나와 지금의 나는 마음의 내용이 다 바뀌었죠. 그러니까 이런 '40℃에 익숙해진 손'이란 게 없는 것입니다. 그냥 40℃만 있습니다. 그래서 내가 50℃에 가서 아주 익숙해져 버리면 나는 50℃가 되는 것입니다. 그래서 그것이 기준이 되죠.

그러한 관계에 의한 느낌의 시뮬레이션 속에서, 가상세계 속에서 살아오고 있는 것입니다. 그래서 자신이 느낌의 세계에서 살아간다는 것입니다. 이 자신이 뭡니까. 특별한 변함없는 자신이 있는 게 아니라, 익숙해진 40℃ 이것이 지금 자기인 것입니다.

거기다가 이름을 붙여놓으면 고정된 거 같죠. '이런 모습, 이것이 나야'라는 생각, 이것이 옳다고 여기는 것, 이것이 '나'입니다. 이름을 붙여놓으면 변함 없는 거 같아요. 그러나 이름을 떼고 느낌만 보면 '나'라는 건 끊임없이 변합니다.

그것이 우선 철저해져야 하고 그 다음에, 그렇게 변화하고 있는 느낌의 세계 속에 있다는 것을 실감해야 합니다. 그래서 이따 실감나는 느낌 속에 있음을 연습해보려고 해요. 단순한 연습을 통해서도 우리가 이걸 확인해볼 수 있어요. 평상시에도 이런 자기를 실험할 수 있는 연습 방법들을 여러분 스스로 만들어낼 수 있습니다.

기초적 느낌의 구조

주체적 느낌과 분별의 시작

주체적인 느낌이 뭐예요? 전기장의 플러스와 마이너스처럼 나와 나 아닌 것, 이것이 가장 기본적인 분별이고 느낌이죠. 그 경계가 투명함만 남기고 사라지면 우리가 주의제로나 전체주의(이상 깨어있기 용어)나 순수의식이라고 하는 것입니다.

뭔가 알아채는 마음은 있는데 마음은 텅 빈 것 같아요. 그죠? 여러분들 지금, 텅 빈 상태로 갈 수 있죠? 갈 수 있으면 가 보세요. 빈 마음. 생각이 올라오면 생각이 올라오는 대로 내버려둡니다. 생각은 그냥 왔다 갑니다.

빈 마음의 체험

빈 마음으로 있으면서, 왔다 가는 생각이나 느낌들을 흘러가도록 내버려두세요. '아, 오지 말았어야 되는데.' 이렇게 하면 오지 말았어야 된다는 그 생각이 주인이 되는 거예요. 그 생각이 오든 저 생각이 오든 내버려두면 돼요. 마음에 주인이 없어요.

어때요, 지금 빈 마음이 있습니다. 전체주의나 주의제로한 마음입니다. 그 마음은 그 마음대로 두고 생각들은 왔다 갔다 해도 그 마음이 변함없는 것에 초점을 맞춰봅니다. 소리가 들려도 소리는 그냥 나타났다 사라지지만 침묵과 같은 그 빈 마음은 여전히 있습니다.

흔들리지 않는 본질

모든 것을 알아채고 있는 그 빈 마음은 여전히 있습니다. 그걸 바라보는 나가 느껴져도 그 놈도 왔다 사라져요. 빈 마음을 흔들 수 있는 것은 아무것도 없어요. 그 빈 마음에 모든 것이 나타났다 사라지죠.

나타났다 사라지는 모든 것은 경계 지어진 거고 그 경계 지어진 것들끼리 관계를 맺기 시작하면 이제 의식이 생겨납니다. 이것이 옳아, 저게 옳아. 기쁘다, 슬프다가 생겨나요. 이런 것이 지금 이 순간 여러분의 마음속에서 끊임없이 생겨났다 사라지고 있습니다.

경계의 소멸과 순수의식

여러분이 힘만 빼버리면 그 경계는 다 사라집니다. 그럼 다시 빈 마음이 되죠. 순수한 의식. 그래서 존재란 것, 나타난 어떤 현상으로 인한 존재라는 것은 분리된 주체 · 대상으로 생겨난 의식과 불가분의 관계에 있고, 힘을 빼고 경계가 사라지면 지금 이 순간 빈 마음으로 존재하게 됩니다.

느낌의 구조

마음의 경계 형성과 의식 발전 단계

다시 돌아오면 또 마음의 경계가 생겨납니다. 그중에 가장 밑바닥에 있는 경계는 나와 대상의 경계고, 그 다음 대상들이 수많이 경계지어져서 또 나뉘고 거기에 호오가 붙습니다. 좋은 말에는 끌리고 싫은 소리는 밀쳐냅니다. 이런 의식의 변화가 끊임없이 움직이고 있습니다.

최초의 분리는 나와 대상입니다. 대상들의 분리가 생겨납니다. 대상들의 전체 관계를 의식하기 전에는 대상들의 분리만 일어나고 이것이 바로 감지(깨어있기 용어)입니다. 감지는 대상들 간의 관계는 아직 맺기 전입니다.

대상끼리 구분은 됐지만 그것들이 아직 관계 맺지는 않은 상태입니다. 맺어지면 그때 드디어 생각의 세계로 넘어가는 것입니다. 구분은 되되, 아직 관계 맺지 않은 상태가 감지, 느낌의 세계입니다. 분리가 일어납니다. 그 다음에 대상들의 관계와 구조가 생겨납니다.

생명력의 원리

생명력은 기본적으로 이렇게 나뉜 분별 속에서 그 둘 사이의 에너지가 주고받아지고 흐르면서 생겨납니다. 생명력은 기본적으로 분별과 분리가 기본입니다. 느낌적으로 나뉘든, 생각으로 나뉘든.

그러나 그 밑바닥에 항상 나뉨 없는 물과 같은 본질이 있음을 터득한 이후에 드디어 생명력을 일으키는 그것을 쓸 수 있게 됩니다. 그렇지 않을 때는 항상 주체에 끌려 다닙니다. 주체의 습관적인 캐릭터에.

여기서 우리가 아직 그것이 정확하게 터득이 되지 않았다 해도 생명력 쪽으로 초점을 옮기려면 어떻게 해야 할까요? 관계 속의 흐름에 초점을 집중하면 됩니다.

관계 속 흐름에 집중하여 생명력 발견하기

자, 눈을 감고 여러분이 좋아하는 사람을 떠올려 봅니다. 좋아하는 한 사람이 떠오르면 손을 들어 표시해 보세요. 오케이. 그 사람을 보면 미소가 저절로 나온다든가 기분이 좋아진다든가 하는 느낌이 일어나면 손을 들어 표시합니다. 오케이.

그 사람만 떠올렸는데 갑자기 좋은 느낌이 일어나죠? 에너지가 지금 생겨난 거예요. 지금 여러분 마음에 경계가 지어진 것입니다. 이상하게 기분 좋은 느낌이라는 흐름이 생겨나요.

여기서 좋은 사람에 집중하지 말고 기분 좋은 에너지 흐름에 집중합니다. 그래서 그 흐름 자체를 증폭시켜 봐요. 좋은 사람에 상관없이 에너지 흐름은 지금 이 순간 또는 언제라도 생겨날 수 있다는 것을 파악해 보는 것입니다.

조건 없는 흐름의 극대화

조건 없고 이유 없이 그 흐름을 극대화해보는 거예요. 의식의 초점을 기분 좋은 흐름 자체에 맞춰봅니다. 그 흐름에는 항상 패턴이 있습니다. 패턴이 기분 좋은 패턴인 거예요, 지금 현재.

그 패턴에 집중하고 그 느낌을 상세히 맛보고 에너지를 투입하면 그 기분 좋은 흐름이 증폭되고 강해져서 몸에 가득 차고, 가득 차면 몸에서 뿜어져 나옵니다. 이유 없이, 언제든지 이것이 가능하다는 것입니다.

지금은 그 사람을 떠올렸을 때만 이런 흐름이 생겨난다고 여길지 모르지만 사실은 이 흐름이 맛보아지면 언제든 이 흐름을 그냥 생겨나게 할 수 있습니다. 이 기분 좋은 에너지 흐름을 그냥 즐겨봅니다. 오케이. 천천히 돌아옵니다.

마음의 매직

자, 지금 이유 없이 기분 좋은 거 아니에요? 이유 없이 그거 하나 떠올림으로 해서 기분 좋은 느낌, 에너지 흐름이 생겨나잖아요. 조금 전까지 그것이 없었는데 갑자기 생겨났죠. 마음이란 게 신기하지 않습니까. 마음이 얼마나 매직이에요, 매직.

그런데 어떤 사람은 이렇게 해보라 하면 '아, 그건 사실이 아니잖아요. 그건 가상 아니에요?' 이렇게 말합니다. 그러나 무엇이 다릅니까. 정말 그 기분 좋은 사람을 보고 느끼는 기분 좋음이나 지금 이렇게 상상해서 떠오른 마음의 흐름이나 느껴지는 강도의 차이는 있을지 모르지만 그걸 계속 증폭해서 강해지면 뭐가 다를까요?

에너지 흐름, 바로 기분 좋은 사람이라는 대상과 그걸 바라보는 나로 나뉘어서 그 둘 사이에 어떤 특정한 흐름이 만들어진 것입니다. 기분 좋은 흐름이라는 에너지 흐름을 만들어 낸 거예요. 대상에 마음을 떠올리기만 하면 그 흐름이 생겨납니다. 지금은 또 사라졌어요. 그렇죠? 우리 마음이 얼마나 요술입니까. 마음이 대단하지 않아요?

이런 마음을 우리는 잘 쓰지 않습니다. 잘 못 씁니다. 그냥 마음에 끌려다니지요. '이것이 나야'라고 생각하면 끌려다녀요. '지금 기분 나쁜 일이 있는데 그 좋은 일을 생각할 여유가 없어' 이렇게 생각합니다.

아무리 기분 나쁜 일이 있어도 폭탄이 터지면 거기로 주의가 가잖아요. 아무리 기분 나쁜 일이 있어도 지금 좋은 사람을 떠올리면 되는 것입니다. 내가 중점을 기분 나쁜 것에 맞추고 있는 것뿐입니다. 그게 마음대로 안 되는 것입니다.

마음대로 안 되는 이유가 뭐에요? 그것이 사실이라 여기고 내가 바꿀 수 없다고 여기기 때문입니다. 그것이 바로 스토리 속에 들어 있는 것이고, 스토리 속에 있을 때는 바꿀 수 없어요. 스토리 밖으로 나오면 이제 그것은 마음의 현상이니까 언제든지 바꿀 수 있게 됩니다. 흐름을 언제든지 만들어낸다는 말입니다.

그러니까 집에 돌아가서 기분 나쁜 일이 생기면 기분 좋은 일을 한번 떠올려봐요. 기분 좋은 느낌이 안 나면 '아, 내가 스토리 속에 빠져 있구나' 이렇게 생각하면 틀림없습니다. 마음대로 안 되는 것. 어느 순간에라도 이 기분 좋은 느낌을, 기분 좋은 흐름을 만들어낼 수 있다면 그럼 자유로워진 것입니다.

물론 기분 나쁜 느낌을 만들어내도 괜찮지만 굳이 그럴 필요는 없으니까. 기분 나쁘다는 것은 대개 그 흐름이 뾰족뾰족하고 조화롭지 않다는 뜻이죠. 기분 좋은 흐름은 조화롭고 아름답고 부드럽다는 뜻이잖아요.

참가자 Q: 질문이 있는데요. 어떤 대상을 통해서 기분 좋은 느낌을 불러오고 그 에너지를 다시 느끼는 것까진 좋은데요. 그런 대상도 있고, 뭔가를 떠올리면 기분 나쁜 게 떠오르는 대상도 있잖아요. 예를 들어 해야 될 일이 있는데 그걸 떠올리면 기분이 나빠요. 해야 되는데. 그럴 땐 어떡해요?

그것은 마음이 '해야 된다' 속에 빠져있어서 그렇습니다. 인생에서 진정으로 해야 될 일이 있을까요? 물론 해야 될 일이야 있지요. 지금 해야 될 일이 있어요. 그런데 잠시 집에 돌아와서 식사를 해야 된다면, 식사

후 다시 해도 되잖아요? 또는 식사 후 한잠 자고 다음날 아침에 일어나서 또 해도 되잖아요.

그런데 밥 먹을 때나 잠잘 때나 '이것이 더 중요한데, 이것이 더 해야 할 일이야.' 하면서 마음이 묶여 있잖아요. 이러지 말라는 것입니다. 이것은 바로 '멈춤'이 안 되어서 그런 것입니다.

해야 할 일이 없는 자유

인생에서 '이것은 꼭 해야 돼'라는 것이 있기 때문에 그래요. 우리 삶에서 '해야 될 일'이란 없다는 것이 먼저 분명해져야 됩니다. 그 후에 이 생명력을 터득하는 쪽으로 가는 것입니다. 아무것도 하지 않아도 됩니다.

그것이 분명하면, 해야 될 일을 할 때는 거기에만 집중하고, 아직 해결되지 않았더라도 밥 먹을 때는 밥에 집중하고 잠잘 때는 잠에 집중할 수 있습니다. 그런데 '이것을 꼭 해야 돼. 인생에서 이것 하지 않으면 나는 죽을 것 같다' 이러면 당연히 밥 먹을 때나 잠잘 때나 이것이 떠오르겠지요. 이것이 바로 묶여 있는 거예요.

그러니까 제일 중요한 것은 일단 할 일이 없는 사람이 되는 것입니다. 아무것도 안 해도 된다는 것. 이것이 먼저 일어나야 된다는 것입니다. 그래야 그것을 바탕으로 무슨 일이든 철저히 할 수 있습니다.

그것이 안 되니까 '해야 될 일'에 묶이고, 자꾸 초조하며 불안하고, 안 되면 어쩌나 걱정되는 것입니다. '안 해도 된다' 이 마음이 밑바닥에 깔려있으면 두려울 게 없습니다. 다시 말해 0점을 맞아보면 그 다음부터 어떤 점수를 받아도 아무렇지도 않은 것과 같이 되는 것이지요.

Q: 예전에는 '해야 돼'가 100이었다면 지금은 '안 해도 돼'가 6~70퍼센트 이상이어서 안하는 쪽 에너지가 강하기 때문에 안 해요. 안하긴 안하

는데 불안이 있어요.

불안이 있다면 그것은 '안 해도 돼'가 아닌 것입니다. '해야 돼'가 있는 것입니다.

Q: 그럼 그것을 0으로 만들면, 하게 될 수 있어요?

더 잘합니다. 걱정 없이 하지요. 나는 아무것도 안 해도 됩니다. 언제든 그만둘 수 있어요. 내 마음 밑바닥에서는 '언제든 모든 것을 그만두어도 된다'가 있어요. 그렇지만 실제 하고 있는 일은 많아요.

Q: 잘못하면 아예 안하게 되는 거 아닌가요?

그렇지 않아요. 에너지가 남아돌아 어딘가로 움직이려고 해요. 그것이 무한한 생명력의 속성입니다. 생명력이란 움직이려는 속성을 가지고 있어요. 그런데 우리가 '나'라는 틀, 사고의 틀 속에 갇혀 있기 때문에 어떤 '이유'가 있을 때만 그쪽으로 움직이려는 패턴을 갖게 된 것입니다. 그 패턴이 이제는 굴레가 되어버렸지만 말입니다. 할 일이 없어지면 재미있게 할 일이 너무 많아집니다.

느낌은 항상 나와 대상이라는 구조가 필요합니다. 외따로 생겨나지 않아요. 최소한 두 개로 나뉘고 그 둘이 만났을 때 생겨납니다. 모든 느낌이 그렇습니다.

그러니까 나의 마음에 무슨 느낌이 일어났다면 그 느낌은 일단 분별의 느낌이죠. 만졌을 때 뭔가 느낌이 있어요. 이건 분별입니다, 구별되는 느낌입니다. 느낌이 달라요. 그 다음에 끌어당기는 느낌(이것이 더 부드럽고 좋은데) 혹은 밀치는 느낌이 생기죠. 좋다/싫다가 생겨나면 한 번 더 분화된 것입니다.

우선 최초의 분열부터 생각해봅니다. 관계와 구조는 생명력을 드러낸다고 했습니다. 분리가 일어나야 그 둘 사이에 흐름이 생기고 그 흐름이 생명력의 원천입니다.

지금 여기서 말하는 생명력은 현상화된 생명력이고, 생명력의 원천은 미지입니다. 그건 있는 것도 아니고 없는 것도 아니에요. 그래서 에너지 흐름은 플러스와 마이너스로 생겨나야만 흐르지만 이 흐르는 것은 생명력이 현상화된 거고 이것의 원천, 그것이 생겨나기 전은 아무것도 없는 것입니다.

스칼라와 벡터의 비유

에너지가 플러스/마이너스로 형성되기 전, 오른쪽으로 돌고 왼쪽으로 돌기 전으로 돌아가면 어때요? 아무것도 없는 데로 가죠. 그렇지만 이것이 이 에너지 흐름의 원천입니다.

물리적으로 얘기하면 스칼라와 벡터입니다. 벡터는 어느 방향으로 움직이는 것입니다. 예를 들면 오른쪽으로 움직이는 흐름과 왼쪽으로 움직이는 흐름. 이런데 이 두 개의 흐름이 생겨났다가 다시 멈추면 흐름이 없는 에너지인 스칼라로 간다는 게 물리법칙이죠.

그러니까 물리학자들이 묻기를, +10과 −10이라는 전기력이 만나서 제로가 됐다면, 이 우주는 에너지보존 법칙인데 +10이라는 에너지와 −10이라는 에너지는 대체 어디로 간 거지? 아, 이거는 중성으로써 보이지 않고, 드러나지 않는, 움직이지 않는 에너지장으로 갔구나. 이것을 스칼라라고 얘기한 것입니다.

진공 에너지, 이 우주에 가득한 무한 에너지의 원천이다, 라고 얘기합니다. 거기서 어떤 에너지의 불균형이 생겨나면 플러스, 마이너스가 생겨나서 다시 흐름이 생겨난다는 것입니다.

그래서 모든 느낌은 그런 구조, 분별없는 것을 기반으로 한 분별의 구조 속에서 생겨납니다. 그래서 여러분들이 자꾸 평화와 비어있음, 움직이지 않음 쪽으로만 가면 자꾸 가라앉게 되어 있어요. 쓰기 위해서는 갈등을 만들어내야 돼요. 갈등 속에 빠지지 않고 갈등을 쓰는 것입니다.

'일을 해야 돼'는 해야 될 일과 일을 하는 나를 만들어놓고 그 일을 향해 에너지를 쓰는 것입니다. 그런데 이것이 전부라고 여기면 여기에 묶이게 되는데, 이 목적을 설정한 것도 사실 마음의 현상이고, 설정한 목적을 위해 움직이는 주체를 만들어낸 것도 마음속에서 일어난 현상이라는 것이 분명해져야 합니다.

그 목적, 내가 정한 거 아니에요. 그래놓고 내가 묶이고 있지요. 그것이 분명해야 된다는 것입니다. 그럼 아무것도 안 해도 되는 것 아닙니까? 라면만 먹고 살아도 되는 거 아닙니까. 아침에 토스트 천 원이던데 그거 두 끼만 먹어도 살겠던데요.

알아채기

매 순간 새롭게 생겨나는 '나'

그래서 다시 한 번 느껴보라는 것입니다. 나라고 여겨지는 이 마음은 지금 이 순간 일어나는 것입니다. 나라고 여겨지는 게 특별히 있는 게 아닙니다. 지금 이 순간 '나'를 바라보면 '어, 그래 내가 있지.' 하고 의식하게 되죠. 이렇게 마음은 생겨납니다.

매 순간 대상에 따라 달라지죠. 이 사람을 만나면 이 사람에 대한 나가 생겨나고 내 태도가 바뀌죠. 자식을 만나면 보살펴 주고 싶은 마음, 동료를 만나면 평등한 마음, 윗사람을 만나면 숙이는 마음, 또 나쁜 윗사람을 만나면 저항하는 마음 등이 올라오잖아요. 그렇게 매순간 대상에 따라 달라지고, 지금 이 순간에 나타납니다.

그런데 주체감은 변함없어도 강도는 달라진다는 것도 느껴봐야 합니다. 그냥 내 말만 듣고 실험을 하지 않으면 아는 것 같지만 안 돼요. 내 말은 다 거짓말입니다. 여러분들이 실험을 하기 전까진 다 거짓말이라고 보면 돼요. 그냥 받아들여서 믿으면 안돼요.

그래서 최종적인 통찰은 이렇습니다. '나'라고 여겨지는 임시적인 느낌은 마음의 대상이며, 따라서 그것은 우리의 주인이 아니라 삶을 위한 아주 유용한 도구라는 것입니다.

임시적인 나는 갈등도 만들어내고 희로애락도 만들어내고 수많은 느낌을 만들어내는 기본적인 분리에서 생겨난 것입니다. 그 임시적인 '나'를 사용하면서 전체와 조화를 이루는 것이 자연스런 삶입니다.

임시적인 '나'만 생각하지 말고 전체를 생각하는 것입니다. 이상합니다. 내가 나 혼자만 생각하면 이상하게 사람들이 내 에너지를 뺏어가요. 뺏기는 것 같습니다. 그런데 '아, 이것이 전체를 위한 거구나, 전체를 위한 조화와 균형은 뭐지'라고 생각하고 거기에 에너지를 투입하면 사람들이 도와서 이 흐름이 강해지게 만들어줘요.

그때의 나는 임시적인 '나'가 전체를 위한 '나'가 되기 때문에 다른 모든 사람들의 힘이 당연히 덧붙여져 있습니다.

그래서 이번에 동영상 서버를 구축중이고 곧 마무리되는데, 그걸 하겠다고 했을 때 여러분들이 다들 지원해줬잖아요. 그래서 1000만 원 정도가 일주일 안에 쉽게 만들어졌습니다. 예전 같으면 천만 원을 내가 준비하려고 하면 어떻게 만들어야 하나, 걱정할 텐데 여러분을 위해 이걸 하려고 하니까 조금씩 도와줘서 금방 마련되었습니다.

임시적인 '나'라는 건 바로 이런 것입니다. 나를 위해 살지 말라는 것입니다. 사회를 위한 출판사를 해봐요. 사회가 도와줄 것입니다.(웃음)

상대와 나의 고정관념 깨기

그래서 임시적인 나는 항상 대상과 함께 존재하기 때문에 여러분이 '저 사람은 늘 저래' 하고 같은 대상이라고 여긴다면, 저 사람을 보고 있는 나도 늘 그 모습으로 있다고 생각하면 틀림없습니다. 변함없는 나가 있다고 또 믿는 것입니다. 또 그 변함없는 나를, 그 패턴을 유지시키죠. 관성을 더 강하게 만들어요.

생명력의 본질

플러스와 마이너스의 동시 생성

생명력의 본질은 있는 것도 아니고 없는 것도 아닙니다. 특별하게 무언가가 있는 건 아니에요. 플러스와 마이너스가 생겨나서 이 둘 사이에 흐름이 있을 때 에너지 흐름이 생겨났다고 하는데 이 플러스와 마이너스는 근본적으로 독립적으로 존재하는 게 아니기 때문입니다.

플러스는 마이너스 때문에 생겨있고 마이너스는 플러스 때문에 생겨나 있어요. 둘이 동시에 생겨나요.

자석을 보십시오. 이쪽은 N극이고 저쪽은 S극이니까 반을 자르면 여기는 S극만 남나요? 아니죠, 다시 N극과 S극으로 바뀌잖아요. 물리세계에도 이런 일이 벌어지고 있습니다. 자석이란 것은 N극과 S극이 하나인 것입니다. 둘이 아닌 것입니다.

마찬가지로 나와 대상도 둘이 아닌 하나입니다. 그래서 나를 살펴보니, 이건 마음의 대상이고 이건 나지, 그럼 나란 것을 한번 살펴보자, 하고 나를 살펴보니까 또 나와 대상으로 마음속에서 나뉘죠. 관찰되는 나와 관찰하는 나로 나뉘잖아요. 역시 대상과 주체로 나눠지는 것입니다.

그래, 이 놈은 또 뭐야, 하고 바라보면 또 관찰자와 대상으로 나뉩니다. 관찰자만 있는 때와 대상만 있는 때가 있을 수 없어요. 마음이란 것은 바라보는 자와 보이는 자가 둘이 아니라 하나입니다. 그래서 동전의 양면 같지요. 주체와 대상은 항상 같이 생겨납니다.

그러니까 여러분들이 '아, 지금 내가 있어'라고 여긴다면 그 '나'는 고정불변으로 존재하는 '내'가 아니라 무엇을 대상삼고 있는 임시적인 '나'구나, 라고 여겨야 합니다.

그런 임시적인 '나'가 대상과 함께 있을 때 내가 존재한다는 느낌도 있고 흐름이 생겨나면서 생명력이라는 어떤 움직임이 생겨나기 때문에, 이 두 개의 흐름은, 고정불변으로 생겨난 하나가 생겨나고 그 둘 사이에 흐름이 있는 게 아니라, 둘이 생겨났다가 둘이 다 사라지기 때문에 있는 것도 아니고 없는 것도 아닙니다.

이놈들이 왜 생겨났는지도 몰라요. 어떤 조건만 되면 생겨나는데 그 조건이 왜 생겨났는지를 몰라요. 최초의 원인이 뭡니까, 라고 물어보면 '나'는 몰라요. '나'라는 건 알 수 없습니다. 임시적인 '나'가 미지 속으로 빠져들면 그때 대답할 필요가 없다는 게 와 닿습니다.

있는 것도 아니고, 없는 것도 아닌 것입니다. 없는 것이 아닌 건 뭐에요. 분명히 양극성이 생기면 이 둘 사이에 흐름이 생겨나잖아요. 힘이 생겨난다 이거죠. 벡터가 생겨난다는 말입니다. 그러니까 없는 건 아니에요, 없다고 할 수 없어요.

그래서 우리가 생명력이라고 이름 붙인 현상은 그것의 본질이 있을 텐데 그 본질은 있는 것도 아니고 없는 것도 아니며 마음이 나눠놓은 '있다/없다'라는 개념을 넘어서 있습니다.

흔히 말해서 빠르고 강하고 변화가 심한 것을 생명력이 있다고 느끼는데 그것은 상대적입니다. 세상에 빠른 게 있습니까? 내가 시속 100㎞로 달리고 있는데 옆에서 쉉~ 하고 200㎞로 달리면 빠르다고 합니다. 그런데 90㎞로 달리면 되게 느려요. 그런데 내가 자전거를 타고 가면 90㎞가 너무 빨라지죠.

그러니까 내가 어느 상태냐에 따라서 빠르다, 강하다, 변화가 심하다고 느껴지지 세상에는 원래 빠른 것도 강한 것도 변화가 심한 것도 없습니다. 고요한 것도 시끄러운 것도 없죠.

저 산이 지금 되게 조용한 거 같죠. 창밖에 저 산을 느껴보면서 얘기하자고요. 지금 우리가 느끼는 건 고요함이죠? 내 눈과 귀의 민감도가 떨어지니까 고요하게 느껴지는 것입니다. 자신이 소머즈처럼 아주 작은 소리도 잘 듣는다고 해보세요. 저 밖에서 디디디디 움직이는 거미 소리도 듣습니다. 그런 귀를 갖고 있으면 얼마나 시끄럽겠습니까.

그러니까 저 산은 고요한 것도 아니고 시끄러운 것도 아니에요. 나와의 관계죠. 그러니까 중심을 '나'라는 어떤 기준에 두고 보면 세상은 힘들고 어렵게 느껴지지만 '나'라는 것에서 벗어나서 보면 아무것도 아닙니다.

또 강한 '나'에 초점을 맞추면 모든 게 우습게 보이고 비루하고 비천하게 느껴지죠. 그리고 낮은 '나'한테 초점을 맞추면 세상 모두가 귀하고 높아 보이고 대단해보이죠. 나보다 더 훌륭한 거 같죠. 모든 게 기준을 어디다 두냐 입니다.

조용하고 시끄러운 게 없듯이, 귀하고 천한 것도 없고, 좋고 나쁨이 없습니다. 그러나 또 없는 것도 아닙니다. 왜? 현상계에서 내가 늘 어떤 기준 속에 있으니까. 현상계에 있다는 것 자체가 어떤 기준 속에 있다는 것입니다. 의식하고 있다는 것은 내가 항상 어떤 기준 속에 머물고 있다는 것입니다.

핵심은 그런 기준마저 다 없애라는 게 아니라 언제든지 매 기준을 필요에 따라 옮기라는 것입니다. 기준에 묶이지 말라는 것입니다.

그것이 되려면 우선 어떤 기준이 과연 진짜 나인지를 봐야 합니다. 저것을 조용하다고 보는 것이 진짜 나인가. 어떤 것을 시끄럽다고 여기는 그 기준이 진짜 나인가. 왜냐면 그 기준 속에 에너지가 뭉쳐 있는 상태니까. 누구를 아주 대단한 사람이라고 보는 그 기준이 진짜 나인가. 누구를 무지하고 천하다고 여기는 그 기준이 진짜 나인가. 이런 걸 살펴봐야 합니다.

기준의 필요성과 자유로운 사용

보통은 '나'라고 하는 것에 묶여 있고 기준에 머물러 있는데, 머물지 말라는 것입니다. 기준을 쓰지 말라는 게 아닙니다. 기준이 없으면 의식이 안 돼요. 좋고 나쁨, 고요하고 시끄러운 게 의식이 안 됩니다. 구별이 안 됩니다. 1㎝라는 기준이 없으면 이것이 몇 센티인지 구별이 안 됩니다. 비교가 안 됩니다.

빠르고 강하고 변화가 심한 것은 없습니다. 빠르고 강하고 변화가 심하고 움직인다고 느끼는 것은, 그걸 그렇게 느끼는 기준에 관계되는 것입니다. 자, 그럼 그 기준이 없다면 움직임이란 게 있을까요? 야, 여기까지 옵니다. 종국에는 아무런 움직임도 없습니다.

그럼 세상이란 게 있습니까. 세상은 항상 움직이는 거잖아요. 현상계란 말이죠. 기준이 없으면 그 현상이란 게 있는 겁니까? 생명력은 움직임이라고 했는데 그러면 움직임도 없다고 할 수도 있겠죠. 기준 때문에 생겨나니까. 느껴지는 거니까.

그래서 아까 뭐라고 했어요? 생명력의 본질은 있는 것도 아니고 없는 것도 아니다. 강하게 움직이는 것이 생명력이 강하다고 느꼈는데 그 강하게 움직이는 것은 기준이 있기 때문이고 그 기준과 관계해서 강하게 느껴지는 건데, 기준이 없고 내가 그 기준에 머물지 않는다면 움직임이란 게 있을까요?

(그러면 기준은 설정하기 나름이겠네요?)

누가 설정할까요?

(자기 자신이 설정...)

그 자기 자신이 누굽니까? 자기 자신이 일종의 기준이라는 것을 봐야 합니다.

(그러니까 그걸 알면 자기 자신이 기준이 되는데 그 기준을 빠르게 설정할 수도 있고 느리게 설정할 수도 있는 거잖아요.)

그러겠죠.

(그것이 생명력을 쓰는 문제와 관계가 있어요?)

그렇죠. 생명력은 항상 빠르다 늦다 구별되는 것 사이의 흐름이니까요, 현상계에서는.

그러나 본질적인 측면에서는 빠르다, 늦다가 없으니까 전혀 움직이지 않는 건데 현상계에서는 어떤 기준에 머무니까 그 기준에 따라 빠른 것도 있고 느린 것도 있고, 또 거기에 묶여 있지 않으면 언제든 기준을 옮겨서 빠른 것도 느리게 느낄 수 있고 느린 것도 빠르게 느낄 수 있습니다.

다시 말하면 '아, 나보다 대단해'라고 느끼는 것도 가볍게 볼 수 있고 '나보다 천하고 못났어'라고 느끼는 것도 '아, 귀중한 가치를 지니고 있는 존재야'라고 느낄 수 있다는 것입니다. 어디에 머물지 않고. 그러니까 사실 귀천이 없다는 것입니다.

자, 종국엔 아무런 움직임도 없다는 말은, 본질로 중심을 옮겨갔다는 뜻입니다. 그렇다고 없는 건 또 아니죠. 늘 현상으로 나타나기 때문에. 이 말이 명확하게 와 닿으면 그때부터 현상계에서 생명력을, 내 중심을 옮겨가면서 쓸 수 있습니다.

여기 있으면 수백억 부자도 만나고 동굴에서 수염 기르고 한 푼 없이 있는 그런 사람도 만나는데 그 두 사람 다 아무런 차이가 없다고 느끼고 살 수 있다는 것입니다. 돈 많은 사람 앞에선 마음이 숙여지고, 없는 사람 앞에선 '어떻게 그렇게 살아가니, 언제 사람 될래' 이런 마음이 들지 않는다는 것입니다.

누구나 똑같다는 것입니다. 다만 그러고 살아가는 사람이 빠져 있다는 것을 일깨워주기 위해서 '너 그렇게 살면 안 돼'라고 해줄 순 있겠지만 본질적으로 다르지 않다는 것은 분명하게 갖고 사람을 대할 수 있게 됩니다.

그러니까 잘나고 못났다는 것은 기준 때문이고, 내가 그 잘났다/못났다라고 평가하게 만드는 기준에 묶여 있지 않으면, 못났다고 보이는 현상을 보이는 사람이 에너지를 잘 쓰게 이끌어줄 수 있고 잘났다는 현상을 쳐서 부드럽게 만들 수 있다는 것입니다.

이유 없는 정성과 현상적 기쁨의 발현

기쁨은 그런 생명의 힘이 현상적으로 강렬하게 쏟아져 나오는 데서 생겨납니다. 극성이 있어야 생명력이 나온다고 했죠. 우리가 전에 이유 없는 정성 기울이기 했죠. 우리는 보통 이유가 있어야만 정성을 기울여요. 정성을 기울인다는 건 내 에너지를 강렬하게 쏟아낸다는 뜻입니다.

그런데 이유 없는 정성을 기울인다는 것은 어떤 것에도 묶이거나 걸리지 않고 내 에너지를 끌어낼 수 있다는 뜻이죠. 그러니까 매 순간 현상적인 기쁨을 느낄 수 있는 것입니다.

정성을 기울이면 기쁨은 나옵니다. 이상해요. 하찮은 것에도 정성을 기울이면 기쁨이 나옵니다. 한 번 해보세요. 내일 아침에 풀 뽑기 한번 할까요? (웃음)

자동차 기어가 1단에서 2단, 2단에서 3단으로 바뀌어 갈 때 바로바로 옮겨갈 수 없습니다. 중립을 거쳐 가죠. 왜냐면 기어에 비율이 달라서 그래요. 1단은 시속 20㎞로 달리는데 2단은 시속 40㎞로 달리면 20㎞ 속도와 40㎞ 속도가 안 맞으니까 갖다 붙여놓으면 서로 어긋나서 톱니가 깨집니다. 그래서 중립에 갔다가 약간 맞춰서 서서히 속도를 높여가는 것입니다.

그렇게 중립을 거쳐가듯이 여러분의 에너지가 어떤 흐르는 관계에 집중되어 있을 때 생명력의 강도를 점점 세게 하되 중간 중간에 여러 가지 생각이 그걸 걸고넘어지면 중립 지대인 순수한 마음, 빈 마음으로 갔다가 흐름을 다시 강화시키라는 것입니다.

예를 들어서 좀 전에 기분 좋은 사람을 떠올렸어요. 그래서 바라보니

기분 좋은 느낌이 나요. 그런데 계속 바라보니까 '이건 상상 아니야?' 이런 생각이 끼어듭니다. 기분 좋은 흐름에 집중하라는데 '이건 상상이잖아, 사실이 아니야, 현재의 상황이 아닌데'라는 생각이 끼어들면, 그래서 그 생각에 끌려가면 기분 좋은 흐름은 멈춰버리죠.

이 생각에 에너지 중심이 옮겨가면 이 기분 좋은 흐름은 당연히 멈춥니다. 기분 나쁜 흐름도 마찬가지고요. 이때 생각에 끌려가지 말고 빈 마음으로 가라는 것입니다. 빈 마음으로 갔다가 다시 이 흐름을 타라는 것입니다.

그래서 흐름을 증폭하다가 생각이 또 끼어들면 다시 빈 마음으로 갔다가 좀 더 증폭하고 증폭해서 이 흐름을 유지하는 것을 해봐서 흐름 자체만 느껴지도록 하는 것입니다. 대상과 주체는 잊어버리고 에너지 흐름만 느껴지게 하는 것입니다. 그러면 (대상과 주체가 없어지는 게 아니라) 대상과 주체는 중요성이 떨어지고 흐름 자체가 중요해지게 됩니다.

그래서 여러분이 기쁨을 느끼는 그 어떤 작은 것이라도 그것 하나만 있으면 강렬한 기쁨을 언제나 느낄 수가 있습니다. 기쁨이 정말 필요하다면요. 기쁨이 필요 없는 사람은 안 해도 됩니다. 기쁨보다 슬픔이 더 좋아 이러면 그래도 됩니다. 슬픔의 흐름을 만들어서 쓰면 돼요.

그래서 어떤 이유에 빠지면 즉각 즉각 '감각' 상태 또는 '주의제로' 상태, 빈 마음으로 돌아옵니다. 빈 마음으로 돌아오는 방법이 몇 개 있습니다.

감각(깨어있기 용어). 사물을 통해서 빈 마음으로 가는 건 감각 상태를 통해서 가면 됩니다. 주의를 통해서 빈 마음으로 갈 때는 주의제로(깨어있기 용어), 그보다 더 쉬운 건 전체주의(깨어있기 용어). 전체주의에서 약간 투명한 어느 경계가 남아있긴 하지만 그래도 괜찮아요. 들어오고 쏟아져 들어가는 에너지 자체에 기쁨을 발견하라 이것입니다.

의식적 감각 상태로 들어가기

그 다음에 의식적 감각 상태. 이건 대상을 보고 외적인 사물이라고 여겨지는 대상을 통해서 감각으로 들어가는 거라면 의식적인 감각 상태로 들어갈 수 있겠죠. 시각적인 상을 지우고.

우리는 시각을 80% 이상 써왔기 때문에 시각적인 상이 무엇에든지 다 붙어있습니다. 눈을 감으면 이미지가 떠오릅니다. 상을 지우고 촉각적인 상을 지우고 그 다음에 남는 의식적인 상은, 더 애매한 분별입니다.

시각적 상 지우기 실습

자, 한 번 해볼까요. 눈을 감고 여러분의 시각적인, 자기 몸을 느껴봅니다. 자기 몸을 느껴보라고 하면 벌써 몸의 시각적인 이미지가 떠오르죠. 촉감적인 이미지와 함께 붙어있기 때문에 지금 내가 앉은 이 자리에 나라는 시각적인 몸의 형상을 한 느낌이 촉감적 느낌과 함께 있을 거예요.

그래서 머리와 팔다리, 어깨, 허리, 엉덩이, 무릎, 발까지 이런 모습으로 있다는 게 시각적으로 느껴지죠. 그리고 그 시각적 느낌과 함께 압력이나 닿은 촉감 등이 합쳐져서 지금 느껴질 것입니다.

촉각으로의 집중

이때 시각적 상을 지우고 촉각의 상으로만 느껴봅니다. 그러면 시각적 상을 떠올렸을 때보다 느낌이 애매해질 거예요. 촉감만 남으면 느낌이 막연해집니다. 그러나 구분이 돼요, 촉감의 느낌으로.

자꾸 시각적인 상이 떠오르면 촉감에 집중하면 돼요. 어떤 특정 부위를 떠올리지 말고 그냥 압력이나 닿은 느낌에 집중하면 됩니다.

촉감의 상마저 지워버리기

그래서 촉감에 집중이 되면, 그 촉감도 마음의 상이에요, 그 촉감의 상만 남게 되면 이제는 그 촉감의 상마저도 지워버립니다. 그러면 마음은 더 막연해지죠. 뭔가 비어버린 듯한 느낌 쪽으로 갑니다.

그러면서 여전히 그래도 촉감의 상이 없어져도 여전히 '뭔가 존재해, 있어'라는 존재한다는 느낌이 있습니다. 죽지 않고 살아 있다는, 깨어 있는 느낌이 있잖아요. 알아차리는 느낌. 의식적인 느낌이죠.

무한으로의 도약

그 의식적인 느낌마저도 지워버립니다. 힘을 빼요. 툭 놓으면 돼요. 그리고는 무한으로 도약해 갑니다. 미지로 들어가버립니다. 모른다는 느낌이 아니라 무한을 상상하지 말고 무한 속으로 자기가 사라져 가는 것입니다. 느끼는 자마저도 미지가 되어 버리는 거예요.

무한은 상상마저 내려놓고 그 미지 속으로 들어가는 것입니다.

생명력의 자연스러운 흐름

우리의 생명력은 이미 아주 활발히 움직이고 있습니다. 그것을 막고 있는 장애만 터주면 생명의 물줄기는 거대한 해일처럼 쏟아져 나옵니다.

우리의 마음은 끊임없이 분별을 하고 그 분별 사이에 흐름이 생겨나고 있어요. 그렇죠? 애쓰지 않아도 저절로 일어나고 있습니다. 그런데 막는 흐름이 생겨나요. '이건 안 돼. 어려워. 안 되겠는데. 이거는 괴로운데. 나 못해.' 이런 일이 생겨납니다.

자기 정의가 만드는 경계

그리고 '내 꺼야. 나는 ○○야, 난 여자야. 난 남자야.'라는 자기 정의가 한계를 짓고 있는 것입니다. 그것이 자꾸 경계를 만들잖아요. 난 남잔데 남자가 이런 것을 어떻게 해. 난 여잔데 여자가 이걸 할 수 있겠어. 이거 내가 하는 거 아니야. 내 것인데. 이런 많은 경계들이 에너지가 쏟아져 나오는 걸 막고 있습니다.

에너지의 자유로운 활용

그런 것만 없으면 필요한 일에 내 에너지를 쓸 수 있습니다. 상황과 조건이 끊임없이 나로 하여금 에너지를 활발하게 쓰게 만들어주고 있어요, 이 삶 자체가. 그런데 우리는 어떤 정의를 내려놓고, 자기 스토리라는 금을 그어놓고 그 안에서 막혀 있을 뿐입니다.

【 연습 9-1 】 경계 느끼기

- 감각적 분별: 손으로 무릎을 잡으며 느껴본다(생각을 빼고)
- 에너지적 분별: 손에 힘을 주어서 무릎을 잡기 직전까지 간다(생각을 빼고)
- 의식적 분별: 손으로 무릎을 잡아야지 라는 의도를 내고 거기에 의도를 더해서 잡겠다는 의도가 100% 즉, 믿음 100%인 상태에서 50%으로 낮추고, 제로로 낮추기를 해본다.

【 연습 9-2 】 기초 구조

- 나와 대상의 발생 느끼기
- 방법:
  - 두 사람씩 짝을 지어 손바닥을 대고 민다.
  - 나와 대상이 어떻게 서로에 의존하여 강해지고 약해지는가를 체험한다.
  - 손에 실리는 힘을 '느끼며' 연습한다.
- 손바닥을 서로 밀면서 나와 대상이 강해졌다 약해지는 것을 체험하기
  - 내 손이 내가 되어 상대와 관계 맺고 있다 라고 여기며 주고받기
  - 내 손과 상대의 손을 다 같이 느끼며 그 둘 다에서 떨어져나와 느껴보기
  - 상대의 손이 사회에서 만나는 다른 사람이고, 내 손이 나로 역할하지만 그것이 진정한 나는 아님을 확인하기: 상대와의 주고받음 속에서 강해지고 약해지는 임시적인 나를 확인한다.
- 지금까지는 목적없이 이 연습을 했지만 이제는 '상대의 가슴에 내 손이 닿아야 된다'라는 목적을 가지고 해보기 바랍니다.
  - 무엇이 달라집니까? 더 강제하게 되고 밀어부치게 되지 않습니까?
- 이번에는 상대의 가슴에 닿아야 하지만 내 손과 상대의 손을 똑같이 느끼며 해본다(주의 50:50)
  - 임시적인 나인 이때의 '태도'는 어떻게 달라지나 느껴보기

【 연습 9-3 】 관계

- 스토리 속에 들어있다면 늘 생명력에 한계짓고 있는 것이다.
  - 눈을 감고 어깨를 느껴보라. 그러면 어깨란 발과 다른 몸의 부분과의 관계 속에서 느껴지는 관계적 부분임을 알 수 있다. 그와 같이 '

나'라고 여겨지는 것의 강도도 내가 보는 대상들의 관계 속에서 이루어진다.

- 자신의 마음을 잘 들여다보라. 나라고 여겨지는 것의 느낌은 밀고 당기는 스토리 속의 에너지 장안에서 끊임없이 변하고 있다.
- 생각으로부터 자유로워지면 이제 이 생각의 장, 마음의 장, 스토리의 장의 구조를 잘 보고 그 관계와 구조를 통해 거기서 생명력을 일깨울 수 있게 된다.

【 연습 9-4 】 스토리 ①

- 지금 자신이 현실이라고 느끼는 스토리를 떠올린다
  - 그것이 하나의 스토리임을 아는가?
- 그와 같이 자신이 어떤 한계를 느낀다면
  - 지금 나는 그런 한계 속에 있다라고 믿고 있는 것,
  - 그렇게 상상하고 있는 것이다.
  - 또는 어떤 두려운 일이 일어날 거야 하며 두려워하거나 답답해하고 있는 것이다.

【 연습 9-5 】 스토리 ②

- 자신이 지금 살고 있는 집 안방에 앉아있다고 상상해 본다.
  - 그리고 그것을 느껴본다.
- 현재 자신이 이 방안에 있다는 것을 '느껴본다'
  - 그리고 이 방안에 있음을 '상상'해본다.
- 상상하는 것과 느껴보는 것이 어떤 차이가 있는가?
  - 느낌의 강도 차이만 있을 뿐이다.

- 그와 같이 자신이 현실을 살고 있다고 여기지만 사실은 상상 속에, 스토리 속에 있는 것이다
- 그리고 그때 나의 모습은 어떠한가 지금 자신이 자기라고 여기는 모습을 상상하고 느끼고 있다.
- 그것은 하나의 상상이 아닌가? 소설가가 자기 소설 속 인물이 캐릭터를 상상하듯이 지금 당신 자신은 어떤 사람 이라고 상상하며 방에 앉아 있는 것이다. 아니 그런 사람이 앉아있다고 상상이 일어나고 있는 것이다. 그 강도가 강할 뿐.

【 연습 9-6 】상상에서 느낌으로

- 자신의 집을 상상해보고
- 자신의 집을 느껴보고
- 지금 이곳(함양 교육원)을 느껴보고
- 지금 이곳을 상상해보라
- 자신의 집에서 지금 이 함양의 푸른 잔디밭을 상상해볼 때는 뭔가 더 아름답게 채색되다가 정작 여기 와서 잔디밭을 보면 그 채색된 아름다움은 사라진다.
- 이제 자신의 집에서 느낀 아름다운 잔디밭을 상상해보고 느껴본 후 지금 이 자리에 앉아있는 것을 느껴보라.
  - 이 자리에서 나는 안전하며
  - 평화로운 자연에 둘러싸여 있다.
- 작은 방과 큰 방에 대한
  - 느낌과
  - 믿음

- 현실에 대해 말해보라.
- 상세히 묘사한 후 느끼기
- 제자리에서 5번 돈 후 느끼기

【 연습 9-7 】 스토리 ③

- 의식적 상황을 하나 떠올린다
  - 그것이 스토리임을 알겠는가?
- '해야 한다'에 묶이는 생명력
  - 해야 한다를 떠올린다
  - 그 느낌을 느낀다 – 부담
  - 그 일을 안해도 된다를 떠올린다 – 그것을 느낀다
  - 일할 때는 해야 한다 모드로 들어간다
  - 안할 때는 안해도 된다 모드로 들어가라

【 연습 9-8 】 행복 일으키기

- 몸은 진동임을 상기
- 미소지으라
- 마음은 항상 기쁨 속에 있음을 자각하라
- 그것만 떠올리면 황홀하고 기분좋고 벅찬 상황이나 사물을 떠올려보라.
- 그 속에 있어보라.

질문과 대답: 경험의 흔적과 고집

'이건 이럴 것이다' 이런 것은 내 경험적인 흔적들을 사용하는 것이고, 그것 말고 제한받고 막혔다고 여겨지고 못하겠다고 느껴졌던 때는 언제에요? 경험의 흔적을 사용하는 것은 상관없잖아요? 그건 쓰이는 거니까.

A: 그 구분이 확실하지 않아요.

예를 들면 무언가 일을 해야 되는데 그 일을 하는 데 있어서 과거 경험상 이렇게 하면 더 잘 될 거라고 여기는데 다른 사람이 다른 의견을 내서 다른 방식으로 하게 되었으면, 내가 생각하기를, '저건 마음에 안 들어', '저것 가지고는 안 될 거야' 이런 식으로 주변상황이 내 뜻과 관계없이 흘러갔다고 했을 때, 그런데도 움직이긴 해야 할 때, 그럴 때 내 생각과 내 고집에 묶이지 않고 흐름에 따라가주는 것 이런 것을 할 수 있어야 하는 것입니다.

A: 그렇죠. 그런데 싫음이 먼저 생기는 것입니다.

그것이 바로 '내가 한다'에 묶여있는 것입니다. 그것이 나에 묶여있는 거예요. 싫음이 생긴다는 게.

A: 그런데 그건 자연스럽게 생겨나는 거라. 내가 한다고 생각해서가 아니라 이미 관성이 붙어있는 것입니다.

저항하는 나를 중요하게 여기면 싫음에 끌려가겠지만, 중요하게 여기지 않으면 싫음이 일어났네 하며 느끼면서 갈 수 있습니다. 못 간다는 것은 싫음을 자기라고 여기고 있는 것입니다.

A: 그런데 에너지가 안 나오잖아요. 안 나오는데 그래도 하라는 거잖아요.

그래도 해야죠. 그러면 점차 '이것이 나구나'라는 것에서 벗어나게 돼요. 그런데 싫은 느낌 때문에 주저앉게 되면 그것이 자기가 됩니다. 그것이 고착됩니다. 싫은 이유가 뭐냐면 나라고 여기는 내 방식, 마음에 안 드는 그것, 그것을 붙잡고 있는 것, 에너지가 그것에 머물러 있다는 것입니다.

A: 그것도 있고 세상이든 대상이든 어쨌건 경험적으로 이건 이럴 것이다 이런 상황에 대한 판단이 있는 것입니다.

오케이. 그럼 그것을 이루기 위한 다른 좋은 방법이 있나요?

A: 아니요. 그냥 해야 되는 거예요.

그럼 해야죠.

A: 그런데 하기 싫은 것입니다.

그러니까 그것에 묶여있는 거예요. 흐름이 더 나은 게 있으면 그것을 쓰면 되는 것입니다. 그런데 그것을 발견하지 못했다면 주저앉아 있을 수는 없기 때문에 무언가를 해야 한다는 거예요. 그런데 그것이 마음에 안 들 때 그럴 때 그냥 해보는 거예요.

그럴 때 하기 싫은 나와 그냥 하는 내가 갈등하겠죠. 하기 싫은 나라는 것은 기존의 방식 아닙니까? 기존의 관성이죠. 내가 알고 있고, 해왔던 경험에 의해서 '이건 안 좋아' 이런 것들이죠. 익숙한 느낌 등. 그래서 다른 길이 있으면 하라는 거예요. 하지만 없으면 마음에 안 들더라도 그냥 해보는 거예요. 싫은 느낌을 느끼면서. 하지만 그렇게 못한다면 나는 싫음에 묶여있다고 볼 수 있어요.

A: 그런데 예전에는 그런 생각이 들지도 않았고요. 싫다/좋다도 없었어요. 그렇게 함으로 인해 만족감도 있고 그랬어요. 그런데 왜 이렇게 싫어졌는지 모르겠어요.

뭐가 왜 싫은 거죠?

A: 똑같은 상황에 처했단 말입니다. 사람들과 만나서 협상하고 타협하고

설득한다는 것이 힘든 것 같아요.

지쳤을 수도 있겠네요. 지친 건가요?

A: 그런 것 같기도 해요. 줄다리기가 싫은 것 같아요. 그것이 꼭 아닐 수도 있는데.

다른 방법은 없나요?

A: 다른 방법은 없는 것 같아요. 그냥 할 순 있을 텐데. 미리 싫은 것 같아요.

그렇다면 어떤 이유가 있겠죠. 한번 살펴보시기 바랍니다. 항상 무언가 하기 싫다는 것은 밀어내는 것입니다. 밀어낸다는 것은 밀어내는 내가 있다는 거예요. 그 내가 아직 명확하게 보이지 않는 것입니다. 그 나를 보지 못하는 것은 그것이 되어있다고 볼 수 있어요. 싫어하는 것이 진짜 나인가 하고 물어보세요.

A: 아직 그런 게 명확하게 분리가 안 되어 있는 것 같아요. 느끼고 있는 느낌과 나라고 하는 것과요.

좀전에 했듯이 주의제로(깨어있기 용어)하면 나라는 것이 떨어지고 없어지잖아요. 빈 마음이 되면 나라는 것이 느껴지지 않죠. 그건 무엇을 의미하는 걸까요? 바로 마음이 즉각적으로 변할 수 있다는 뜻입니다. 마음은 무언가를 꼭 차근차근해야 변화가 일어나는 것은 아니에요. 기술은 천천히 변화될 수 있지만 마음 바꾸는 것은 순간적입니다.

A: 맞아요. 그런데 왜 좋음에서 싫음으로 바로 전환됐는지 모르겠어요.

그렇군요. 그러나 그 사이에 무슨 일이 벌어진 것입니다. 그것을 발견해보도록 하세요.

이 책《이유 없는 정성, 이유 없는 기쁨》과《니르바나, 번뇌의 촛불이 꺼지다》中下권은 아래 오인회 회원님들의 후원을 받아 제작되었습니다.
강병석, 김규선, 남인숙, 다르마, 문대혁, 박치하, 송미경, 송정희, 신주연, 엄해정, 유재원, 이도연, 이미숙, 이상진, 이승구, 전영지, 종익스님, 최진홍, 황정희 (이상 가나다 순)

이유 없는 정성, 이유 없는 기쁨

생명력 대해부

지은이 월인
펴낸이 이원규
발행일 2025년 12월 15일
펴낸곳 히어나우시스템
출판등록 제 1-24135호 1998.12.21
주소 경남 함양군 서하면 황산길 53-70
전화 (02) 747-2261~2, 팩스 (0504) 200-7261
홈페이지 www.herenow.co.kr
이메일 cpo@herenow.co.kr

ISBN 978-89-94139-32-6, 03190